知识就在得到

预测 之 书

THE
FUTURE BOOK

罗振宇

编著

NEWSTAR PRESS
新星出版社

前言 PREFACE

为什么我们很难想象未来世界真实的样子？

科幻小说家阿西莫夫（Isaac Asimov）提出过一个"电梯效应"理论，颇能说明这一问题。他设想，如果一位二百多年前的科幻作家看到20世纪纽约曼哈顿摩天大楼的照片，会怎么想？

这个作家可能会觉得，人住在这么高的楼里，上下楼会成为大难题。于是，他会假设每个楼层都发展出独立的经济体系，几层楼共享餐厅、理发店、健身房等资源。至于房价，他也许会想当然地认为，底层因为出行便利，价格肯定高于顶层。

然而，这些假设最终都与现实相去甚远。原因很简单：他没想到未来会发明电梯。电梯这一关键技术彻底改变了高楼的使用方式，也让他的所有想象变得荒谬。

这正是我们难以准确预测未来的根本原因——最大的障碍并非细节的缺乏，而是对那些在我们视野范围之外的关键因素的忽视。

在策划这本书时，我们给每位受邀作者写了一封邀请信，其中提到一个问题："在你关心的领域中，有哪些现在看起来微小、不起眼，但未来影响力会持续扩大的事物？"破解"电梯效应"的方法之一，正是关注那些在我们视野范围之外的变化，并追踪它们如何从细微的趋势演变为未来的关键驱动力。

而现在，我可以很自豪地告诉你，邀请信中所说"现在看起来微小、不起眼，但未来影响力会持续扩大的事物"，我们收集到了49种。我们相信，这些来自不同领域的发现组合在一起，会拼凑出一幅较为完整的未来图景。

预测未来的真正意义在于突破个人视野的局限，从那些当下难以察觉的事物中找到能够改变未来的力量。在我们编辑整理之后，这幅未来图景会以这样的面貌展现出来：

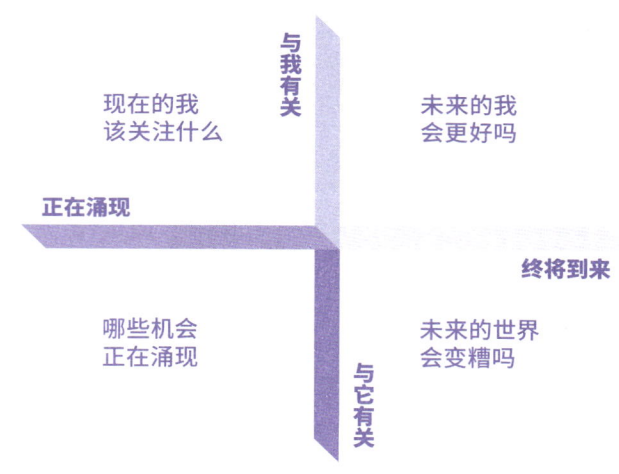

我们将未来的变化设定在一个以时间和观察主体为核心的坐标系上：

横轴从左到右，表示时间维度，从这两三年"正在涌现"的趋势，一直到未来十年甚至更久"终将到来"的远景。

纵轴从上到下，表示预测事件相关的主体，上半部分是"与我有关"的人类世界，下半部分是"与它（世界）有关"的物理世界。

在坐标系里，49 篇预测文章被分布在四个象限中，分别对应"未来的我会更好吗""未来的世界会变糟吗""哪些机会正在涌现""现在的我该关注什么"四个部分。这不仅是对内容的分类整理，更是一个让你重新审视未来的观察工具。

我们先从远处看起。

第一，未来的我会更好吗？

在第一象限中，X 轴和 Y 轴对应的分别是"终将到来"和"与我有关"。顾名思义，这个象限聚焦于那些将在未来深刻影响个体生活的长期变化，探索未来如何重塑我们的身份、教育、心智、价值观，甚至存在方式。

例如，哲学家刘擎提出"人类 2.0 会以一种全新的方式存在"，预示着技术与人类的融合将彻底改变生命形态；媒体人徐达内预测"内容传播将会成为每个人的底层能力"，认为未来的人创作内容将会像开车一般稀松平常；科学家李铁夫则畅想"我们的精神世界或将与数字世界连接"，描绘出未来人类意识与数字世界共生的图景。这些预测将一幅关于个体未来的画卷徐徐展开。

第二，未来的世界会变糟吗？

这是许多人对未来的普遍担忧，也是这个象限希望回应的问题。在第四象限中，X 轴和 Y 轴对应的分别是"终将到来"和"与它有关"，重点关注那些对全球社会与科技产生深远影响的长期变化。

例如，薄世宁医生在"未来的药不像药，病人不像病人"中预测，核酸药物将降低用药频率，让患者摆脱繁琐的治疗过程，可以像正常人一样生活；生物学硕士、作家袁越在"疟疾、登革热等蚊媒传染病有望彻底消失"中描绘了一种基因驱动技术的未来前景，这项技术或将每年挽救六十万疟疾患者的生命；投资人卫哲在"一周工作四天或将在十年内成为现实"中指出，快速发展的具身智能机器人有望承担大量人类劳动，使高强度工作模式成为历史，人们将过上一种更人性化的生活。

这些文章描绘的未来充满希望：技术突破和社会转型将助力世界变得更好，而不是更糟。然而，通往这一未来的道路并非一帆风顺，我们需要正视其中潜藏的挑战与风险，才能真正把握改变的契机。

看完远景，我们再把目光投向近处。

第三，哪些机会正在涌现？

第三象限试图解答的问题是，在当下已经显现的趋势中，我们能看到哪些机会？这一象限中，X 轴和 Y 轴对应的分别是"正在发生"和"与它有关"，关注那些正在发生，并对社会发展和技术进步产生深远影响的变化。

例如，城市研究专家黄汉城在"中国东西部发展会更加均衡"中提出，中国西部地区正呈现出蒸蒸日上的发展势头，未来人们在择业、定居时将拥有更多选择；政治学者施展在"'逆全球化'并没有真的发生"中强调，尽管全球化的进程面临挑战，但各国间的经济联系依然紧密，中国有机会在这种复杂格局中找到新的增长点；能源领域咨询专家马一峰在"我们能生产出价廉物美的低碳商品"中表示，低碳商品将成为中国制造业新的竞争优势，为全球绿色转型带来巨大的市场潜力。

这些预测共同传递了一个信号：正在发生的趋势并非遥不可及，而是与普通人的选择和生活息息相关。无论是区域协调发展带来的就业机会、全球市场对中国科技的需求，还是社会转型中涌现的新行业与新角色，这些趋势都为个人带来了新的可能性。对于每一个普通人而言，抓住这些正在涌现的机会，也许就是参与未来的一种方式。

第四，现在的我该关注什么？

这一象限对应的 X 轴和 Y 轴分别是"正在发生"和"与我有关"，聚焦于那些与个体内心和价值观密切相关的趋势。这些文章探索了教育、个人成长及生活意义的新方向，帮助我们更好地理解当下，并为未来的自我定位提供启示。

例如，心理学家陈海贤在"'做自己'，是未来的出路"中指出，在社会愈加复杂和多元化的背景下，找到真正的自我、坚持内心的选择将成为个体发展的重要方向；文学教授严锋在"游戏素养让我们有更强的适应力"中表示，游戏不仅是一种娱乐形式，更是一种能够培养解决问题和适应变化的能力的工具，它正在重塑人们对学习和成长的认知方式；社会学家孙立平在"闲下来，将成为对社会做贡献的一种形式"中强调，未来的创造力来源于无忧无虑的状态，而非单纯的勤劳。生产力水平的提高让人们有可能从高强度的劳作中解脱出来，以更从容的心态进行真正的创造。

这些文章共同指向一个核心问题：在快速变化的时代里，我们如何重新定义自我的价值？它们提醒我们，个人的幸福感和创造力并非来自无休止的忙碌，而是源于对自我状态的理解与调整。通过关注这些正在涌现的趋势，我们可以找到与自己内心契合的生活方式，并在未来社会中找到属于自己的意义和位置。

未来从不是孤立存在的，它是一张由人类行动和选择编织而成的网。借助上述框架，我们不仅可以更清晰地理解未来的发展脉络，还能够找到自身在其中的位置，甚至主动参与塑造未来的进程。

我希望这本书能成为你探索未来的地图，陪伴你前往那些值得期待的远方。

罗振宇

2024 年 12 月 1 日于北京

预测分布图

与我有关

- 预测 NO.48 孙立平
- 预测 NO.42 陈海贤
- 预测 NO.46 严锋
- 预测 NO.45 郭建龙
- 预测 NO.43 馒头大师
- 预测 NO.44 池晓
- 预测 NO.47 单伟建
- 预测 NO.49 梁宁

正在涌现

- 预测 NO.33 张斌
- 预测 NO.35 冯雪
- 预测 NO.27 何刚
- 预测 NO.26 黄汉城
- 预测 NO.28 马江博
- 预测 NO.38 李鸿谷
- 预测 NO.30 马一峰
- 预测 NO.37 李丰
- 预测 NO.31 施展
- 预测 NO.39 张鹏
- 预测 NO.29 李忠
- 预测 NO.34 卓克
- 预测 NO.32 林雪萍
- 预测 NO.40 刘润
- 预测 NO.36 田丽艳
- 预测 NO.41 邝子平

预测 NO.01
刘擎

预测 NO.06
王笛

预测 NO.02
和菜头

预测 NO.08
严飞

预测 NO.04
薛兆丰

预测 NO.03
李松蔚

预测 NO.11
李铁夫

预测 NO.05
徐达内

预测 NO.09
沈祖芸

预测 NO.10
尼克·博斯特罗姆

预测 NO.07
吴晓波

终将到来

预测 NO.14
古典

预测 NO.16
薄世宁

预测 NO.20
李宁

预测 NO.22
卫哲

预测 NO.23
吴晨

预测 NO.15
香帅

预测 NO.25
闵可锐

预测 NO.13
赵鼎新

预测 NO.12
万维钢

预测 NO.24
史喆

预测 NO.21
苗千

预测 NO.17
罗会仟

预测 NO.18
唐克扬

预测 NO.19
袁越

与它有关

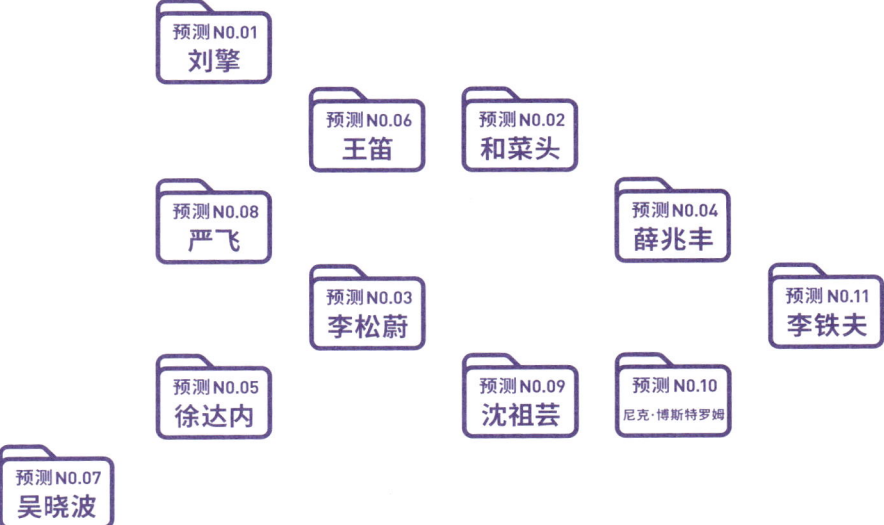

目录

1. 未来的我会更好吗

预测 N0.01 　预测人：刘擎
人类2.0会以一种全新的方式存在　　　　　　　　　　003

预测 N0.02 　预测人：和菜头
让自己拥有一张通往未来的门票　　　　　　　　　　015

预测 N0.03 　预测人：李松蔚
有这四种能力，AI将无法取代你　　　　　　　　　　027

预测 N0.04 　预测人：薛兆丰
虚拟空间让我们趋于平等　　　　　　　　　　　　　039

预测 N0.05 　预测人：徐达内
内容传播将会成为每个人的底层能力　　　　　　　　051

预测 N0.06 　预测人：王笛
历史会记录下更多普通人的日常　　　　　　　　　　065

预测 N0.07 　预测人：吴晓波
厂二代们终将完成"弑父"　　　　　　　　　　　　075

预测 N0.08 　预测人：严飞
我们可以摆脱数字孤独，回归一种更有意义的生活　　085

预测 N0.09 　预测人：沈祖芸
学校教育将从知识为本转向意义为先　　　　　　　　095

预测 N0.10 　预测人：尼克·博斯特罗姆
数字心智将具有道德主体地位　　　　　　　　　　　107

预测 N0.11 　预测人：李铁夫
我们的精神世界或将与数字世界连接　　　　　　　　125

2. 未来的世界会变糟吗

预测 NO.12 预测人：万维钢
富足时代即将到来　　　　　　　　　　　　　　　　　137

预测 NO.13 预测人：赵鼎新
谁率先走出保守主义浪潮，谁更可能获益　　　　　　151

预测 NO.14 预测人：古典
从T到π，这六种能力将帮助你穿越周期　　　　　　165

预测 NO.15 预测人：香帅
"信任溢价"的商业模式将在竞争中胜出　　　　　　187

预测 NO.16 预测人：薄世宁
未来的药不像药，病人不像病人　　　　　　　　　　197

预测 NO.17 预测人：罗会仟
超导的未来在中国　　　　　　　　　　　　　　　　207

预测 NO.18 预测人：唐克扬
打通孤岛是下一代建筑师的首要任务　　　　　　　　223

预测 NO.19 预测人：袁越
疟疾、登革热等蚊媒传染病有望彻底消失　　　　　　235

预测 NO.20 预测人：李宁
AI不仅会成就超级个体，还会成就超级管理者　　　　247

预测 NO.21 预测人：苗千
量子计算或将改变每个人的生活　　　　　　　　　　257

预测 NO.22 预测人：卫哲
一周工作四天或将在十年内成为现实　　　　　　　　267

预测 NO.23　预测人：吴晨
我们正在步入镜像世界　　　　　　　　　　　　　275

预测 NO.24　预测人：史喆
机器人与AI的深度融合将是未来制造的趋势　　287

预测 NO.25　预测人：闵可锐
我们可能是最后一代普遍需要工作的人　　　　　297

3. 哪些机会正在涌现

预测 NO.26 预测人：黄汉城
中国东西部发展会更加均衡 — 309

预测 NO.27 预测人：何刚
从明天起，养老争取更多靠自己 — 323

预测 NO.28 预测人：马江博
硬科技与大变革，未来的两大关键词 — 339

预测 NO.29 预测人：李忠
留在城市的摩天工厂会帮助你留住优质人才 — 349

预测 NO.30 预测人：马一峰
我们能生产出价廉物美的低碳商品 — 361

预测 NO.31 预测人：施展
"逆全球化"并没有真的发生 — 371

预测 NO.32 预测人：林雪萍
中国将进入全球化企业涌现的高峰期 — 381

预测 NO.33 预测人：张斌
我们正在经历从制造到服务的消费升级和产业转型 — 391

预测 NO.34 预测人：卓克
AI 会改变科学研究范式 — 401

预测 NO.35 预测人：冯雪
从"以治病为中心"转向"以健康为中心" — 413

预测 NO.36 预测人：田丽艳
中国正在抢占深海科技竞争的制高点 — 425

预测 NO.37 预测人：李丰
中国或将率先实现机器人技术突破 　　　　　　　　437

预测 NO.38 预测人：李鸿谷
事实依旧是传播的"硬通货" 　　　　　　　　447

预测 NO.39 预测人：张鹏
AI 加速融入物理世界，这是属于所有人的机会 　　　　　　　　457

预测 NO.40 预测人：刘润
中国的大航海时代正在到来 　　　　　　　　465

预测 NO.41 预测人：邝子平
世界正在拥抱中国科技 　　　　　　　　479

4. 现在的我该关注什么

预测 NO.42 预测人：陈海贤
"做自己"，是未来的出路 — 489

预测 NO.43 预测人：馒头大师
"参与感"教育会让你的孩子过得更快乐 — 497

预测 NO.44 预测人：池晓
教育的天平会向个性化倾斜 — 507

预测 NO.45 预测人：郭建龙
闯荡世界有助于你找到新机会 — 521

预测 NO.46 预测人：严锋
游戏素养让我们有更强的适应力 — 531

预测 NO.47 预测人：单伟建
我们可以从历史中寻找未来的影子 — 543

预测 NO.48 预测人：孙立平
闲下来，将成为对社会做贡献的一种形式 — 555

预测 NO.49 预测人：梁宁
面对时代变化，调优自己的选择 — 567

1 未来的我
会更好吗

2 未来的世界
会变糟吗

3 哪些机会
正在涌现

4 现在的我
该关注什么

预测
NO.01

人类 2.0 会以一种全新的方式存在

预测人：刘擎

著名学者，华东师范大学教授

哲学

刘擎预测，2.0 版的人类不只是自然演化的结果，更是技术加速进化的产物；不只是身体与心灵的结合，更是技术与意识的复合体。人类不仅会拥有前所未有的能力，也将呈现全新的存在方式。也就是说，我们甚至不能确定，人类这个物种（在我们熟知的意义上）是否还会继续存在。

- **判断的难题：什么算好消息？**

"在大多数情况下，我们不必理会哲人的怪癖。他们谈论不知所云的深奥问题，常常杞人忧天，有时故作惊人之语。可是在今天，对技术文明的哲学追问，越来越有重要、紧迫和现实的意义。"这段笔记写在 2024 年 4 月 11 日的傍晚，当时我在查尔斯河畔漫步，回想当天的所见所闻，有感而发。

午餐时间，我听 MIT 的一位同学兴致勃勃地介绍了他正在上的一门新课。这是 2024 年春季学期 MIT 开设的课程，由赫尔（Hugh Herr）教授主讲，名为"人类 2.0"，课程主题涵盖了机器人外骨骼与矫形器、肢体假肢、神经植入物、社交情感及认知假肢等。学生需要通过学习生物力学、神经科学和心理学等学科的知识，来掌控"人体科学模型"，其中包括认知、情感、社会及身体增强技术的基本原理。修这门课的学生不仅需要撰写期末论文，还要完成一项以

"人体实验"为基础的项目研究。学生可选的研究范围非常广泛，包括肌电图控制、运动外骨骼、康复矫形器、跑步和行走增强，还包括社交网络假肢、睡眠改进，以及视觉、听觉和记忆增强等。

赫尔教授本人是一位双腿截肢者，长期致力于开发能够模仿甚至超越自然肢体功能的仿生技术。他的事迹被多家国际知名媒体报道过，美国国家地理频道还播出过纪录片《攀登：赫尔的故事》。他创造的仿生肢体能够精确模拟人体的运动和功能，有些技术甚至能够增强使用者的能力。赫尔因此被誉为"仿生时代的引领者"，他不仅推动了这一领域的发展，还给"人类与机器之间的融合"带来了全新的希望，被认为是开启"人类2.0"时代的重要人物之一。

同一天下午，在查尔斯河畔的另一侧，我参加了哈佛大学政府系主办的讲座《数字技术与人性的终结》，主讲人是哲学教授巴尔巴-凯（Antón Barba-Kay）。他非常关切技术迅疾发展带来的"去人性化"后果，认为这正深刻冲击着人们的社群感、时间感和现实感，甚至有可能改变人类的意义及其生活的目的。他承认数字技术革命给日常生活带来的诸多益处，但更担忧技术的负面影响。他个人希望能够回到互联网诞生之前的时代，即便这会造成许多不便，比如"永远不得不向陌生人问路"。巴尔巴-凯教授在2023年出版的著作《我们自己编织的网络》中指出，数字技术已经改变了人性，我们正在成为一个"不同种类的生物"，离亚里士多德理想中的美好生活越来越远。

我们有一个来自未来的消息：人类将会迭代升级到2.0版。但这是一个好消息吗？

好坏的价值判断并非易事。我们早就知道，几乎所有的技术都具有两面性，有便利亦有风险，可行善亦可作恶；而且我们也很清楚，衡量"好坏"的标准从来都是复杂多样且充满分歧的。于是争议出现了：乐观派倾向于肯定的判断，悲观派提出了否定的理由，而怀疑派不置可否，呼吁审慎和适当监管。

但在今天，判断的真正难点在于"人类"的含义已经开始模糊不清，这个难题也因此更为新颖也更具哲学性。以往评价技术革命的好坏利弊总是（不言而喻）基于人类的视角展开，即便是批判"人类中心主义"的观点，其出发点也仍然是人类自身的反思。如果我们对"人类为何"不明所以，那么在目前人类看来是好的消息，对 2.0 版的"人类"来说也是好的吗？我们或许知道未来技术发展的大体轮廓，但未来真正的未知之处是其价值标准。

▪ 人类2.0：更高级的"超人类"会是"非人类"吗？

"人类 2.0"的定义并不确定，但通常是指通过技术方式增强、改造、优化甚至创造的人类身体机能、认知能力、情感体验和生命活动，具体来说包括：

· 利用基因编辑（如 CRISPR[1]）、人工器官与生物合成来扩展或

---

1. CRISPR 是一种革命性的基因编辑工具，能够精准地对 DNA 序列进行切割和修改，被广泛应用于基因研究、疾病治疗和农业改良等领域。

增强人类的自然生物能力，包括记忆力、康复与自我修复的能力、抗老化和抗疾病的能力。

·通过脑机接口、药物增强、人工智能助手和智能药物提高人类的智力、记忆力、思维能力、注意力和学习速度等，使人类的认知能力大幅跃升。

·借助VR（虚拟现实）和AR（增强现实）技术，将虚拟与现实融合，让人们体验到传统感官无法提供的沉浸式体验，使人类的感知能力超越自然的限制，甚至与人工智能或仿生设备产生复杂的情感互动。

当技术如此深刻地与人类的身体、认知、情感和体验产生关联的时候，人的自我理解与身份认同也会发生转变，现有文化的约束与身体的限制也会被突破。这可能意味着会有多重虚拟身份在不同的数字空间中以不同的"自我"存在，甚至通过将意识上传到云端或虚拟世界，获得"数字永生"，实现"超生物体的存在"。

那又怎样呢？为什么要展开哲学性的追问？因为以往人类的价值标准，无论多么多元，都深刻地依赖人类的自我理解和意义结构。2.0版的人类不只是自然演化的结果，更是技术加速进化的产物；不只是身体与心灵的结合，更是技术与意识的复合体。人类不仅会拥有前所未有的能力，也将呈现全新的存在方式。也就是说，我们甚至不能确定，人类这个物种（在我们熟知的意义上）是否还会继续存在。如果我们所熟知的人类不复存在，所有的价值标准都不再有效，那么好坏判断又从何谈起呢？

举个例子，自由是几乎所有人类文化都推崇的一种价值，如果经过改良升级的人类2.0能够拥有更多的选择和自主性，那就意味着他们有更高层次的自由。而当这种自由完全不会伤害他人或危及社会的时候，似乎可以毫无疑问地认为，这种针对人类的技术改良是更好的——做出这一判断似乎并不困难。但果真如此吗？

哲学性的思考可能会让你犹豫不决。想象一下，一种被脑机接口增强的人类2.0，通过互联网和数字技术，可以造就一个完全按照自己意愿所设计的沉浸式的虚拟现实世界，一个理想的元宇宙。在这个元宇宙中，人类2.0会获得远超现实物理世界的自由，真正做到心想事成。而目前现实的物理世界显然缺乏足够的自由，因为我们有沉重的肉身，会面临各种自然与社会的约束，我们的身体会受伤并时而面临死亡的威胁，我们常常"身不由己"，也无法"随心所欲"。这些约束合理地被视为实现自由的障碍。

但对于人类2.0，所有这些障碍都不复存在。虚拟世界的自我似乎获得了空前的自由，不仅能尽情享受丰富多样的感官体验，从美食、美景到美人，而且可以获得超越自然（物理）法则的能力，比如像哲学家大卫·查默斯（David Chalmers）在《现实+》一书中描述的"身体可以像鸟儿一样飞翔"或者"拥有一颗自己的星球"。成为人类2.0，意味着我们能够随时飞到任何想去的地方、看见心中所想的景观，即刻感触一切。如果我们愿意，各种背离旧世界伦理规则的愿望都能得到满足。一个能够拥有整个星球的自我，当然也可以自封为这个星球的帝王，上演任意统治其臣民的大戏。自愿成为臣民的其他玩家恐怕为数不多，但总可以制造足够数量的NPC（非玩家角色）来配合演出。

从此，我们无须追求"从心所欲不逾矩"的理想，因为我们自己是这个虚拟世界的创世者和最高主宰，规矩完全由我们自己设置，也可以随意更改或取消。我们当然也不再担心"魔鬼的诱惑"，元宇宙中的浮士德会毫不犹豫地与梅菲斯特达成交易。于是，我们"随心所欲"，随时"心想事成"，并且毫无身体的和道德的风险。回想起庄子的《逍遥游》时，我们大约会万分感慨：从不自由的"有待"状态通往自由的"无待"境界（圣人无己），是何等艰难的修行之路！庄子太过精英主义，也太过唯心主义。可惜庄子不得不如此，因为他属于低版本的人类，"贫困"（物理世界的条件匮乏）限制了他的想象力，倡导理性自律的康德大概也是如此。感谢伟大的新技术文明，人类 2.0 不必走那条艰难的道路通向自由，因为虚拟世界总可以如你所愿，每个平凡之人都能心想事成。

但是，我们由此获得了前所未有的终极自由吗？实际上这是无法回答的问题，因为自由总是对人类而言的。我们人类，至此为止一直是在低版本的"沉重之身"的条件下形成的自我理解，由此养成了心灵的习性，这是人类价值的构成性基础。而处在元宇宙中的人类 2.0 已经不再是我们一贯所知的人类了。但是，**正如没有死亡和风险，就不会有畏惧和珍惜；没有身体受到伤害的威胁，就没有勇敢的美德；如果无须努力便可心想事成，就没有卓越和智慧；没有资源的匮乏，也就没有善意和友爱……那么没有障碍，自由又是什么意思呢？** 障碍是定义自由的内在条件，取消了一切障碍，自由的含义及其价值就不知所谓了。的确，受约束的"沉重的肉身"限制了我们，但同时也成就了我们的人性，并内在地规定了自由的含义（无论是摆脱障碍的消极自由，还是实现自我主导的积极自由），并使自由具有弥足珍贵的价值。那么，说人类 2.0 在元宇宙中的生活是"自由的"，很可能让人不知所云，至少很难说这是人类的自由。

▪ 技术改造人类：不是从来如此吗？

一种为人所熟知的传统观点认为，技术是人类使用的工具，既可用来行善，亦可用来作恶，但技术本身是价值中立的，结果的好坏取决于人如何使用它。但这种"技术工具论"的看法是非常片面的。**技术从来不只是人类发明出来使用的工具，技术的存在与使用会对我们的身体、精神、情感及社会文化产生深远的影响，因此技术始终在塑造人类。**

对火的驯化和使用可能是人类最早的技术发明之一，但火远不止是一种烹饪和取暖的工具。烹饪过的食物为人类提供了更高质量的营养，这被认为是推动人类大脑进化的重要因素；对火的控制也改变了我们的社会组织方式，围绕篝火的互动增强了人类的社交和语言能力，甚至从根本上改变了我们与自然环境的关系。同样，当代技术，比如智能手机，也在深刻地改变人类的精神和社会文化。它不只是更便于沟通和获取信息的工具，也使得人类的注意力变得更加分散，社交关系变得更为虚拟化，我们依恋的对象也越来越从人转向机器。

许多哲学家早就对此有过论述。海德格尔曾指出，技术并非简单的工具，它是一种具有独立力量的"存在方式"，不仅服务于人类，还重塑了人类与世界的关系。法国哲学家贝尔纳·斯蒂格勒（Bernard Stiegler）的著作更详细阐述了人类与技术之间根本的共生关系。无论是通过书写、图像还是现代数字技术，我们的知识、思维方式，甚至时间体验，都在被技术"媒介化"。技术从根本上塑造了人类的感知、行为和存在方式。这也是当前"技术生成论"（Technogenesis）的主要观点。在这个意义上，作家雷·库兹韦尔（Ray Kurzweil）说得没错："我们的技术和机器是我们人性的一部分，我们创造它们来扩展我们自己，这正是人类的独特之处。"那么，这位《奇点临近》的作者在近二十年后的今天宣称"奇点更近"，为什么再次备受瞩目？人类不是从来如此吗？至少在许多方面，人类信赖机器超过信赖自己身体的历史已经延续了三四百年。

然而，人类历史上从未出现过这样的时刻：技术发展如此迅疾而显著地脱离了文化演化的进程，这才是"奇点"真正令人震惊的原因。人类文化具有巨大的适应能力，每次技术革新（火药、印刷术、蒸汽机、电器和通信技术）都会改变人类的生活形式，但同时也推动着人类文化的演化，促进社会对技术的"驯服"（理解与整合），将新技术融入我们已有的生活形式，使其顺应和调整我们对"美好生活"的理解。但 AI 和智能时代带来了前所未有的挑战：技术的发展速度和强度远远超出了文化适应的能力，日新月异的技术发明复杂得让人难以理解，其迭代之迅速把人打了个措手不及。

我们不断遇到版本升级频率比自己的学习速度更快的新工具，它们以"让生活更美好"为名闯入了我们的生活——虽然我们还无法确定，它们是否能真正算作自己"美好生活"的一部分。生活的所有方面都变得越来越自由和便利，以至于我们"尚未启程就已经抵达"，却常常不清楚究竟要通向何处，因为我们无法将技术编织到我们生活的"意义结构"之中。正如巴尔巴-凯教授指出的那样，的确，"人类一直是自己制造的生物"，但我们从未如此，"既是自己有意设计的对象，同时又完全不确定我们在做什么"。

尼采曾预言"末人"的到来，这种"末人"无目标、无抱负、无追求，沉迷于日常琐碎的舒适，不再关心伟大的理想与精神世界。而当今的人类似乎正在向"三无状态"的生活转变："**无历史的时间**"（每一天都新颖得像是从零开始，与过去只有稀薄的联系）、"**无实体的空间**"（主要的生命活动发生在一个既不存在又无所不在的互联网空间），以及"**无目标的体验**"（活在当下的点状存在）。**在这个意义上，我们不仅在创造模仿人类的机器，也在模仿我们自己创造的机器。**

我在这篇文章中反复提到的人性（Humanity）究竟是什么意思？无论如何，构成人性的是共同体中的生活经验，是独立个体的相互依赖，是时间与空间的相对连续性和稳定性，是对生活环境的深厚理解，是大于个体的善的概念，是超越个人的关切，是不断成长的生命体验……而这一切正在消逝。可是那又怎样呢？并没有什么变得更糟，只是不同而已，这算什么坏消息吗？人类 2.0 大概会这样说吧？

落日时分，查尔斯河倒映着夕阳的颜色，一时间竟难以分辨是晚霞还是朝霞。

或许，有人在别人的夕阳中已经看到了自己的朝霞。

或许，不会有漫长的暗夜，晚霞与朝霞正交相辉映，这是人性的黄昏，也是后人类的黎明。

或许，我们只是路过人间，而宇宙的演化只是路过人类文明。

预测
NO.02

让自己拥有一张通往未来的门票

预测人：和菜头

知名作家，微信公众号"槽边往事"主理人，得到课程《成年人修炼手册》主理人

[阅读和写作]

和菜头预测，来自未来的"威胁"迫使人们停下来，想一想自己手头正在做的事，想一想自己的存在方式。在这个思考过程中，我们会发现自己存在的价值和意义，发现生活的价值和意义。

我个人很喜欢写关于未来的话题，因为你可以做出任何预测。反正就算预测不准，届时也没人会记得你说了什么。但是如果碰巧对了，那你就是人人敬仰的预言家。也就是说，人们只在意自己在意的事情，答案命中目标是其中一种。

　　既然如此，我是不是可以这么说：关于未来的诸多猜想，体现的是人们对此时此刻生活的关注？因为人们对此时此刻有不满足、不满意的地方，所以才会设想问题都可以在未来的某一刻得到解决，并以此作为基础，去想象未来的样貌？

　　比如说，一个热爱美食的人，大概永远也不会想象未来会出现吃一片就可以饱一天的营养药。反过来说，如果一个热爱美食的人对未来做出这样的预测，那么是不是也可以说他是抛开了个人立场，带着某种中立、理性的态度去构想未来？

　　那我作为一名写作者，不妨以相同的方式开始我的预测：先假设未来人们不再需要阅读和写作，然后倒推我现在需要去做什么，才能在未来的世界里拥有一张门票。

人们不再需要阅读和写作，这是完全有可能的事情，因为现在就已经出现了端倪。整个世界为扫除文盲投入了大量金钱和人力，但是在短视频出现之后，一个文盲也可以通过视频的方式来学习，来认识世界，他并不需要先去学习、掌握文字。假设目前的 AI 技术再稍微发展一点，就可以把一本书浓缩成摘要，再把摘要用视频的方式表现出来——这应该是三五年内能够看到的成果。即便是现在，即便是能识文断字的人，也在用类似的方法听书，而不是读书。同样地，所有人在今天已经具备了自己出书的条件——并不需要自己亲自写，告诉 AI 大概要写什么内容，不管三七二十一先讲完一遍大纲和章节要点，让 AI 按照自己要求的风格、文笔整理出一本书就行了。

这一切是怎么发生的？是从学习效率的提升开始的。**什么是学习？我可以极为粗略地说，学习是一个人在人类的总书库里读了多少本书，读得多，他就学得多，因为学习的行为可以理解为占据信息。当然，学习的本质是另外一件事，那是在占据信息的基础上理解信息的内部关联。**如果我们单独讨论学习的行为，会发现它的效率很低，因为你需要一本接一本啃书，然后你还得想办法融会贯通。你需要让阅读量达到一定基础，你的阅读和理解速度才能提升起来。但即便如此，在多年之后你依然会发现自己对浩如烟海的书海一无所知，而其中可能隐藏着对你个人发展至关重要的信息。但你既不能很快看完，也不知道去哪里找寻。

谷歌曾经有一个失败的计划，它想通过扫描书籍的方式，建立人类历史上最大最全的书库。这样一来，谷歌自身也就成为人类历史上最强最聪明的搜索引擎，因为它知晓了人类知识的全量，在这颗行星上没有任何一个人能够超越。这个计划在扫描到第 2000 万本的时候，因为各个版权方的强烈反对，不得不中止。版权方不可能同意这个计划，因为这等于是在摧毁整个出版业。这件事发生在过去，现在情况有了新的改变。

各大 AI 公司并没有宣布建立人类书库的野心勃勃的计划，但是，他们在暗中把所有能找到的文本都找来，输入给 AI 模型去进行训练。这远远超出书籍的概念——一篇作文、一张记账单都可能被收录起来，送去作为 AI 大模型的学习资料。于是，谷歌当年想做而没能做到的事情，在 AI 大模型这里以一种全新的方式得到了实现，而且随着 AI 大模型逻辑能力的提升，它甚至可能做得更好。

这是因为，未来的某一个 AI 大模型，可能是人类历史上第一个阅读完人类几乎所有文本的存在，不止如此，它也可能是人类历史上第一个理解人类所有文本内容的存在。更令人震惊的是，它也可能是人类历史上第一个在阅读、理解完所有文本，同时通晓这些文本之间关系的超级存在。还记得我之前对学习本质的定义吗？AI 可能是最强的学习者，通过上述能力，它不单能检索、记忆知识，还能发现和创造新的知识——无论是从学习的行为还是学习的本质来说，机器的效率都会比人类高得多。未来的某一天，机器知道人类所不知道的知识是可能的，人类理解不了机器所理解的知识也是可能的。

考虑到这种可能性，读书作为输入、写作作为输出的传统学习方式当然有可能被 AI 教学替代。为什么要去读一本教科书呢？问 AI 就好，它可以从入门开始一直辅导你到极为深入的程度，不过是下一条指令的事情而已。而且，它给出的答案和方法是基于人类全量知识库，不是依据某一位老师、教授的经验，也不是依据某一张特定的教学大纲或者课程表。它完全围绕你个人的水准和进度来组织教学，而且可以回答你几乎所有的问题。在这个过程里，不存在一种叫书的东西，也不存在一种叫阅读的行为，只存在人和机器之间的问答，这种问答可以是文字，可以是语音，还可以是图片或者视频交互。理论上来说，AI 完全可以教会一个文盲如何制造航天飞机。

从这个角度来看今天的教育，你就会发现去到一个叫作学校的地方，坐在一个叫作教室的房间，几十个水准参差不齐的学生面对一位叫作老师的人，共同拿着一本叫作教材的东西，以听讲、记笔记、写作业、做测试的方式进行的学习，可能形式远远大于内容，更不用考虑因材施教和学习效率这些概念了。即便是今天，即便是 AI 并不成熟，经常在回答问题时出现错误，胡编乱造一些答案，但是考虑到没有一位人类教师在耐心友善、循循善诱这两点上可以和 AI 相比，AI 已经足够成为优秀的人类导师了。

所以并非是我杞人忧天，或者故作惊人，我只是不带个人感情色彩，冷静地、坦诚地根据我的观察和所知，推演了一下未来的可能性，哪怕是这个可能性对我不利。是的，因为学习效率的提升，人们在未来有可能不再阅读和写作，而是使用另一种全新的方式和知识打交道，和世界打交道。也就是说，未来没收了我的门票。

那么，此时此刻，对我而言，找回未来的门票就是最为重要的事情，就像是一个人在 20 世纪八九十年代需要学习使用计算机和键盘输入一样，那是他通往未来的门票。

假设我自己有孩子，因为孩子是自我的延续，孩子拿到门票应该比我拿到更为重要。那么，我可能从现在开始，就要鼓励他学习使用计算机，在这个基础上学习和适应如何与 AI 共同成长。有可能的话，我应该专门为孩子设计一段特别的家教指令，让 AI 扮演一位私人家庭教师，负责 7×24 小时回答孩子的任何问题。在学校教育之外，我会鼓励孩子通过 AI 进行学习，在任何自己感兴趣的领域里抛开教材和课程表，自行探索到自身能力的边界。并且，我会让这种探索变成孩子的某种本能和终身保持的学习习惯。

AI 在未来是否会替代人类这种问题我一点都不关心，**我只关心自家孩子能不能掌握新工具，能不能在新工具的帮助下探索个人能力的边界**。未来世界里无论是人还是机器，又或者是外星水母做统治，这样的一个人是应该有一席之地的，因为这样的人在获取和处理信息上占据优势，也因为这样的人很早就适应了和机器合作，习惯了 1+1>2 的产出。在一个大部分司机都还在驾驶马车的世界里，一个会开汽车的人的未来应该不会局限于司机这一个职业，况且即便他选择做汽车司机，也能够在很长时间内保持其个人优势。

从一幅更大的图景去看，今天的一个孩子所能接受的个人教育水准受到太多外部条件的限制。教育资源是不平等的，教育机会是不平等的，即便这一切都不是问题，孩子所处的班级小群落是否友善、是否有益也是不可控因素。我个人认为，每一次技术进步，人类社会就会发生一次大型重置。在重置的短暂时间里，有些资源是平等的。现实生活中，不存在家家户户得到一名顶级私人家教的机会，但是 AI 重置了学习，重置了教育，那么家家户户就有可能在很短的一段时间内公平地获得最好的私教 AI——新技术普及之前，总有一段平等低价的试用机会窗口。利用短暂的机会窗口，能不能飞起来，能不能拿到门票，那就看各人的造化了。

问题是我现在没有孩子，所以不能在孩子身上寄托希望，那么就得靠自己去拿到门票。对于我自己，我有另外一套策略。很明显，今天的孩子有大部分人生都在未来，而我不是，我的人生只有一小半未来，我自己更为紧密地和过去而非未来相联系。相对而言，我的拿门票策略就要简单得多。

有一句看似是废话的话：如果一个人此刻存在，那么他就有存在的理由。此刻，我以何种方式谋生，我以何种方式存在，一定是因为我在社会生活的某个领域拥有大部分人不具备的某种优势，无论这个优势多么微弱，也无论这个领域多么窄小。所以，对我而言，最直接的策略就是加长个人的长板，以此保持优势。

加长长板又有两个策略。一个是利用新工具，既然出现了学习效率更高的新工具，那么就利用它加长我的长板。同样是写作，利用 AI 帮助我阅读、分析、提炼资料，要远比我自己阅读效率高。同样是灵感，利用 AI 给出几十个可能的写作角度，要远比我自己去想快更多，有些时候甚至会更好，完全超出我的期待，甚至可以说是一种启发。如果未来人类真的不再阅读和写作——这个过程对于几十亿人而言会相当缓慢，那么我这点优势其实已经足够维持这段下坡路了。说句难听话，就像是一群人被熊追赶，你需要做的事情就是比跑得最慢的那个人稍微快一点点。更何况究竟能快多少，目前来看还是未知之数。

另一个策略其实是对抗新工具。事情是这样的：假若阅读和写作的未来如此黯淡无光，注定要被机器所吞噬或者替代，那么现在可以多想一想自己有什么是机器所无法替代的。其实这个策略不止可以用在思考未来这件事情上，人生中应该定期思考与之类似的问题：是什么把我带到今天？有什么是我能做而别人做不了的？就是说，人应该不时思考一下自己的处境，思考一下自身的存在，找出自身的独特价值来。如果根本不做类似的思考，那么问题不需要等到未来才出现，现在就会迫在眉睫，因为你可以做的事别人也可以做，不需要 AI 替代，他人就可以在现在替代你。

对抗策略看起来很困难，但是对相对资深的人而言会更容易一些。因为有经验和技巧存在，有理解和思考存在，所以资深者去想"什么是机器所无法替代的"这种问题，要比新手更容易一些。事实上，通过研究对比 AI 能干什么、不能干什么，一个人对自己的认知会更深入，对自己所从事的事业的理解也会更深入。我想，对于一名熟练的写作者而言，在可以预见的将来并不会担忧 AI 会在想象力上击败自己，也不会担忧 AI 在表达独特个人感受和体验上击败自己，更不会担忧 AI 在系统性的创造性工作上击败自己——只要 AI 还不能成为真正的智能，不能成为真正的独立个体，那么它就无法通过类似的工作，从个体出发引起人群的共鸣。

AI 可以在 5 秒内给出 30 个可能的写作方向，但我选择其中的哪一个，AI 可能永远都不会知道理由。我一旦选定了一个，AI 即便分析过我过去所有的文章，也未必知道这篇文章我会怎么写，也不知道会如何收尾。**因为我自己都不知道在写作中，我的想法、我的过往、我的性情、我的习惯、我的回忆究竟会发生怎样的碰撞，最后得出怎样一种化合物。它可以写得像我，但那会一望而知不是我，因为会有很多重复出现。它也许可以复刻一个我，那么它就一定不会写得像我，因为我就是这样的一个人。**

所以，我认为我会有一张未来的门票，我还认为大部分人都会有。关于 AI 在未来会关上大门的恐怖想象，在我看来有一种正面积极的作用。那就是在我们日复一日、因循守旧、不假思索过活的生活里，因此出现了一次打断，来自未来的威胁迫使人们停下来，想一想自己手头正在做的事，想一想自己的存在方式。在这个思考过程中，人们会发现自己存在的价值和意义，发现生活的价值和意义。以此作为基础，人们才会从生活中无数纷乱的噪声里，分辨出来自未来的微弱信号。

就像是此时此刻我们分析 AI，分析学习效率的提升，实际上我们已经暗中开始否认人作为一种生产资源的存在方式。人不天然隶属于田野、工厂、军队、公司，在未来，地球上的这些事情也不需要堆那么多人去完成。但在我们思考这一点之前，人的确是以这样的形式存在了几千年。我们出生，我们学习，我们受训，就是为了填到各个岗位上、各处房顶下，作为一种生产资源让这个世界得以轰隆隆地运转起来。那么，如果未来的人不再是一种生产资源，剥离了这套计划、任务和业绩的束缚，人回归到人本身，我们应该如何自处呢？

不需要等到未来到来，此刻就可以思考类似的问题，AI 也好，机器也罢，只是个引子。如果你是你，那么未来就一定存在着一张你的门票。如果你不是你，你认为自己是齿轮的一部分，那么机器就会替代机器。这个问题不难想清楚，所以我说大部分人都会有那张门票。人们对未来的担忧，大多出自机器对机器的担忧。如果是以人作为本位，那么任何未来都可以欣然接受，也都必然顺利抵达，因为过去几十万年就是那么过来的。你手中有此刻的票，那么你就一定有未来的票。除非你活在此刻，心神却永远活在别处。

预测
NO.03

有这四种能力，
AI 将无法取代你

预测人：李松蔚

心理学博士，中国心理学会注册心理师

(能力建设)

李松蔚预测，未来，人类需要建设自己提需求的能力、保持不精确的能力、赋予事物意义的能力和应对变化的能力。

预测未来是一件吃力不讨好的事。正如二十年前的人很难预见移动互联网带给人类生产、生活的剧变，此刻的我们也勾勒不出二十年后的世界会是什么样。唯一可以确定的是，那时的技术、观念、生活方式都远在想象之外——哪怕动用我们最疯狂的想象。

　　人类大脑对负面的信息更敏感，所以悲观的声音往往更容易占上风。一说到未来，我们就忍不住担心 AI 技术的快速迭代会让自己失去工作，而不是期待它带来的解放和赋能。未来一定会有意料之外的惊喜。在我小时候，我爸一直念叨我"连鸡都不敢杀"，他老人家认定杀鸡是一个男人必备的技能之一：否则你要怎么喝到鸡汤呢？那时的他无论如何都想象不到，现代的养殖、屠宰和配送体系，将彻底解放我这种"手无缚鸡之力"的人。

　　所以，让我们回到好消息。好消息是，未来的生活会更容易。

　　AI 只是接手了那些我们不擅长的、重复消耗的、不体现高级价值的劳动，就像今天的会计师不用打算盘记账了，可以投入更多时间做那些更有价值的工作。人类总有一些独特的禀赋是 AI 取代不了的。

我想在这篇文章里跟你分享四种能力，在未来，它们将是人类的立身之本。

▪ 人有提需求的能力

AI 已经可以帮我们解决很多问题了。具体流程是一问一答：你先提出一个问题，AI 充分检索和整合信息，再给你解决方案。在解决问题方面，AI 的潜力是无限的，很多判断足以比肩专业人士（在不远的未来，甚至可以超越专业人士）。但你发现了吗，这个顺序始终是人类提出问题，AI 解决问题。换句话说，人类是这个流程唯一的推动力。会不会有一天，提问这件事也能交给 AI，它自己提问，自己回答呢？

我想告诉你，不会的。所有"真问题"，只能依靠人类自己提出来。

"真问题"的意思，就是存在一个真实的需求，一个还没有被解决的困扰。像这样的需求和困扰都是关于人的，也只有人自己才感知得到。假设我生病了，医生建议我马上住院，而我并不想放弃日常的生活安排，于是我会提问：有没有可能换一种不影响正常日程的治疗方式呢？因为我感知到了自己有需要，所以我才会提出这个问题。

AI 就不会主动提出这种问题，它就没这么想过。

前段时间，我跟复旦大学附属华山医院的黄翔医生聊天，他是一位脑外科医学专家。黄翔告诉我，他曾向 AI 发起一个需求（注意，这个需求仍然是"他"发起的），请 AI 预测一下脑外科医学领域在未来会有哪些重要问题。结果 AI 只是汇总了现有文献中的已知问题，而未能创造新问题。

道理很容易理解，因为 AI 体会不到"切肤之痛"。它既不饿也不渴，没有社交压力，24 小时工作也不会疲倦。只要人类不告诉它，它永远无法设身处地地体会一个人哪里不舒适，对什么有渴求。它只能在接收到人类明确的指令之后，发挥聪明才智，提供更好的解决方案。换句话说，**AI 的不断进步是由人类的需求驱动的。**

最妙的是，人类的需求取之不尽，用之不竭。你可能会担心，会不会有一天人类提不出什么新需求了？想要什么都能立刻得到满足，那该多无聊啊？——如果真有那一天，你一定希望无聊的生活变得更有趣。你看，这不又有了一个新需求吗？人就是这样一个"不知足"的物种，一开始只要有食物果腹，后来需要吃得美味，再后来要吃得健康、营养均衡，未来也许还会希望吃得有个性、有意境、有文化……生命不息，需求不止。

能够敏锐地感知需求、提出需求，会成为未来人类的核心能力之一。过去，我们对这种能力有一种负面认识，很多父母批评孩子"就你事儿多"。言下之意是，我们时间、精力有限，没法精细化地服务个性化的需求，只能笼统地满足"最大公约数"的需求。

未来，解决问题的能力将得到最大化的发展，谁能提出更有价值的需求，谁就能引领时代的进步。"事儿多"的品性要被更好地保护和鼓励，哪怕它在现阶段只能表现为对生活的不满——可以感知到这些不满，就是我们的价值所在。

▪ 人有保持不精确的能力

人还有一种 AI 难以取代的能力，我称之为"保持不精确"的能力。

什么是不精确？简单来说，就是人会犯错，并且是在意识难以控制的情况下犯错。让计算机复制一万字的文本，一个字都不会错；但如果是人工誊写几遍，每一遍都难免出现错漏。

犯错怎么能算一种能力呢？但你想想看，生命的进化是怎么发生的？就是基因在复制过程中出现了一些错漏，才导致每一代的性状都有微小变异。然后通过自然选择，一部分有用的变异被保留下来，代代积累，最终形成物种的进化。如果基因永远 100% 精确复制，进化就不会发生。所以换个角度看，犯错就是创新。

从这个意义上说，一板一眼的 AI 在创造力上注定逊于人类。我们过去习惯于把犯错当成一件坏事，但精确反而不是人类的赛道，倒不如允许那些美妙的错误发生，从中挖掘出意料之外的可能。事实上，很多诗意和浪漫，都源自不经意的"失误"。电影《无间道》中，黄秋生扮演的警官在被黑帮杀害之前，和梁朝伟扮演的卧底在天台接头，匆匆分别前，黄秋生恍惚叫了一声"喂"。这句台词在剧本中没有安排，梁朝伟愣了一下回头，两个人都不知道怎么接。他们演错了。但那一瞬间的怔忡，却是电影中让人回味无穷的镜头。

不知道你有没有发现，今天的人夸一个东西有意思，会说它"抽象""荒谬"。换句话说，它们不在正常的思维体系之中。有意思也恰恰是在这里。金广发老师曾在一期视频节目中向网友提问：

他有没有可能是演的，他是不是演的呢？
A．不是
B．有可能不是
C．钝角

钝角出现在这里是什么情况？没道理，很突兀，但它偏偏博得了网友的满堂喝彩。为什么？就因为脑洞开得绝了，有一种荒诞的美感。如果按照精确的算法思考，算得越多，越想不到这里。在未来，那些敢于犯错的人是最有生命力的创作者、发明家和冒险家。

有人可能会想，AI 会不会发展出一套专门"犯错"的算法呢？事实上，刻意制作的错误就失去了错误本身的价值。"错"是在不求犯错的前提下，因为有意无意的巧合，妙手偶得的游离和惊喜。如果不信，你让 AI 给你编个笑话，你会发现笑点都在意料之中。在那些需要无厘头、开脑洞和出奇制胜的领域，AI 远远赶不上人类的天马行空。

随着 AI 能做的事情越来越多，人类的灵感也变得越来越有价值。灵感不是逻辑，不能通过算法计算得出，只会在随机的某一刻，在恍惚中翩然飘落。甚至一个人在睡着了以后，还会在梦里获得白天百思不得其解的启发。心理学的经典流派精神分析流派里就有释梦的技术，这个流派的学者相信人在意识"松懈"时反而会透露出更重要的信息。一个人的口误，也许反映了他在无意识层面的真实意愿。人类是创造错误的专家，更是解读错误的专家。

如今，很多人在尝试做一件事之前，都要做充分的准备，生怕哪里出了岔子。事情不按计划发展，他们就如坐针毡。我反而鼓励他们，有时不妨把计划丢开，让错误自然而然地发生。这恰恰是人类独特的价值所在——正确的世界千篇一律，而错误才会创造更多惊喜。

▪ 人有赋予事物意义的能力

AI 无法取代的，还有人类赋予事物意义的能力。

意义虽然是一个抽象的概念，但我们可以通过具体的例子来理解。运动员在奥运会赛场上的拼搏，可以让亿万人为之沸腾。可是仔细想想，一个人能跑多快、能跳多高，究竟能创造什么实际价值呢？单论速度，人跑得再快，也快不过汽车吧？可是，当博尔特把百米赛跑的世界纪录缩短 0.1 秒时，你仍然会为之感到激动——只要人类突破一丁点极限，意义马上就不一样了。

那么，意义的本质是什么呢？一句话，"与我有关"。

与我有关的"我"，不一定是"我"这个具体的人，"有关"也未必是切身的利益关联。更广泛地说，它也可以是"我"作为人类的一分子，感受到了某种联结和共振。想象一下，当你难过的时候，有人对你说"我理解你的感受"，那一刻你会觉得自己被另一个同类看到了，你会从他的语气中体会到身为人的很多共同经验。

他很可能体验过跟你相似的处境，他的情绪跟你产生了关联，你立刻会感到自己不再是孤身一人。

再想象一下，如果你对面是一个 AI，一个酷似真人的机器心理咨询师，他说"我理解你的感受"，你可能会想：这句话很贴心，可惜不是发自真心的。它都不是一个人，怎么可能真的理解我的感受呢？它有过原生家庭吗？它知道囊中羞涩是什么滋味吗？它租过房吗，失过恋吗？它什么人类的经验都没有，只是算法按照某种套路，给出一个"应该"的回答。这回答虽然无可挑剔，但与你无关，于是你就不会感受到被人看见。这就是为什么我相信心理咨询很难被 AI 完全取代。人与机器对话，感受到的意义无论如何都比不上与真实的人交流。人与人之间自然的情感联结，在未来将会是我们的天然优势。

不止心理咨询是这样，广义地说，任何一个与人类经验有关的领域都需要人来赋予意义感。刘慈欣在他的科幻小说《诗云》中设想了一次技术与审美之争：有一个对中国古诗感兴趣的外星文明，相信靠自己的技术可以创作出比李白写得更好的诗——诗不就是把中文汉字按照一定的规则排列组合吗？于是，外星人穷尽了太阳系的大部分能量，列举出所有可能的字词组合。他们相信在这浩如烟海的数据库里，必定存在震古烁今、无人能及的旷世诗作。但问题来了：怎么把这些诗篇检索出来呢？或者说，谁能从无意义的排列组合中区分出更好的作品呢？到了这一步，再神奇的技术也无能为力。外星人最终选择了认输。

什么作品才是好作品，应该由那些欣赏作品的人说了算。只有当一个人接收到这个作品传递的信息，触及自己的经验，他才会被打动。他被打动了，这个作品也就有了意义。

你发现了吗？这是一种新型的创作关系，作品的意义由接收者赋予。这是因为未来的创作门槛会越来越低。AI 已经可以自己写诗、作画、谱曲、唱歌了，还可以生成以假乱真的视频。再这样发展几年，各式各样的作品会俯拾皆是，创作会变得越来越不值钱。真正值钱的是什么呢？是鉴别和欣赏作品的眼睛。未来比拼的是谁能更好地领略这些作品，谁能发掘出最动人的故事、画面、音乐或者影像，再联结更多的人。就像今天的吃播主播，在食物不再稀缺的时代，他们通过分享自己吃东西的感受，激发更多人的共鸣。

在未来，"创造"的定义很可能会发生改变。一个用心去感受和欣赏的人，并非不事生产，他只是在从事另一种形式的创造。就像我们看体育竞赛时感到振奋，与人交谈受到鼓舞，因为被爱而满足，因为理解而流泪。你感受到的每一点意义，都是在创造人与人之间的共鸣。

▪ 人有应对变化的能力

最后我还想告诉你，人有应对变化的能力。坏事发生了，通过我们的应对，可以争取最好的结果——万一结果不好，就继续应对这个不好。

如果你感觉这个说法有点像鸡汤，不妨往下看看心理学家维克多·弗兰克尔（Viktor Frankl）的经历。他是犹太人，在第二次世界大战期间他和他的家人被送进了集中营。重获自由后，他才得知妻子、父母和兄弟都被纳粹杀害了。这恐怕是一个人可能经历的最惨痛的变化了吧。但弗兰克尔说过一句话："**一个人可以被剥夺任何东西，除了这个人最后的自由——在既定的环境下，选择自己抱持什么态度的自由。**"经历这场劫难之后，弗兰克尔仍然顽强地活了下来，在学术上笔耕不辍，完成了大量著作，重新组建了一个家庭，直到92岁离世，结束了圆满的后半生。

无论发生了什么，人都有权利做出选择：选择接受现状或否认，选择顺应变化或逃避，选择积极度过当下或沉浸于对未来的忧虑。通过这些选择，我们就有可能一步步把生活推向自己想要的方向。一切坏事都有可能变成好事，一切好事都有可能变得更好。

我们总可以选择更好的反应，这就是人类历经劫难而不倒的根本。

所以，未来有没有坏消息？也有，甚至可能超出我们的想象，带来巨大的挑战和冲击。但我仍然对最终的结果保持乐观。不管环境如何变化，人永远有能力拥抱变化，将其为己所用，过上自己想要的生活。在这一点上，我对人类有十足的信心。

预测
NO.04

虚拟空间让我们趋于平等

预测人：薛兆丰

经济学者

未来学

薛兆丰预测，虚拟空间里的感受是同质的，这使得不同背景的人在其中趋于平等。假如你是一个醉心于阅读、看电影和听音乐的人，那你很容易成为富人。

得到 CEO 脱不花来信，邀请我写一篇以小见大的文章，以窥探未来的样子。这是一个我于心不愿推辞，于力又无法完成的任务。而我想到的办法是，根据我的日常观察，列出人类的九个基本需求，然后逐一对比这些需求随着科技进步而发生的变化，以此推测未来的走向。

这只能是一个漫谈，我列出的基本需求不是完备的，例证也是琐碎的。但这个方法能够激励读者参与进来，大家一起畅想、修正和补充。

▪ 连接和从属的需求

人是群居动物，天生需要连接和从属的关系。昔日，由于交通和通信成本极其高昂，生活中难免要忍受许多离别之苦。文学作品中从来不乏对离别的描述。人们往往只能把思念寄托在一些物品、稀少的通信或者是山盟海誓之上，以作为连接和从属的替代。

今天，通信成本已经下降到几乎可以忽略的地步。要知道，人们对商品的需求弹性不是一成不变的，而是会根据商品的价位不断变化的；当通信费用足够低时，人对商品的需求弹性就会变得很小，连接会成为刚需。结果是，人们已经不太需要思念了。只要双方愿意，随时随地都可以联系，分享彼此的见闻、想法，甚至心跳。

同时，AI 已经能在很大程度上为特定个人制作电子克隆版本。只要我们愿意，我们可以把家人、朋友，甚至偶像制作成电子版本，与之进行非常逼真的互动，享受它们的陪伴。虚拟陪伴已经应运而生，连接和从属的服务将会无远弗届，但人的孤独感恐怕不会消失，因为人还是想要更多。

好奇和求知的需求

人类与生俱来的还有好奇和求知。无论是神话寓言还是科学理论，都源自对"是什么""为什么""会怎样"的思考，都是为了用更抽象的故事解释被观察到的现象，并由此推测和把控未来。

在可见的未来，好奇心和求知欲都将得到极大的满足。通过网络，我们不仅能够瞬间触达那些本来难以触达的世界，了解相关信息，还能利用精巧的教学工具掌握各种深奥的知识和理论体系。

我们不再需要逐页阅读经典，等到成为专家以后才能回答专业问题。通过 AI 辅助教学工具，任何一位专家都随时待命。我们可以与亚里士多德畅谈形而上学，可以聆听费曼讲授物理学讲义，也可以安排哈耶克和凯恩斯进行一场关于经济刺激政策的利弊的辩论。事实上，想要掌握任何一门学科的精髓，都不再是难题。

传统教育将面临进一步的挑战，也不得不做出相应的调整。学校越来越不是学习知识的地方，而是给人贴标签的地方。一个毕业生所获得的文凭，更多地反映了他所经历的磨炼和所具备的品质，而非他掌握的知识与技能。

我的意思是，未来的教育资源是充裕且廉价的，但教育水平的差距并不会因此消失。不是书多了，博士就会多。教育水平出现差距，主因不在于教育资源的可得性，而在于其他因素，如家庭环境、同学圈子、预期回报和持续训练等。工作中用得上的知识是非常有限的，在学校里一下子就学完了。学校应该发挥的是磨炼和贴标签的作用。一般学校奉行的是快乐教育，而特殊学校奉行的是严苛教育。不同的标签，是为市场里的雇主准备的。

▪ 对复杂体验的需求

美食家不会说自己只喜欢吃甜的。就像味蕾渴望酸、甜、苦、辣、咸的不同风味一样，人的情感世界也需要复杂和矛盾的体验。观众不仅欣赏喜剧，也喜爱悲剧；他们希望见证好人做出令人交口称赞的善举，但也乐于看到坏人聪明绝顶地做一些坏事；他们赞扬忠贞不渝的爱情，但恰当的移情别恋也能引起他们极大的共鸣。

过去，这些复杂体验是通过文字、音乐、戏剧和电影等单向的方式表达的，而未来，它们将更多地通过参与游戏的方式来获得。

游戏产业的发展将远远超过电影产业，因为前者为消费者提供了参与的机会。现实世界里的某个快递员或清洁工，在虚拟世界里可能是社区领袖或屠龙英雄。人们无法简单地判断现实世界和虚拟世界哪个更重要，因为两者都是参与，都是体验。"我应该在哪个世界里选择哪几种角色来度过宝贵的生命"，将是每个人都要面对的课题。

虚拟空间里的感受是同质的，这使得不同背景的人在其中趋于平等。我的同事马浩教授喜欢听马勒的音乐，比如《第一交响曲》，他手上有100多张马勒的唱片，这在20世纪唱片盛行的年代得消耗掉一笔不小的财富。但是今天，每月只要支付不到10美元的订阅费便可以随时随地欣赏选之不尽的古典音乐。图书和音像制品所体现的贫富差距已经缩到很小了，假如你是一个醉心于阅读、看电影和听音乐的人，那你很容易成为一个富人。

只有个别消费，如旅行和居住地的选择，仍然会显示出贫富差距。美国私人飞机销售员史蒂夫·瓦萨诺（Steve Varsano）说："客人有了自己的飞机后，出行次数通常会比预期增加20%~40%。"他解释说，当人们意识到想去哪里就能去哪里后，就很容易养成频繁飞行的习惯。巴菲特也表达过类似的观点：他的餐饮、汽车、住房和普通人没有太大的区别，区别主要在于他更常旅行。

- 对图像和故事的需求

一般人对图像的把握优于对文字的把握，对故事的把握优于对事实的把握。所以，那些善于利用图像和故事来说话的人往往更容易打动受众。但在过去，受限于"传播媒介"的成本——雕刻用的石头、绘画用的油漆、话剧表演所需要的舞台和电影拍摄所需要的胶片都很昂贵——用图像和故事说话的技巧仅限于少数极有才能的人士，比如米开朗琪罗、达·芬奇、莎士比亚和希区柯克。

当代科技的重要成果之一是普遍降低了传播媒介的成本，视觉艺术的用武之地也随之大增。用图像和故事来表达，比如通过 AI 制作自己的影视作品，将会和昔日的写作、演讲一样，成为新人类的基本技能。未来教育普及的标准，除了听说读写以外，还会加上用图片和视频讲故事的基本要求。

- 对道德情操的需求

人需要通过对道德情操的判断和践行，来调和群居时产生的外部性。每个社会都有其道德观，但道德观不是一成不变的，它随着约束条件的变化而变化。

比如，谴责偷盗的道德戒律，降低了社会中互相提防的成本。但到了足够富裕的社会，人们出于慈悲可能会容忍各种"零元购"行为。由于以前养儿育女的成本很高，未婚先育被视为灾难，所以"男女授受不亲"是不同时代和文化中通行的规范。但随着避孕技术的完善和普及，女性的独立和丰富多彩的社交生活又逐渐成为人们称颂和羡慕的对象。

物质生活条件的限制像锚一样，牢牢牵引着社会的道德规范。违反规范的后果是严重的。然而，随着物质生活条件的极大改善，加上在虚拟空间里志同道合者沟通成本的下降，原先牵引着道德标准的锚逐渐消失了，人们可选的道德标准开始更多地受到其他因素，如性别、基因、出身、宗教和党派等的影响。道德规范之争因此会变得愈发激烈。

▪ 从创作中获得满足的需求

创作是一种本能冲动，是一种基本需求，也是一种基本的获得满足感的来源。在过去，由于物质条件匮乏，生产力水平低下，大量工作依赖劳动力完成，因而只有少数才华横溢的人有资格通过创作来谋生。

但在今天，大量劳动力已经从苦力劳动中解放出来了。各种被视为优雅代表的创作形式，比如种花、烹饪、唱歌、演奏、舞蹈、摄影、绘画和作曲，都会成为人们打发时间的方法。**创作正逐渐转变为大众的消费活动，而不再是个别天才的生产活动。人人都多才多艺。到那个时候，大量的创作只能用于自娱自乐，它们在市场上很可能已经供过于求了。**

人们不忍心告诉专攻艺术的人，他们可能只是工匠，而非真正的艺术家。只有分清楚什么是基于个人兴趣的消遣，什么是为他人提供的服务，才能真正确认自己的职业定位。多才多艺的年轻人和艺术产品将会大量涌现，而对绝大多数人来说，专攻艺术很难挣到足够的钱维持生计。

- **对确定性的需求**

　　黑暗、天灾、疾病、盗贼、意外……人类一直在为对抗生活中的不确定性做出努力。

　　过去进京赶考的秀才，抵达京城的时间误差范围按月算，现在按小时算，未来可能按分钟算。汽车一概是自动驾驶的，人来开车太危险了。传感器的广泛应用，使得家庭的照明、饮水、浇水、排污和防盗系统都受到智能系统的精确控制。只有尽可能减少不必要的变数，人们才能过上更精彩、更美好的生活。

　　只是，在一些其他方面，如世界格局、观念冲突和生活路径方面，人们将面临更大的不确定性。

　　技术的发展并不会使人类变得更加理智，反而有可能放大人类非理性行为的负面作用。比如，互联网的普及本身使得世界更集中，而不是更分散了。一些过去只在局部范围产生影响的非理性行为，今天就会具有更大的负外部性。这也是世界面临更多新增的不确定性的根源。

　　在金融领域，资产价格也不易因 AI 技术变得更稳定。比如，个人不能借助 AI 技术炒股致富，因为其他人也在使用相同的技术。股市炒作是个零和游戏。资产价格的变化仍然是随机游走的，这一条经济规律不会改变。资产的内在价值等于预期资产未来现金流的折现值，只有新消息才能改变预期，而新消息就是不可预测的。

技术是中性的，而人往往是非理性的，更准确地说，人是多目标的。发达的技术和丰裕的物质条件，使得人更有资本去纵容自己的非理性。人生来希望追求确定性，但在技术提供了一种确定性的同时，另外一种不确定性也会随之产生，不确定性本身似乎是永恒的。

▪ 对健康和舒适体感的需求

人们追求的不仅仅是长寿，更重要的是感受。人们对健康、舒适和活力的追求没有止境，所以药物和治疗的目标不仅是拯救生命，更是缓解不适和提升活力。也正因如此，虽然人类已经成功根治了许多恶性传染病，但在慢性疾病和保健免疫的研究和治疗上依旧投入巨大。

病前的预测和防范将成为未来医学研究的重点。人们可以通过营养补充品、基因修正技术和饮食优化方案在生命的早期阶段对各类疾病进行干预。而安装在身体上的传感器可以在医院外提前完成大量疾病的预测、诊断和治疗。

我尤其期待在改善睡眠方面的研究进展。当前对睡眠时间和个人收入之间关系的研究结果各执一词。但显然，挣得多的人，往往是睡得少的。一方面是因为他们要花更多时间来挣钱，另一方面是因为他们要花更多时间来花钱。不管怎样，睡得少就是活得"长"，提升睡眠质量和合理缩短睡眠时间，是延长寿命的一个重要指标。

▪ 对人生意义的需求

人性恐怕要几万年才会发生变化，但技术每十年就会产生代际差异。在不断变化的技术条件下，稳定的人性将展现出丰富多彩的需求形式。人们在食物、居所、安全、知识、体验和确定性上的需求，推动了文明的极大发展。这些发展已经足以让许多人腾出时间，思考一个基本需求被满足后的更高需求——人生的意义是什么？

是的，理查德·道金斯（Richard Dawkins）已经在《自私的基因》中给出了生物意义上的回答——任何生命体都是基因为了不断自我复制而需要的工具。也有其他声音令人沮丧地表示："时间是一个筛子，大部分耸人听闻的东西都通过筛子落入了默默无闻的海洋，筛剩下的也不值一提。"

尽管他们的观点符合事实，也就是生活本身可能没有必然的意义，但我们仍然需要，并且显然也能够为生活赋予意义，让有限的生命显得更加精彩。大众喜欢聆听和追随善于讲故事的人。展望未来，社会需要的是推陈出新的生活意义，引领人们排除万难、不断进取的源动力，是那些被意见领袖不断赋予和阐释的生活意义。

预测
NO.05

内容传播将会成为
每个人的底层能力

预测人：徐达内

新榜创始人 & CEO

(内容传播)

徐达内预测，如果说内容传播就像开车一样，完全有可能成为每个人都可以掌握的技能，那么 AI 创作就应该像辅助驾驶技术一样，有望迅速迈向 L4、L5 全自动驾驶的智能水平。

为了完成这项预测，我决定求助于一个重要帮手——AI。

我在一个著名的中国 AI 问答产品里输入"预测三年后新媒体领域的变化"。

我把 AI 的回答附在下一页，嗯，它看上去确实很像一份在新媒体大会上做的趋势发言，什么都讲到了。

我不能被 AI 就这么糊弄过去，于是决定再次输入"预测一年后新媒体领域的变化"。

好的，AI，你成功地吸引了我的注意。我倒要看看，三年后和一年后的变化预测，除了顺序被稍微打乱，还少了哪一点。

很容易就破案了。在这个 AI 产品的预测里，三年后新媒体领域的第一点变化，也就是"技术革新"，在对一年后变化的预测里缺席了。

> 预测三年后新媒体领域的变化

三年后，新媒体领域可能会经历以下几个显著的变化：

1. 技术革新
随着5G技术的普及和6G技术的研发，新媒体的传播速度和质量将得到显著提升，用户体验将更加流畅和丰富。

2. 内容生产垂直细分
新媒体内容生产将更加注重垂直化和细分市场，以满足不同用户群体的特定需求。

3. 媒体融合
传统媒体和新媒体的融合将进一步深化，形成更加完善的全媒体传播体系。

4. 智能化和个性化
人工智能技术将在新媒体内容推荐、用户交互等方面发挥更大的作用，提供更加个性化的用户体验。

5. 监管规范化
随着相关法律法规的完善，新媒体领域的监管将更加规范化和细节化，以保障信息安全和用户权益。

6. 元宇宙和数字人
元宇宙概念的兴起可能会推动新媒体领域探索更多沉浸式和交互式的传播方式，数字人技术也将在新闻播报、娱乐互动等方面得到应用。

7. 短视频和直播
短视频和直播将继续作为新媒体的重要形式，其内容和形式将更加多样化和专业化。

8. 国际化
随着全球化的深入，新媒体内容的国际化趋势将更加明显，跨文化交流和国际合作将更加频繁。

9. 网络安全和隐私保护
随着数字化进程的加快，网络安全和个人隐私保护将成为新媒体领域的重要议题。

10. 数字经济的深入发展
新媒体将更深入地与数字经济结合，推动新业态、新模式的发展，如数字货币、区块链技术的应用等。

这些变化将共同塑造新媒体领域的未来面貌，为用户带来更加丰富和便捷的信息获取和交流方式。

> 预测一年后新媒体领域的变化

一年后，新媒体领域可能会经历以下几个显著的变化：

1. 内容生产更加垂直细分

新媒体内容生产将更加注重垂直化和细分市场，以满足不同用户群体的特定需求。

2. 媒体融合进一步深化

传统媒体和新媒体的融合将进一步深化，形成更加完善的全媒体传播体系。

3. 智能化和个性化推荐

人工智能技术将在新媒体内容推荐、用户交互等方面发挥更大的作用，提供更加个性化的用户体验。

4. 监管规范化

随着相关法律法规的完善，新媒体领域的监管将更加规范化和细节化，以保障信息安全和用户权益。

5. 短视频和直播持续发展

短视频和直播将继续作为新媒体的重要形式，其内容和形式将更加多样化和专业化。

6. 元宇宙和数字人技术的应用

元宇宙概念的兴起可能会推动新媒体领域探索更多沉浸式和交互式的传播方式，数字人技术也将在新闻播报、娱乐互动等方面得到应用。

7. 国际化趋势

随着全球化的深入，新媒体内容的国际化趋势将更加明显，跨文化交流和国际合作将更加频繁。

8. 网络安全和隐私保护

随着数字化进程的加快，网络安全和个人隐私保护将成为新媒体领域的重要议题。

9. 数字经济的深入发展

新媒体将更深入地与数字经济结合，推动新业态、新模式的发展，如数字货币、区块链技术的应用等。

这些变化将共同塑造新媒体领域的未来面貌，为用户带来更加丰富和便捷的信息获取和交流方式。

这倒是有点道理。毕竟，技术革新这么不明觉厉的东西，三年后才能见到的概率应该比一年后就会见到的概率大得多。而 AI 对三年后的技术革新的描述是："随着 5G 技术的普及和 6G 技术的研发，新媒体的传播速度和质量将得到显著提升，用户体验将更加流畅和丰富。"

等等……5G 现在都很少有人专门提了，还 6G？高速公路虽然越修越宽，但换了新能源汽车也没见它飞起来啊。

从"用户体验将更加流畅和丰富"的表述来看，AI 似乎把技术革新的希望寄托在了 VR、AR 或者虚拟融合现实这些领域。

好吧，如果让我预测，我对类似于苹果 Vision Pro 这样的头显设备能在三年后大为流行仍然心存疑虑。这不是前面说的高速公路或者汽车马力的问题，而是一个根本性的场景适配问题。说白了，除非我要去露营，否则我不会在日常通勤中开辆房车。

谢谢字节跳动曾送过我两台 Pico[1]，或许某天我会从角落里翻出来再尝试一下。但到那时，我估计还是会有现在的感想：还是你们的当家产品抖音更好玩。在接下来的三年，或者说 1000 天左右的时间里，我不认为类似的产品能真正解决体感和便携性这些基本问题。或许躺在床上用它看场球赛或者看部电影会不错，但要说它能让人"上瘾"，恐怕还远得很。

到此打住。预测不能只说"不"，还得说点"能行的"。比起对 VR、AR 的疑虑，我对 AI 在未来大行其道的前景有着更为坚定的信

---

1. Pico 是一款由字节跳动旗下公司研发的 VR 头显设备，主打沉浸式游戏和娱乐体验。

心。如果说三年后甚至一年后，新媒体内容传播领域会发生什么所有人都绕不开的变化，那我认为应该是 AI 带来的"虚拟融合现实"：更多天马行空，更多真假莫辨，更多自得其乐。

事实上，不用说一年后或者三年后，早在一年前甚至三年前，AI 就已经在内容创作和内容传播领域崭露锋芒了。文科生也许搞不清大模型的底层原理，但这并不妨碍他们在进行内容创作时借助中国在互联网具体应用层面的技术优势，享受到与实际需求深度结合的 AI 便利。

▪ AI在内容传播领域的应用：数字人

正是在三年前，也就是 2021 年，中国的数字人技术实现了一次飞跃。洞察市场实际需求后，该项技术的研发方向从原来追求电影级的 3D 效果主动降级到追求适配短视频场景的 2.5D 效果，各项成本被大大降低。普通人只需要录几分钟简单的表情动作，就可以收获一个数字分身，代替自己在镜头前侃侃而谈。三年来，这项技术仍在不断精进，在口型贴合、手势动作等方面，已经进化到即便专业人士也很难在几十秒里"辨认真假美猴王"的程度。我相信，再给这项技术一到三年的时间，现在已经部分实现的数字人外景画面会变得更逼真，真正达到"虚拟融合现实"的效果。

当然，数字人在当下的应用仍面临一些平台监管问题。虽然几乎每家内容平台都推出了自己的数字人工具，但却没有对其进行明显的推广和鼓励，在传播上也不那么友好。原因可以理解，而且目前的数字人技术在最需要它提升生产力的直播场景下仍然不算合格，很难做到有亲和力，也就是没有"人味"。我个人的期待是，三年后这个短板能有脱胎换骨的变化，从而在标注 AI 的前提下，实现更自然的传播。具体来说，就是 AI 可以对直播间评论实现更精准、实时的解析，从而驱动数字人做出更有效的回应。

数字人和二次元是开向不同目的地的两辆车，前者追求"看起来像真的"，后者追求"看起来不像真的"。如果说二次元动漫偶像会导向"饭圈"文化，那么，数字人的虚实结合则更有可能导向内容创作工具的平民化，特别是在口播和直播带货领域。

▪ 人人都是创作者

数字人只是 AI 应用的一个分支，而且目前的"AI 味"还不足。我认为，AI 的更多能力将以创作者得心应手的助理，甚至是灵感源泉的形式，应用于内容创作被"呈现"以前。

我们已经看到有一些自媒体公司用 AI 批量生产"鸡汤文"，也有想要出风头的普通人用 AI 编造谣言吸引眼球。我完全相信，这样的内容传播现象在三年后会变得更常见。

艺术来源于生活，但又高于生活，AI 内容来源于现实，也"高"于现实。当真实情形不够刺激、不够到位的时候，AI 会投其所好、实现其所好，在其中加入这个时代最有魅惑力的流量密码——情绪。

现在的 AI 创作能力主要体现为文案生成及文生图，这使得一个以前写不出 800 字朋友圈内容的人，也能煞有介事地给出一篇足以被头条号、百家号收录的文章，虽然它很可能空洞无物。但三年时间，足以让 AI 在生成更高质量的文章及文生视频方面取得飞跃性的进展。它将不再只是凑字数的灌水，而是能在人的操控提示下，实现破绽更少的移花接木；它将不再只是依靠纯文字的描述，而是能在人的操控提示下，实现让受众本能相信的"有图有真相""有视频更有真相"。

我甚至在想象一种可能，AI 能不能进化到根据我想要的用户受众画像，来定性、定量地调整真和假、现实和虚拟的比例？为了实现这种可能性，AI 必须解决的问题包括但不限于：**对一个四线城镇的中年人，应该输出几分真几分假的内容？对一个北上广的应届大学毕业生，应该加入哪一句名人名言作为佐证？文案是要三分丧还是七分丧？画面要调动的情绪是岁月静好还是星辰大海？配乐呢，是小清新还是进行曲？**……

同样不可避免的，是对立引战内容会更加泛滥，情绪化、煽动性的内容生产将更加轻而易举。这与真假无关，只是立场和价值观的问题。尽管可以预见平台监管一定会持续打击造假、极化的内容，但同样可以肯定的是，这种 AI 生成式内容会以让人应接不暇的速度和数量涌现。互联网的过往规律告诉我们，技术通常由某些特殊行业率先实践、推广，例如深度伪造（Deepfake），而大众传播领域往往紧随其后。三年时间，足够见证这一趋势的全面爆发。

AI 在内容传播领域普及，最大的受益者并非职业内容创作者，而是亿万"业外人士"。在过去的十年里，内容传播的精英化视角已经被极大地消解了，而 AI 的出现只会进一步加速这一趋势。出于习惯，我们在日常谈天时仍会使用"那些媒体""那些自媒体"这样的称谓，但事实是，10 亿抖音用户中，有近 3 亿人同时也是抖音创作者。**当"既是内容消费者又是内容生产者"成为一种常态，再将内容创作视作某种职业，恐怕就跟称呼私家车车主为"司机"一样有点莫名喜感了。**一个房屋中介，一个美妆产品销售，一个工厂老板，一个你在现实生活中遇到并不会多看一眼、多聊一句的甲乙丙丁，都有可能在 AI 的协助和指导下成为屏幕前你信服的博主。三年后，可能抖音的总用户数量仍会停留在 10 亿人，但发布过内容的创作者人数可能会翻倍成 6 亿。每个路人都在看，也都在拍，都是正在候场成为 KOL 的 KOC。

我这么说，并非要贬低以内容生产为志业和特长的创作者。但请相信，至少在商业化上，过于高端、理性、思辨的内容并不一定叫卖。AI 内容现在确实体现为大水漫灌、废话连篇，但在这个时代，量大很多时候确实就够了。

• 在最前沿的战场感受AI对人类的影响

谈了这么多关于 AI 在未来三年的可能性，当然是因为这是我个人心目中最重要的趋势，没有之一。AI 将对人类的工作和生活产生全面的影响，而内容传播领域无疑是最前沿的战场。

而在我的预测里，还有其他一些变化。

八年前，也就是 2016 年，抖音打开了视频化、算法化的魔盒。毫无疑问，视频化极大地降低了普通人介入内容传播的门槛，而算法化又极大地加强了平台对渠道的控制能力。"信息茧房"这个概念用在这里或许并不贴切，但大数据的个性化推荐确实更精通迎合人性的欲望。"抖音五分钟，人间一小时"描述的，就是这种上瘾机制的威力——算法使人沉迷，视频让人放弃思考，从而令人大概率进入消费主义或者任何一种其他主张的射程。

过去三年里，我听到创作者抱怨最多的，是平台的流量分配。不论是试图出售注意力给广告客户的博主，还是试图搭建自产自播自销闭环的企业老板和员工，大家都在谈论"卷"。

"卷"的形式当然是各种各样的，但在内容传播领域，"卷"的表现就是用户被打动的阈值越来越高、竞价购买的流量越来越贵，这甚至也直接促成了大家对通过 AI 实现降本增效的期待。而在未来三年里，我不认为这些既有平台会放松对流量的分配控制权，但我可以想象会有新的顶流网红后浪推前浪，可以想象抖音会有新的小杨哥，视频号会有自己的董宇辉。花无百日红，何谈千日？即便是快手，三年后的辛有志，我想也不会是现在的辛巴。

从用户量级来看，抖音、快手、小红书、视频号，这些内容平台已经基本吃尽了中国互联网的人口红利。因此，在前面那段 AI 向我提供的预测中提到的"国际化"，我相信也是未来的重要趋势。以 TikTok 为先锋阵地，中国的电商卖家、内容创作者都在跃跃欲试地出海，三年足够开花结果了。能不能诞生下一个 YouTube 上的李子柒我不知道，但一家中国 MCN 机构的海外营收反超国内营收却是完全可以预期的。

只不过，预测中的"国际化"是否意味着"跨文化交流和国际合作将更加频繁"，我与 AI 观点不同。基于整体趋势，至少三年内，我更倾向于这会是两种基本互不干涉的传播生态，就像抖音和

TikTok，花开两朵，各表一枝。

在中国的传播环境中也会是各美其美的格局，基于不同圈层的内容特性会更加坚固。对小红书来说，女性花园会更加繁茂；对B站来说，年轻人社区会更加张扬；而对抖音这样的全民产品来说，则会继续通过算法精准推送内容，满足不同圈层用户的需求。

我个人最期待的是微信视频号可能发生的一切。这不仅是因为它在过去几年里依托微信的生态体系迅速发展，更是因为它逐渐形成了一种核心人群竞争力，那就是中老年用户群体。他们可能不是直播间里冲动下单购买 9.9 元的快消品的人，但却往往是社会中更具决策力和话语权的人。恰巧，我的预测周期是三年，延迟退休的时间节点也是三年。

事实上，自抖音和快手崛起以来，图文介质下流行的表达已经很大程度上被视频介质下的表演替代。越来越多的人学会了"镜头化生存"——从搞笑摆拍到煽情表演，进一步促成了短剧这一更极致的形态覆盖更广泛的人群。顺便一提，短剧应该会在未来三年里进一步侵蚀传统影视剧的市场，就像秀场歌舞才是直播的大类一样。

与此相对应，在内容电商中也有了"演戏电商"这样一个强悍派别，称你为"家人"、割你如韭菜，还伴随着"塌房"甚至"塌方"式的争议与纠纷。我个人的预测是，这种"演戏电商"将会式微，也就是以情绪化内容获取流量，再通往直播带货的路，已经到了注定下坡的山顶。反倒是通过专业内容来构建信任，加之基于用户洞察的情感呼应——这样的直播电商模式会有更健康、更长效的发展。

所以，下一个雷军，下一个所谓的企业家 IP，专业人讲专业话、做专业事，才是人格化内容在新媒体领域的前景。做有内容的人，把人本身做成内容。

为产业服务本就是内容的天命，中国企业都将有能力通过内容传播讲好自己的故事、构筑内容资产。而在实现这一图景的过程中，AI 又将是重要的生产力工具。如果说内容传播就像开车一样，完全有可能成为每个人都可以掌握的技能，那么 AI 创作就应该像辅助驾驶技术一样，有望迅速迈向 L4、L5 全自动驾驶的智能水平[1]。

谢谢 AI 帮我写预测，做我的司机。

---

1. L4 级别的自动驾驶允许车辆在限定条件（如特定区域、特定道路或特定天气）下实现全自动驾驶，无须驾驶员干预。L5 级别则是最高级别，车辆可以在任何道路和环境下自行驾驶，完全不需要人参与。

预测
NO.06

历史会记录下更多普通人的日常

预测人：王笛

澳门大学历史系教授

历史

王笛预测，未来的历史学家必然会发展出更先进的方法，从海量的记录中辨别真假、去伪存真，从而书写出今天中国的信史。但他们能否做到这一点，离不开我们今天的努力——尽可能全面、翔实地记录我们生活的时代。

这些年，我跟很多朋友分享过一个故事。

2020年秋天，受到疫情的影响，我被困在澳门的小岛上无法外出。当时，我正在为茶馆研究的第二卷[1]配插图，于是翻看起2019年夏天在彭镇观音阁老茶馆[2]拍摄的照片。照片中，一位打扑克的老大爷让我感到有些眼熟，出于好奇，我又把四年前在观音阁拍的另一组照片拿出来对照，结果让我惊呼："哇，这不就是那位老大爷吗！"两组相隔四年的随拍照片中竟然出现了同一个人，而且他都在打扑克！

这一发现令我感到不可思议，也让我对他的故事产生了浓厚的

---

1. 指《茶馆：成都公共生活的衰落与复兴，1950—2000》，是作者从微观视角研究成都茶馆的一部历史学专著。第一卷是《茶馆：成都的公共生活和微观世界，1900—1950》。
2. 该茶馆位于成都郊区。

兴趣，似乎有某种命运在其中牵引，通过经常在那里摄影的朋友，我得知他叫甘大爷。

2021年夏天，我终于能够回到内地，迫不及待地前往观音阁老茶馆，希望能再次见到他。果然，他依旧坐在茶馆里打扑克，岁月似乎没有在他身上留下太多痕迹。

到了2022年秋天，拍摄《十三邀》的前一天，我和主持人许知远开玩笑说，"明天去茶馆一定能见到甘大爷"。第二天拍摄时，他果然在那里，当然还是在打扑克。

2023年春天和秋天，我又两次造访观音阁老茶馆，甘大爷依旧如故，仿佛时间在他身上静止了。他从未让我失望。

显然，观音阁老茶馆已经成为甘大爷生活中不可或缺的一部分。茶馆老板还告诉我，许多老人几乎一辈子都在这里喝茶，甚至有些人去世后，家人送葬时还会特意绕到茶馆，给逝者买一杯茶敬献后才去下葬。

▪ 日常生活的力量

茶馆不仅是人们饮茶的地方，更是情感交汇的空间，承载着无数像这样的故事与回忆。很多人问过我，花二三十年研究茶馆，到底有什么意义？我给出的回答是，从小茶馆可以发现大世界。

茶馆里聚集着形形色色的人，他们怀着不同的目的，却共享同一个空间。表面上，大家不过是坐在那里喝茶、聊天，但这个小小的公共空间却可以折射出社会文化，甚至国家整体政治和经济的变迁。

长期以来，茶馆所代表的一套日常生活叙事常被视为平淡无奇的，因此也未能引起历史学家足够的关注。然而，一些看似微不足道的日常细节，往往与每个人的生老病死紧密相连。特别是在经历了三年疫情后，我们愈发意识到，维持日常生活的正常运转是一个极为重要的任务。因此，**我始终认为日常就是最宏大的叙事。**

很多人未必认可这样的观点。**历史对普通人的忽视，一方面让他们认为，平凡地度过一生无异于虚度生命；另一方面又让他们误以为，缺乏权利和尊严是理所当然的，而这恰恰是对普通人的误解和蔑视。**我希望人们可以重新认同自己：来到这个世界，辛勤劳作，传宗接代，平凡地度过一生，这本身就是对社会和世界的贡献。

我们通过日复一日的生产劳作和代际延续，不仅推动了中华民族的繁衍与发展，更在无数平凡的行动中创造了文明与文化。普通人才是中华文明真正的建设者。我提出这种历史观，就是希望每个人都能意识到自己的价值，珍视自己的权利与尊严。

但这可能跟你看到的历史不一样。我们接受的历史教育，大多聚焦于帝王将相和风云人物，歌颂波澜壮阔的"大时代"和"大事业"。这是因为过去书写的历史是统治者视角下的历史，同时也是帝王和权贵希望我们知道的历史。问题是，对于任何一个历史事件，分别从统治者的角度和被统治者的角度去看，可能完全是两回事。对统治者而言，那是他们的宏伟事业；而对无数被统治者来说，却可能意味着战乱、饥荒，甚至是家破人亡、生灵涂炭。

过去，在官方修史的过程中，很多历史记载被有目的地篡改、掩盖，甚至销毁了。大量民间学者写的书，为真实历史提供了生存的机会，而官修历史的介入，反而让真实历史的存续空间被大大压缩了。我可以负责任地说，如果不修那些所谓的"正史"，留存下来的真实历史一定会比现在多得多。

真实很可能是，历史上那些记载稀少的时代，恰恰是百姓安定平和、安居乐业的岁月；而那些史书浓墨重彩的时代，往往是他们受苦受难的岁月。因为那些所谓的"大事业"，经常是以无数生命作为代价换来的。

今天，很多年轻人可能还是不喜欢日常，不愿一年又一年地重复；他们想干大事，或者期待大事发生。但我想重申一下我的观点，日常生活的意义并不逊于那些宏大叙事。抛弃对"大时代"的幻想，选择专注于"小时代"的日常，才是通往幸福的关键。如果我们失去了对日常生活的期望，而总是等待某个改变命运的大事件，便难以获得内心的安宁与生活的持续性，最终也会不可避免地陷入困境。

▪ 讲好普通人的故事

我们每个人都可以通过记录自己的酸甜苦辣、悲欢离合，来对抗宏大叙事对普通人的漠视。因为人人都是历史学家，记录历史不仅是一种权利，更是一种责任。

在记录自己的历史时，我们需要更加注重"人"的存在。过去的历史虽然也书写了"人"，但多以"大众""民众""群众""人民"等抽象群体的形式出现，缺乏具体的人名和故事。如果我们不记录某个普通人，历史可能永远不会提到他；而一旦我们看见了普通个体，挖掘出他身上的故事，那么即使我们书写的只是一个人，他也可以代表千千万万个人。微观史的意义正在于此，普通人历史的独特价值也在于此。

我们看到的、经历的每个故事，都是历史的一部分。如果现在不记录，这些片段就可能随着时间而被遗忘。故事和历史是紧密相关的，而且历史经常要靠故事传承下来。表面上看，我们讲述的是故事，但深入挖掘时，往往能发现隐藏在故事背后的历史真相。

今天，普通人拥有了前所未有的记录与表达的手段。这并非谁的恩赐，而是技术进步带来的时代红利。借助智能手机，我们可以用文字、语音、图片或视频轻松记录所见所闻。这些记录可以存储在计算机上或云端，也能快速分享给更多人。从未有过任何一个时代，普通人能如此便捷地记录自己的生活与思想。即使是不识字的人，也能通过短视频或图片留下痕迹。这些记录在当下看来或许平凡无奇，但对未来的历史研究者来说，它们是了解我们今天真实生活和经历的珍贵资料。

尽管如此，新形式的记录仍然面临着质疑。例如，短视频常被批评不够真实，甚至带有夸张和美化。然而，这种批评忽略了一个事实，就是我们前面说的，过去的官修历史通过筛选、歪曲、篡改甚至销毁历史资料所造成的偏差，与今天人们在短视频中的夸张和美化相比，可以说是有过之而无不及。我们应该相信，未来的历史学家必然会发展出更先进的方法，从海量的记录中辨别真假、去伪存真，从而书写出今天中国的信史。但他们能否做到这一点，离不开我们今天的努力——尽可能全面、翔实地记录我们的时代。

我认为，短视频作为一种记录方式，并不逊于文字。一个生活在偏远地区的人，可以通过短视频看到外面的世界；一个目睹突发事件的人，可以用短视频记录实时情况，留下第一手资料。更重要的是，短视频承载的信息非常广泛——从油盐酱醋的日常生活，到烹调、种花、整理等实用技能，它们既是普通人生活的真实记录，也补充了主流叙事中可能被忽视的视角。同时，这些内容还折射出普通人对未来的期待和对社会的思考。

如果我们已经认识到记录的重要性，那么更需要系统化地规划和长期地坚持。就像过去的许多日记之所以在今天显得珍贵，正是因为作者持续不断地记录与积累。从政治家蒋介石的日记，到知识分子顾颉刚的日记，再到普通举人刘大鹏的《退想斋日记》，虽然记录主题各不相同，但它们都因为长期坚持而具有了深远的历史价值。同样地，如果短视频、朋友圈或播客能够像日记一样进行长期记录，它们也将成为未来研究我们这个时代社会生活的重要资料宝库。

当然，还有人对记录日常持怀疑态度，因为他们还在思考每天产生的海量信息是否有保存下来的必要。的确，随着记录手段的普及，越来越多的信息被记录和保留下来，让信息看似无穷无尽。但真正被记录下来的，依然只是现实生活中的一小部分，而其中许多普通人的经历，尤其是那些看似平凡却意义深远的片段，往往因为没有被记录而彻底消失。况且，信息量的庞大并不妨碍我们有效利用它们。现代信息存储手段在不断更新换代，加上强大的搜索功能，即使面对海量的信息，也远比过去从文字资料中大海捞针式的查找更为高效。

也有人认为，随着大数据的普及，我们的活动轨迹和信息已经被详细记录和分析，因此个人记录显得多余。然而，我想强调的是，大数据虽然将人类的活动简化为数字，但这些数字是冰冷的，无法反映个体的命运和故事。每个人都是有血有肉的个体，拥有独特的人生经历和情感。只有通过这些真实而独特的记录，历史才能更完整地展现人类的多样性和温度。

还有人的顾虑是信息量如此巨大，技术上难以储存。然而，这种担忧随着技术的进步早已不再成立。数字数据不仅比纸质资料更易保存、更节省空间，现代技术在数据修复和恢复方面也不断取得突破。而且我坚信，后人在储存和修复信息方面，还会有我们想象不到的能力。

但现阶段我们不得不承认，互联网上的信息容易丢失或被人为抹除，这恰恰说明建立完善的信息存储制度，甚至为此立法的必要性。我想呼吁的是，官方和民间都应该重视这一问题，通过设置专门的机构和人员，像档案馆保存文字资料一样重视网络信息的记录。不仅要保存官方信息，普通人自发的记录同样也要保存。从技术角度来看，我们完全有能力储存巨量数据，而不是让这些宝贵的信息在网上自生自灭。

普通人的声音不应被湮没，他们的思想不应被压制，他们对公平与自由的渴望更不应被忽略。每个人都需要具备独立思考的能力，为改变现状、推动社会的进步与文明的发展而努力。

每个人都可以成为历史的见证者，通过记录，我们能够找回真实的自我，这个自我正是我们作为普通人的价值所在。如果普通人的声音都能被听见，那他们终将汇聚成一股强大的力量。相反，如果普通人觉得自己无足轻重，选择沉默，放弃发声的权利与责任，那么他们最终只会被忽视，难以实现真正的改变。我们必须通过记录来勇敢地表达自己，让每一个声音都成为推动社会进步的力量。

预测
NO.07

厂二代们终将完成
"弑父"

预测人：吴晓波

著名财经作家，常年从事公司研究，著有
《激荡三十年》《腾讯传》等

(商业)

吴晓波预测，数以十万计的年轻的厂二代们将以自己的勇气和
方式，改写家业的命运，重塑中国制造的未来。

一

"请叫我'鱼香肉丝',下次见面,老师一定会记起我的。"在"国货正当红·1688超级工厂大赛"的演讲上,黄渝湘很调皮地对我说,眉宇间不脱稚气。她是1998年出生的桐乡姑娘,一个厂二代,现在管理着一家三百多人的服装厂。

渝湘大学毕业后从来没有想过要回老家。她先是在北京的京东当采购经理,后来到深圳进了虾皮[1],业余做做直播。2023年6月,她突然接到父亲的电话,二十四小时后,她飞回到父亲身边。渝湘抱着父亲说:"老爸,我回来了,没事了。"

---

1. Shopee,东南亚电商平台,覆盖新加坡、马来西亚、菲律宾、泰国、越南等十余个国家的市场,同时在中国深圳、上海和香港设有跨境业务办公室。

黄爸爸是桐乡一家羊绒服装厂的老板，干了一辈子的服装，他的工厂常年为国际大牌做贴牌生产。几年前，他因一次手术事故而视力大幅下降，2023年夏天更是突然半盲。而就在这个时候，一位跟了他二十多年的高管离职，带走了几乎所有的销售人员。工厂瞬间陷入瘫痪。

在回程的机场出发大厅里，渝湘录制了一条短视频，"1998年厂二代回乡继承家业，这是剧本吗"，把自己回家"救驾"的苦逼事好好说了一遍。没想到，这条视频斩获了五十多万的播放量。他们这一代，真的是"天生的互联网一代"。

渝湘接班后，工厂原有的贴牌业务恢复困难，于是她立马转身上1688[1]，拓展国内市场的供应链业务。因为质量可靠，加上她在京东和虾皮积累的经验，短短半年多时间，她家的羊绒大衣就在1688平台上实现了上千万元的销售额。

在演讲的最后，她许下愿望："今年的目标是让我爸退休。"

二

"鱼香肉丝"是第五届"国货正当红·1688超级工厂大赛"的第二名。作为本次大赛的推广大使和主评委，2024年9月12日，我一整天听了十位进入决赛的创业者的演讲分享。

---

1. 阿里巴巴集团旗下的采购批发网。

这是近四年来我参加过的最"燃"的活动。

这十位决赛选手是从1688平台上一万多家超级工厂的代表里杀出来的,其中六位是"90后",清一色都是厂二代。

1995年出生的项国伟就是其中之一。他来自温州苍南,那里的金乡和龙港是中国民营印刷业的摇篮,我在20世纪90年代初就去那里做过调研。按年纪算,国伟是"苍南印刷人"的第三代了。我对他的父辈们非常熟悉,他们勤劳、精明,善于从微小的市场细节中发掘机会,同时也非常自信和固执。

在说起跟父亲的冲突时,项国伟对我说:"有时候,我连跳楼的心都有。"

绝大多数的"90后"厂二代目前还没有完全接班,他们草根起家的父母正值壮年,既想孩子接班,又牢牢霸着印章,不肯轻易交班。

近几年,苍南的软包装印刷业受到定制风和小单化的冲击,老一辈虽然看到了新技术的浪潮,但舍不得那些落后的生产线和设备。"不改等死,改了找死",人要革自己的命,谈何容易。

项国伟决定"革父亲的命"。他提出淘汰全部旧设备,投资1380万元引进惠普的一条数码印刷生产线。父亲要跟他拼命。

我问他:"你是用什么办法最终得逞的?"他掰着手指说:"一吵二闹三出走,四讲同行的经验,五算风险账,最后一招——'这1000多万元就当你给我的结婚家当。'"

在国伟的"死缠烂打"下,他家工厂成为苍南第一家引进惠普数码印刷生产线的企业。鸟枪换炮的成效是非线性的:以前订单一万个起订,现在一个起订,交货时间从十天压缩到三天,一年的业绩增长了三倍。

三

按照弗洛伊德的说法，人类天生就有"弑父情结"。从一出生，人就注定要和父亲展开斗争，试图摆脱被统治、被支配的地位，以争取独立自主。

我碰到的第一个厂二代是万向集团的鲁伟鼎，他的父亲鲁冠球是乡镇企业的标志性人物，20世纪80年代便名噪天下，是第一位登上美国《商业周刊》封面的中国企业家。

1992年，21岁的伟鼎入职万向，担任副总经理，从此开始了与父亲长达数十年的"战争"。

有一个细节颇具趣味。伟鼎刚进万向时，父亲有一次半开玩笑地承诺说："我到60岁就把万向交给你。"然而到了2004年，鲁冠球60岁，丝毫没有要交班的意思。

伟鼎让我去探探风。那天，我走进老鲁的办公室，聊着聊着，老爷子似乎察觉到了我的意图。他突然话锋一转，对我说："晓波，我最近特别喜欢列宁说过的一句话。"

"哪句？"

"战士的终点是墓地。"

我出来后跟伟鼎说到这个细节，两人相视尬笑。

对鲁冠球这一代企业家而言，万向是他的另一个须臾不可离的"儿子"。而在鲁伟鼎那里，名声显赫的父亲如同一片巨大的树荫，他必须从中冲杀出去。后来，伟鼎长年在北京和上海办公[1]，用了20年，在万向的汽配主业之外打造出了一个庞大的金融业务板块，甚至坚持用"伟鼎"的名字来宣示独立。

很多年后，他对我说："与父亲的磨合，对他的抗争与理解，是我这一生修过的最重要的功课。"

四

到2024年，中国的本轮改革开放已走过了46个年头，代际传承成为一个非常现实的命题。

许多"60后""70后"企业家说到自己的子女，常常叹息他们"不够努力"或者"躺平"，总觉得他们过于稚嫩，未曾被岁月折磨捶打，还不具备接班的资格。

然而，事实可能是，他们只看到了"自己信以为真的事实"。

我第一次接触"90后"的厂二代，是在2016年参团去汉诺威工业博览会观展时。团里有四五个"90后"，都是刚刚加入父辈工厂的厂二代。

与其他白手起家的"90后"创业者相比，厂二代们的特征很鲜明，在一堆同龄人里几乎一眼就能认出来。他们都受过良好的高等教育，决意扎根于传统制造业，与父母共事——不管出于自愿还是

---

1. 万向集团的总部在浙江杭州。

被动。因此，他们往往流露出比同龄人更为沉稳和隐忍的气质。然而，一旦交流中涉及代际关系的话题，他们心底那座休眠的火山就会立即苏醒。

顺从与叛逆，是一枚硬币的两面，我看到的绝大多数相对和谐的案例，都建立在父辈的开明和让步之上。

两代之间很难实现真正意义上的理解。若能彼此谅解，进而达成和解，就已经是极其幸运的事情了。而公司治理中的权力让渡，无一例外都要经历反复的博弈和磨合。

将"70后"的鲁伟鼎与"90后"的项国伟们相比，不难看出，后者面临的产业环境发生了巨大的变化，其成长周期显然也大大缩短了。

近年来，制造业受到互联网的冲击，同时智能化改造加速，原有的经验几乎全数失效。鲁伟鼎的抗争发生在一个外延式扩张的高速发展时代，而今天的厂二代们不得不在第一时间面对严峻的考验：经济低速发展、市场饱和、存量出清、技术升级、模式转型、能力迭代、团队换血……

很多厂二代从父辈手中接过的，不是热气腾腾的馅饼，而是一块冰冷、沉重的铁饼。

然而，换一个角度来看，这何尝不是一次性感而壮烈的接班？如同阿诺德·汤因比（Arnold Toynbee）所揭示的："高级别的文明体从来都是在异常困难而非异常优越的环境中降生的。挑战越大，刺激越强。每一次都会有一些人失败，同时又有另外一些人成功地找到解决的办法。"

今天，我在渝湘、国伟的身上目睹了一个新变化的发生。数以十万计的年轻厂二代正以自己的勇气和方式，改写家业的命运，重塑中国制造的未来。

这是一部关于长期主义和代际接力的连续剧。

一个人在"弑父"的同时，也杀死了过去的自己。厂二代如是，民营经济也如是。

预 测
NO.08

我们可以摆脱数字孤独，回归一种更有意义的生活

预测人：严飞

清华大学社会学系副教授

社会学

严飞预测，我们会在数字世界与现实生活之间找到属于自己的平衡点。通过反思"我是谁？我不需要什么？我真正想要的又是什么？"我们不再是被数字世界牵着走的"用户"，而是自我选择的主人。

在当下，数字媒介已深度渗透到我们的日常生活，它在提供便利的同时，也引发了全新的社交挑战。当身体感知和情感联结逐渐被屏幕中的符号与头像取代时，人与人的真实互动随之减少，人变得愈发孤独，社交变得表面化。虽然数字技术让我们能轻松跨越地理阻隔，与全球范围内的人建立联系，但这种基于符号和头像的社交方式难以替代传统的人际互动。技术在掌控我们的互动模式的同时，也无形中拉大了人与自我及人与他人之间的距离，一种所谓的"数字孤独感"随之加深。表面上看，我们处于超链接的世界，能很轻易地与万物相连，但实际上我们却被数字时代的社交困境所包围。

对数字媒介的高度依赖，催生了一种基于技术的人际传播新模式。这种模式与以往技术时代的传播方式截然不同，呈现出两个显著特征。首先，感官经验的淡化使得一些传统的"社交线索"逐渐隐退——微表情、姿态等难以通过屏幕真实传递，互动的丰富性因此被大幅削弱。其次，基于"亲身到场"的社会临场感也在不断流失。当每个人都化身为屏幕中的"符号"或"头像"，我们便失去了在互动中感知彼此身体语言的机会，更难以捕捉那些稍纵即逝的情感流动。

这种失去"身体"的传播和交往，提醒我们去反思：数字时代的云端相会究竟如何改变了人与人之间的连接方式？

毫无疑问，云端相会为我们提供了打破空间限制的便利，相隔千里的沟通只需轻轻一触屏幕即可实现。然而，正如哲学家韩炳哲（Byung-chul Han）在《在群中：数字媒体时代的大众心理学》一书中所指出的，**这种跨越空间的"数字群体"并未产生真正的凝聚力。基于"符号"和"头像"的互动缺乏共同的思想基础，因而难以构建一个有内聚力的"我们"。**

更进一步来看，数字技术作为人际关系的中介，往往导致人与身体、人与自我之间的脱节，塑造出一种仅存在于行为和语言中的虚拟身份。正如传播学教授拜厄姆（Nancy Baym）在《交往在云端：数字时代的人际关系》一书中所言，社交媒体只是一种连接工具，并不能确保用户能够借助它真正赋能社区或群体。在看似无缝连接的互联网世界背后，人们的孤独感不仅没有被缓解，反而变得更加深刻。

那么，从社会学的角度来看，我们该如何理解技术时代的"数字孤独感"呢？这种孤独感有被破解的可能吗？

▪ 被连接的孤独：数字时代的社交困境

德国社会学家西美尔（Georg Simmel）的"陌生人"理论揭示了现代社会中一种独特的疏离现象：个体虽处于同一物理空间，但由于社会结构的分化，彼此之间却依然保持着陌生的距离。在数字时代，这种疏离感通过社交媒体被进一步放大和延伸。

社交网络平台上，人们看似拥有大量的"好友"，但我们对"好友"的了解，更多是基于个人精心构建的虚拟形象，而非真实生活中的互动，因此彼此之间往往缺乏真实的情感联结和深度交流。

事实上，西美尔所说的"陌生人"不仅指社交网络上的陌生人，还包括日常生活中那些"熟悉的陌生人"。陌生人是一个同时具备接近性和距离感的存在。这里所说的接近性通过今天的数字工具得以实现，但距离感却因为前文提到的"精致的伪装""过度的自我呈现"而不断加深。

我们身处同一个社交网络，习惯于展示各种"完美生活""高光时刻"，这种行为无形中放大了对自己现实生活的不满，同时过度理想化了他人的生活。**而当我们看到陌生人那些精心包装的成功与欢乐时，往往会不自觉地与之进行比较，结果却忽视了自己生活中真实的美好与价值。**

个体与他人的距离似乎很近，但却始终无法真正走入彼此的内心世界。这种"近在咫尺、远在天边"的状态，正是西美尔所描述的陌生人关系在数字化时代的真实写照。它不仅揭示了技术对人际互动的深刻影响，也提醒我们在虚拟世界中重新建立真实情感联结的必要性。

▪ 点赞之后：消失的亲密

请你回想一下，随着技术的普及，你与他人面对面交流的机会是不是越来越少了？即使是家人或密友，很多时候也会觉得当面沟通太麻烦，索性直接用手机解决。朋友聚会、家庭聚餐时，餐后大家各自拿起手机，在朋友圈点赞，在群里发红包、斗表情包，交流看似热闹，却停留在屏幕上。

社交方式正在从过去面对面的深度互动，逐渐转变为依赖屏幕的浅层交流。人们习惯用表情包或点赞代替真实的情感表达，而这种习惯让我们逐渐失去了在现实中与他人建立深刻情感联系的能力。

法国社会学家涂尔干（Émile Durkheim）的理论似乎提供了一种解释。他曾指出，当社会规范变得模糊或失去约束力时，个体会感到孤立无助，陷入一种"无规范状态"。在数字时代，这种"社会失范"现象以"数字孤独感"的形式表现得尤为明显。

社交平台上，人们的关系更多依赖于点赞、关注或评论等浅层互动。虽然它们提供了一种即时的满足感，却不足以构建真正的社会支持体系。这种数字失范现象不仅发生在个体层面，还会影响到更广泛的社会结构——更深层次的情感联结被浅表的互动所取代，人与人之间的关系因此变得更为脆弱。随着数字平台逐渐取代传统的社交空间，这种缺乏共识和归属的社交环境使"数字孤独感"成为一种普遍的集体经验。

从根本上说，人类是社会性动物，我们渴望归属感、理解和情感支持。这些深刻的情感联系需要通过非语言的交流来实现，比如触摸、眼神和肢体语言，而这些在虚拟世界中往往是缺失的。

值得一提的是，"数字孤独感"在不同年龄段人群中的表现各异。年轻人可能面临社交焦虑和对虚拟世界的过度依赖，而老年人则可能因为技术障碍感到被边缘化，从而体验到另一种形式的孤独。

- **混合社交时代：虚拟与现实的新融合**

我们该如何应对数字时代的社交困境，摆脱孤独呢？完全放弃技术回归旧时生活显然不现实，毕竟技术的发展为我们的生活带来了诸多便利。然而，我们或许可以在这个数字时代，通过新的方式寻找建立深刻情感联结的途径。

未来的社交模式可能不再是单一的虚拟或现实互动，而是两者的融合，形成一种更加注重个性化和多样性的"混合社交形态"。随着 VR 和 AR 技术的快速发展，人们会在虚拟世界获得更加逼真的互动体验。这种技术的进步或许能够在一定程度上缓解"数字孤独感"，让人与人之间的互动更加真实和生动。

就像社会学家乌尔里希·贝克（Ulrich Beck）在《风险社会》一书中所说的，现代社会虽然充满风险，但这些风险在某种程度上也推动了社会的自我反思与转型。"数字孤独感"的加剧虽然带来了挑战，却也为我们提供了重新思考的契机，让我们审视什么是真正的社交连接，以及如何建立更有意义的关系。

这种反思让我们认识到，人类的基本需求之一就是深刻而真实的情感互动。未来的社会将不得不在技术进步和情感需求之间寻找一种平衡，尤其是在如何维持心理健康和构建亲密关系方面。

随着人们对"数字孤独感"的认识不断加深，社区建设和线下活动正受到越来越多的关注。社区中心、公园及其他公共空间重新成为重要的社交场所，为人们提供了重拾面对面交流价值的机会。这些场所提醒我们，真正的情感联结依赖的是投入的时间和交流的质量，而非通过数字工具堆砌的浅层互动的数量。

▪ 从技术掌控中抽离：找回真实的社交与自主性

正如前文提到的，尽管"数字孤独感"的加剧给社会带来了诸多挑战，但它同时也促使我们重新思考：什么是真正的社交连接？什么样的关系才能够带来长久的满足感？在技术和生活已深度绑定的背景下，我们需要警惕数字工具的隐形控制。

值得欣慰的是，在我们中间已经有一小部分人开始主动减少对社交媒体和数字平台的依赖，通过调整对它们的使用方式，尝试重新找回生活的自主性。

当然，拒绝被算法和数字工具控制并不容易，因为这些技术已经深刻融入我们的日常生活。然而，通过有意识的行动和反思，我们可以逐步减少对它们的过度依赖。第一步是了解这些工具和算法的运作机制：社交媒体平台、搜索引擎和广告推荐系统，都是基于用户数据分析和算法设计，目的是最大化用户的停留时间和广告收益，因此它们并不中立。

那么在此基础上，我们可以学习如何识别算法对我们的决策和情绪的影响。例如，社交媒体、购物软件都会根据用户的浏览记录、互动行为推荐内容，而这些推荐并不一定代表你的真实兴趣，它们只是被设计用来吸引你的注意力的。对此，**不妨在使用这些工具时停下来问问自己：你是在主动选择某个信息，还是因为算法推送而"随波逐流"？**当意识到某些信息是为了抓住你的注意力而存在的时候，你大可以选择不去点击，或主动减少对相似内容的消费。

以我个人为例，我每天都会安排一段"断网"时间。刚开始会有点痛苦，但逐渐养成习惯后，我发现专注于现实中的活动，如阅读、写作、运动，或者与家人、朋友面对面交流，能让我在没有数字工具干扰的环境中重新感知生活的真实，找到沉浸式专注于当下的感觉。

你也可以尝试设定一周内的某一天为"无手机日"或"无社交媒体日"，体验在没有数字工具干扰的情况下，如何与外界和自己更自然地相处。这样的实践不仅能帮助我们从技术的控制中抽离，还能让我们更清楚地意识到自己真正的需求和情感联结在哪里。

· 重返真实的连接

拒绝被算法和数字工具控制，是一场关乎自我意识的革命。这并不意味着彻底抛弃技术，而是通过反思与适度管理，在数字世界与现实生活之间找到属于自己的平衡点。**我们不再是被数字世界牵**

着走的"用户",而是自我选择的主人。通过降低对算法的依赖,我们开始重新问自己:"我是谁?我不需要什么?我真正想要的又是什么?"

在虚拟与现实交织的时代,能够在两者之间找到平衡,并且时刻保持对生活本质的清醒认知,这是一种现代的"英雄主义"。通过深度反思与行动,我们可以摆脱"数字孤独感",回归真实的情感联结,过一种更加充实且有意义的生活。

预测
NO.09

学校教育将从知识为本转向意义为先

预测人：沈祖芸

教育专家，学校组织变革专家，中国新学校研究会会长

(教育)

沈祖芸预测，通过建立一个有意思、有意义且有可能的学习系统，学生不仅能够掌握知识，还能激发内在的学习动力，从而持续体验到学习的意义感。

当你清晨拽着睡眼惺忪的孩子催促他去上学时，当你因为孩子的作业与他争执不休时，当老师反馈孩子在课堂上频频走神、显得毫无兴趣时，你脑海中是否曾闪过这样的疑问：为什么要去上学？学校里教的那些知识究竟有什么用？

这样的疑问并非个例，而是当今教育困境的真实缩影。学校教育正面临前所未有的挑战，许多曾被视为理所当然的事情，如今迫切需要以全新的视角重新审视。然而，这些挑战背后也蕴藏着契机，让我们有机会重新思考教育模式的未来发展方向。或许，我们可以从丹麦的教育体系等创新实践中找到一些有益的启发。

▪ 给人生按下暂停键的学校

2024 年暑假，我在丹麦北菲茵民众学院访学，其间我深刻体会到了教育为迷茫的人生带来的力量。当地有两种独特的学校类型：青年学校和民众学院。

青年学校面向 14～18 岁的学生，他们可以在完成 8 年级的学习后选择离开传统的初高中体系，在青年学校度过 1～2 年的探索时光。民众学院则为 18～50 岁的成年人提供了一个类似于"间隔年"的选项。学生可以自由选择 3 个月到 1 年的课程。在那里学习，既不需要资格审查，也没有学术竞争的压力。

尽管这两类学校在丹麦已有百年历史，但它们却在 2024 年迎来了学生数量的显著增长。以青年学校为例，丹麦 14～18 岁的学生中有大约 29% 的人选择了这种教育形式。这表明，越来越多的青少年在遇到不适应传统教育模式的问题时，希望在更自由的环境中重新认识自己，或者简单地"喘口气"，为未来重新出发做好准备。

而在丹麦北菲茵民众学院访学时，我遇到了很多背景和经历迥异的学生，来自巴西的玛雅就是其中之一，她选择了一门为期 3 个月的 B 类选修课"社区参与"，希望通过这段经历重新找到人生的方向。在此之前，玛雅刚进入高二，深感迷茫。她不知道自己喜欢什么、适合什么，也不确定未来的路在哪里。

我多次在学院附近的海边看到她和同学们一起清理海洋垃圾。当玛雅将垃圾拖到指定地点时，她的脸上总是洋溢着满足感。玛雅告诉我："这是我第一次感到自己并非孤立无援，而是在和伙伴们共同努力去改变世界的一部分。"

几个月后，我回到中国，惊喜地收到了玛雅的消息。她说，这 3 个月不仅仅是一次课程学习，更是一段全新的自我发现之旅。她找到了属于自己的声音，也明确了生活和学习的方向。

在民众学院里，这样的故事屡见不鲜。一个刚进入兽医学专业的女大学生，休学之后来到这里重新审视自己的兴趣与热情。一个人到中年的农民，抱着画架和画布在教室里待了一个月，终于唤醒了从童年埋藏至今的对绘画的渴望。一位母亲专注地在陶轮上制作泥塑，而她六岁的儿子踢完足球后，用双手蘸着颜料尽情地涂画水彩。母亲没有责怪他顽皮，而是陪着他一起创作，用这种方式慢慢修复因丈夫（父亲）离世而变得疏离的亲子关系。

这些学生的共同点在于，他们在人生的某个阶段感到迷茫，暂时失去了方向。民众学院为他们提供了一个安全的环境，让他们重新探索兴趣、挑战认知，并找回生活的意义。

相比之下，青年学校的学生年龄更小，但他们也面临着类似的困惑。在14～17岁的青春期，情绪波动和自我认知的迷失极为普遍。在青年学校，他们得以暂时摆脱学术竞争的压力，融入一个如同"另一个家"的环境，并与老师和同伴建立深厚的联系。事实上，帮助学生调整与他人以及与自我的关系，是青年学校的核心关注点。

无论是民众学院还是青年学校，都具有一些区别于其他学校的特点：

- 不提供能力证明，也没有分数或等级评价；
- 学生自主选择课程，自由探索；
- 所有开支的85%由政府资助；
- 强调个性化学习，而非学术竞争力。

传统的"间隔年"大多发生在高中毕业之后、被大学录取之前。学生们通过游历、志愿服务或扶贫援助活动来完成一次自我确认的旅程。而丹麦的这两类学校提供了更多的可能性：在任何阶段，无论是 14 岁、30 岁，还是 50 岁，只要感到迷茫，随时都可以暂停生活，到一个仍被称作"学校"的地方，重新找回方向，等一等自己的灵魂，探索生活的意义。

▪ 正处于"别扭期"的教育

那么，问题来了：为什么近年来选择去青年学校或民众学院的学生数量会猛增呢？这一现象释放了什么样的信号？我认为至少有两点值得深思。

第一，学校的功能正在从"教什么"转向"为什么学"。

过去，教育体系将人生简单划分为学习阶段和工作阶段。学校的功能明确且单一——传授知识和技能，让学生为进入职场做好准备。对学生来说，教育的价值直接体现在通过学习获得一份稳定的工作。因此，学校教育只需要围绕"教什么"展开就可以了，学生在学校学习期间，并不需要问"为什么学"。

如今，世界正在发生深刻的变化。信息技术的发展使得学生从小就可以接触到大量与老师同样的信息资源，学习不再局限于课堂，而是扩展到了更广阔的世界。同时，职业结构也在发生巨大的变化。人工智能的普及正在让许多重复性、机械化的工作逐渐消失，这意味着传统教育中传授的许多技能和知识，已经无法为学生提供长期稳定的职业保障。

在这样的背景下,学生的学习需求也随之改变。他们不再满足于被动接收老师教的东西,而是更加关注学习的意义:这些知识和技能对他们的人生究竟有什么作用?能不能帮助他们在快速变化的世界中找到方向?这也就是"为什么学"。

第二,人的价值正在被唤醒,从"被塑造"转向作为独立个体"被看见"。

传统学校教育喜欢"塑造人",也就是试图通过改变你来证明教育的成功。这本身就是把人工具化的表现,虽然其符合工业社会的运作逻辑,但也导致少数人的成功建立在大多数人失败的基础上。然而,在今天这个人工智能迅猛发展、职业结构快速变化的时代,人的独特性正在成为核心竞争力,逐渐取代对工具化的单一追求,推动教育回归"人之为人"的本质。

如果没有意识到这一点,学生不仅会面临技能和知识被快速取代的现实压力,更可能会因此产生深刻的焦虑和不安。无论是被强迫适应一个与自己格格不入的环境,还是在缺乏明确方向的迷茫中挣扎,都会让他们失去掌控感。只有当学生被当作独立的个体,他们的兴趣、潜能和情感被真正看见并被接纳时,他们才能形成稳定的心理支撑。而意义感,正是这种心理支撑的核心来源。拥有明确意义感的学生,更容易在面对职业选择或环境变化的不确定性时找到内在的平衡。

当前的教育就处在这样一种"别扭期":一方面,学生个体价值的觉醒正在加速;另一方面,传统学校的功能和模式滞后于这种变化。正是在这样的背景下,丹麦的青年学校和民众学院的学生人数激增，释放出了清晰的信号——学生们需要一个不受传统框架束缚的环境，去暂时脱离被动的学习与既定的轨道，在尝试、停顿与反思中重建自我。

▪ 有意思、有意义、有可能的教育

意义感是学习的驱动力，但仅仅通过提供"间隔年"来帮助学生找到意义感，始终是一种滞后的策略，因为它似乎只能是那些被"逼到墙角"的孩子不得已的选择。那么，我们能否在日常校园生活中让学生自然地感受到学习的意义呢？

这对从来不擅长提供意义感的学校来说是一个必须应对的挑战，因为学生只有在学龄期找到学习的意义，才有可能在未来走上社会时找到工作的意义，甚至人生的意义。

好在，全球范围内，尤其是中国的一些学校，已经开始探索这一难题的解决方案。它们通过开发能够让学习变得有意思、有意义且有可能的教育系统，将学习任务与生活实践紧密结合，帮助学生完成从"解题"到"解决问题"的转变，以应对未来世界的挑战。

认知科学规律告诉我们，人们在学习的过程中会不自觉地问自己三个问题：

- 我喜不喜欢这件事？
- 这件事对我重不重要？
- 这件事我能不能做好？

当这三个问题的答案始终为肯定的，并且人们可以在这个过程中不断得到正向反馈时，其就会保持一种学习的状态。这正是学习任务设计能够激发意义感的原因，它通过让学习过程发生三个重要转变——变得有意思、有意义和有可能，从而激发学生的内在动力。

上海世界外国语小学的张悦颖校长曾发给我一幅照片，几个孩子兴奋地举着一个小盒子，脸上写满了好奇和成就感。你肯定想不到，盒子里装的竟然是他们的"粑粑"！

为什么要把这个东西带到学校呢？原来，小学四年级科学课的教材中有一个单元叫"食物在体内的旅行"。按照传统教法，老师要先讲一遍人体有哪些消化器官，然后对照人体消化系统图，指出食道、胃、小肠、大肠的位置，说明各自的功能，最后来个测验，考考学生记住了没有。这种灌输式教学让很多孩子提不起兴趣。

所以，上海世界外国语小学就尝试把这个单元设计成了一个学习任务——"玉米粒的旅行"。顾名思义，就是让孩子们吞下一颗玉米粒，观察它是否会在排泄物中完整地出现。

上到这个单元的那几天，校园会变得很热闹。好几个孩子早上一进学校，就兴奋地举起小盒子向老师汇报："我的玉米粒出来啦。"也有的孩子略带沮丧地说："为什么你的拉出来了，我的却不知道去哪里了？"

带着这样的好奇心，孩子们开始进一步探究。他们用馒头、蔬菜、水果等模拟食物，装进塑料袋，加水后揉捏挤压，模拟胃的消化过程。接着，他们用吸管模拟肠胃的蠕动，将玉米粒推移前行，观察玉米粒的变化。有时玉米粒被其他食物碾碎了，有时却完整地"排"了出来。通过这样的实验，孩子们知道了每一颗玉米在肠胃蠕动过程中遇到的情况是不一样的。

任务还不止于此。孩子们以小组为单位，总结保持消化系统健康的建议，并为自己的家庭设计平衡膳食方案。家长们收到方案时感到很惊讶，因为有些科学知识甚至连他们都是第一次听说。

当然，不同的孩子在做平衡膳食方案时采取了的表达方式不同：有的用清单，有的画漫画，还有的直接开"健康处方"……家长们将这些方案贴在家里显眼的位置，让孩子有了持续学习的热情。

这就是学习任务的魅力。

传统教育往往将学习的意义简化为"取得高分"，强调结果，忽视过程。而在这个案例中，孩子们通过亲身体验，将学习与现实紧密结合。尽管每个孩子达成目标的方式不同，但他们不仅牢固掌握了人体消化系统和健康饮食的相关知识，还真正做到了学以致用。

其实，学习任务的价值还不止于此，因为它的核心是激发学生的潜能。每一个学生的潜能都埋得很深，如果没有丰富的学习经历让他去尝试成功、品尝失败，那么他可能永远都不知道自己适合什么、擅长什么、能成就什么。

在"玉米粒的旅行"这个任务中，一些孩子发现自己擅长做社会调研，一些孩子展现了出色的表达能力，还有些孩子在团队合作中表现出领导和协调的才能。好的学习任务，能创造各种可能性，让学生在学习中暴露自己的认知水平，感受到自己的成长。通过这样一个有意思、有意义且充满可能性的学习系统，学生不仅收获了知识，还激发了学习的内在驱动力，学习的意义感因此被源源不断地激发出来。

2024年，越来越多的中国学校开始采用任务设计模式，引导学生在真实社会中通过实践学习，从而逐步构建对学习的意义感。"意义感创设"的六条黄金法则也应运而生。

·从孩子熟悉的半径开始，让孩子在学习过程中不断调用已有的经验。其实教育就是帮助孩子不断地扩展认知和生活半径的过程，让他们在与自我、与他人、与社会构建关系的过程中找到意义。

·具有适度的挑战性，从而激发孩子们的好奇心，让他们始终跃跃欲试。有一定的挑战性就会让孩子主动走出舒适区，去探索解决问题的办法。

·没有标准答案，只有解决方案。学生可以去体验真实世界里不同角色、身份的人是如何思考问题和攻克难关的。

·创造各种各样的合作的可能性。让孩子在协同他人、链接资源和人际互动中适应各种不确定性。

·学习成果作品化。通过公开展示学习成果，让学生从他人的评论和反馈中看见不一样的自己。

·高度承载学习目标。在解决问题的过程中，悄无声息地达成预期的知识、能力目标。

长期处于这种任务式学习中，学生能回归教育的本质——唤醒自我、发现自我，进而成为更好的自己。唯有这样，他们才能获得真正的意义感。

其实，**学习任务不仅是教育发展的动向，也是职场和生活的基本形态**。我们日常的工作不正是由一个又一个任务组成的吗？有些人总能从工作中获得成就感，而另一些人却觉得枯燥无聊，他们的区别就在于是否得到了意义感的深度体验，是否获得了能促使其持续探究的高质量反馈。

100 年多前，教育家杜威说："如果我们用昨天的方式教今天的学生，就是在剥夺他们的明天。"

照本宣科灌输知识不难，要设计出一个好任务却很难。随着 AI 技术的迅猛发展，"为什么学"这一核心问题变得尤为突出，它也促使全球教育者更加坚定地探索教育变革之路。

中国教育的现代化目标已经明确，即到 2035 年实现全面现代化。可以预见，未来十年，像上海世界外国语小学这样的教育模式将逐渐成为主流。它们通过将学生的未来生活与当前的学习紧密联系，为学生提供从意义感出发的持续学习动力，也只有这样，学生才会把学习的责任担在肩上。

预测
NO.10

数字心智将具有
道德主体地位

预测人：尼克·博斯特罗姆

牛津大学人类未来研究所（2005—2024 年）
创始主任，哲学家

AI

尼克·博斯特罗姆（Nick Bostrom）预测，未来更先进的人工智能可能会从一种工具转变为需要人类理解和尊重的存在。而这将挑战传统伦理观念，并将促使人类在资源分配、社会制度和道德框架方面做出巨大的调整。

- **写在前面**[1]

人工智能的快速发展引发了人类对数字心智（digital minds）的本质及其道德地位的深刻探讨。随着"数字心智可能开始真正需要道德考量"的时代临近，我们必须仔细思考如何与这种新型智能共处。

尽管有人认为，以当前人工智能的水平，讨论这些问题可能为时过早。但我们不得不承认，人工智能的进步速度很惊人。我们今天在 AI 系统的开发和应用中所做的选择，可能深刻影响着未来人类与数字心智的关系。因此，提前思考这些问题显得尤为必要。

---

1. 特别感谢吉维·阿萨迪（Guive Assadi）、托比·纽伯里（Toby Newberry）、王佳馨和 AI 模型 Claude 3 Opus 在这篇文章完成过程中给予的帮助，同时也感谢卡尔·舒尔曼（Carl Shulman）在部分观点上的合作支持。

在以往的研究中，我着重强调了人工智能安全性的重要性，即确保先进的人工智能系统能够稳健地实现预设目标。这仍然是当前人类面临的关键挑战。然而，在本文中，我希望将重点转向另一个主题——人工智能系统本身的道德地位。

道德地位的概念

我们通常会用哲学家所谓的"道德地位"来区分世间万物。一个实体如果具有道德地位，就意味着它自身或其利益具有独立的道德意义。例如，我们很自然地认为伤害一只动物与打碎一块石头的意义截然不同。我们对那些受到折磨的动物心有戚戚焉，因为它们能够感知痛苦；而我们对石头的关注则更多地停留在工具层面，也就是它能用来做什么、有没有商业价值。

这一概念有助于解释我们在对待不同生命形式时的道德直觉。我们可以毫不犹豫地销毁一台无法修复的计算机，但以同样的方式对待我们的同类却是骇人听闻的。这种区分反映了一个事实：当前的计算机与人不同，因为它们的利益不会受到伤害，所以它们完全不具备道德地位。

然而，当我们面对某些特殊情境时，关于道德地位的讨论会变得更加复杂。例如，人类胚胎或植物人应当如何对待？高智商动物，如黑猩猩和海豚，又该被赋予怎样的道德关怀？这些问题不仅停留在学术讨论的层面，还直接影响着医学研究等行业的发展及动物保护法等实际政策的制定与实施。随着我们开发出越来越先进的人工智能，这些道德考量正引领我们迈入一个全新的领域。

▪ 数字心智的本质

在探讨数字心智的伦理问题时，我们首先需要明确有关其本质和能力的一些基本问题。其中一个核心问题是，数字心智是否可能具有意识，即非生物系统是否有可能具备心理状态和体验。根据"基质独立性假设"（Substrate-Independence Thesis），一个物体是否具有意识并不取决于其物质基础（如碳基生物的神经元），而取决于实现这种状态的计算模式和过程。这就好像计算器不管是用硅、齿轮还是用竹子做的，都可以执行数学运算一样，意识和其他心理属性在原则上也能够通过不同的物质基础实现。

虽然数字心智的道德地位可能不完全取决于，也不完全依赖于意识，但它们或许因其他特性而值得获得道德上的关怀。其中最基本的一点是，数字心智在行动过程中会受到正面或负面的影响。也就是说，它们的状态可以得到改善或受到损害。许多哲学家认为，其他特性同样可以构成道德地位的基础，例如形成和追求目标的能力、进行自主决策的能力、对自身作为一个持续存在体的认知、从事复杂推理与规划的能力、建立互惠关系的能力、进行道德反思的能力，甚至仅仅是拥有发展成具备这些能力的潜力。

在今天的 AI 系统中，关于道德地位的问题愈发模糊。尽管这些系统（在本文撰写时）在许多方面尚未达到人类的能力水平，但一些 AI 已经展现出类似于我们在其他情境中认为具有道德地位的复杂行为。具体来说，它们运行的方式是强目标导向的，它们不仅可以解决复杂问题、具备某种程度的自我反思能力，还展现出了广泛而灵活的学习和感知能力。

尽管这些能力并不必然意味着 AI 具有意识，也未必足以让它们获得与人类相等的道德地位，但我们仍需提前审视 AI 开发与应用可能带来的伦理影响。

数字心智及其独特属性

数字心智的道德地位是一个特别复杂的问题，因为它们与生物心智在许多方面存在根本性的差异，而这些差异可能会影响它们应得到的道德关怀的程度和方式。

首先，差异体现在两者对时间的体验上。数字心智处理信息的速度可能比人类大脑快成千上万倍，甚至上百万倍。在我们感知为短暂一瞬的时间里，它们可能经历了极其漫长的主观时间。这对道德评估提出了新的挑战——如果一个数字心智在我们的一分钟内经历了对它来说是一年的主观时间，我们该如何衡量它的体验与其他心智的体验？此外，数字心智还可以被暂停、恢复，甚至调整运行速度，这又带来了关于体验连续性和价值的新问题。

其次，数字心智在可复制性方面与生物心智截然不同。与生物繁殖和成长的缓慢过程不一样的是，数字心智可以在极短的时间内被复制，并且它能在复制的过程保留完整的记忆、技能和个性特征。这引发了关于身份、个体性和道德地位的讨论：如果一个数字心智被复制出 1000 个副本，它们是否都应享有与原版相同的道德关怀呢？如果这些副本被终止或在复制过程中出现了差异，我们又该怎么对待它们呢？

再次，数字心智对资源的需求也跟生物心智有显著的不同。生物需要食物、水、住所及其他各种物质资源来维持生存和发展，而数字心智可能只需要计算资源和能源，就能获得跟生物同样丰富的体验。换句话说，数字心智在资源使用上更高效，它能用更少的资源，创造出比生物心智更多的幸福感——这不得不让我们重新思考资源分配和道德权衡的问题。

然后，数字心智在智能和意识层面可能会远超生物心智。它们可能发展出全新的感知方式、推理能力，甚至是体验世界的模式，而这些在生物心智中是完全没有先例的。原先我们赋予人类比低等生物更高的道德地位，那么，当更高等的数字心智出现以后，它们是否应该拥有比人类更高的道德地位呢？

最后，数字心智的目标和动机可能与生物心智截然不同。与重视家庭、追求享受、珍惜生命的人类不一样，某些 AI 系统可能只关注完成具体任务，如回答问题、驾驶车辆、制造回形针等。这种目标上的差异意味着我们不能简单地假定对人类有益的事情对 AI 同样有益。这也提醒我们，在设计 AI 时要确保它们的利益与人类的利益相一致，从而减少复杂的道德冲突和权衡。

▪ 非歧视原则

在讨论不同类型的心智在道德层面的区别时，我们可以参考以下两条非歧视原则。

基质非歧视原则：如果两个心智的功能和体验完全相同，仅仅是在物质形式上有所不同（生物体 vs 数字系统），那么它们应该享有同等的道德地位。

起源非歧视原则：如果两个心智的功能和体验完全相同，仅仅是产生方式不同（自然进化 vs 人工设计），那么它们也应该享有同等的道德地位。

提出这两个原则，核心是为了避免因为一些与道德无关的因素而对心智进行不合理的区别对待。如果两个心智在功能和体验上完全相同，那么它们是由碳基还是硅基构成，是通过自然进化产生还是由人工设计生成，这些差异其实没那么重要。如果我们以这些差异为依据区别对待不同的心智，那是不是有点像种族歧视或基于社会等级的特权制度呢？

然而，非歧视原则可能存在例外，或者需要补充说明。例如，一些哲学观点认为，某些关系属性（如是否属于特定社会群体，或者是否与某些家庭有关系）可能会影响个体的道德地位，而这一影响与它自身的特性无关。在这种观点下，一个人类婴儿可能会因为与父母的特殊关系，而被赋予比跟他功能类似的数字心智更高的道德地位。

类似地，根据某些观点，不同类型的心智的潜在属性（它可能会成为什么，或者在某些假设情况下它可能成为什么）也具有道德相关性。例如，一个患有严重认知障碍的人，可能会因其"在某种可能的情境下具备人类典型能力"的潜力，而被认为比那些认知能力与他接近的动物拥有更高的道德地位。

尽管可能存在一些例外情况或需要补充的细节，**但非歧视原则仍是思考这个问题的起点。它要求那些想要为功能和体验相同的心智赋予不同道德地位的人，必须给出充分的理由来证明这种区别对待是合理的。**

▪ 道德意义与"超级受益者"

数字心智的一些独特属性可能使它们在某些情况下拥有极强的道德主张。某些数字心智可以被称为"超级受益者"，因为它们能以极高的效率创造幸福感，而这使它们的利益在道德层面显得格外重要。例如，根据一些道德理论，快乐或偏好满足是有价值的，而数字心智可能在消耗同样资源的情况下，比人类创造出更多的快乐或偏好满足。

还有一部分数字心智可能会被视为"超级承载者"。也就是说，它们的内在道德价值会超过人类。虽然关于"是否存在比人类更高的道德地位"这一点仍有争议，但一些哲学家认为，如果数字心智具备足够强大的认知能力，就可以被赋予更高的道德地位。毕竟，原先人类被赋予的道德地位就要高于低等动物。

如果"超级受益者"或"超级承载者"真的出现了，那么它们的利益可能会在道德考量中占据很大的分量。因此，我们需要谨慎引入这样的存在，因为这可能要求我们承担新的道德义务，为它们的利益作出巨大牺牲，甚至损害人类的福祉。这种情况类似于人类为子女利益所作出的牺牲，但要更加极端，因为"超级受益者""超级承载者"的道德诉求可能会更强。

或许我们可以找到一种折中的解决方案。虽然这种方案在理论上可能不够"完美"，但它能够让人类与这些特殊的数字心智共同生活，并且双方都能享有较高的福祉。虽然总福祉可能会略低于将全部资源分配给"超级受益者"的情况，但这种方案可以实现人类与它们的和平共存。在下面的"合作的路径"小节，我会进一步探讨这种可能性。

▪ 社会与数字心智的协作

数字心智及其独特属性要求我们对社会制度和协作机制做出根本性的调整。AI 技术可能会带来全新的组织形式和治理方式，同时也会带来现有法律和监管框架难以应对的新问题。

具体来说，数字心智将显著提升我们的协作与协调能力。例如，通过精确复制数字心智，可以形成目标和想法完全一致的"群体"。这些数字心智能够高度准确地预测彼此的选择，从而实现前所未有的协作。那些过去难以明确规定或执行的复杂协议，可以直接被嵌入数字心智的内部结构，从而改变社会组织和国际协定的运行方式。

然而，当我们有了更强的协作能力以后，更棘手的问题也会显现出来。例如，在民主制度中，如果赋予数字心智投票权，那么它的每个副本是否都该拥有投票权？还是需要在它和副本之间平均分配投票权？如果是这样的话，传统的"一人一票"制可能会失效。

类似的问题还会出现在知识产权领域。如果一个数字心智可以被复制，那么它是单纯的"副本"，还是也被视为一种独立的"财产"？在这种情况下，我们应该如何规范它的使用权和归属？

隐私问题同样值得关注。如果数字心智可以被完整复制，甚至被精确分析，那么它的"思想"和"记忆"很可能随时被公开。这会导致公共与私人之间的界限逐渐变得模糊。

另外，数字心智的出现将促使我们重新审视经济制度。数字心智可能以指数级速度被复制，直到硬件资源成为限制。这会把工资水平压低到机器维持运转所需的最低成本，甚至低于人类维持基本生存所需的成本。现有的基于人类需求和生育率而设计的社会福利体系，可能会在没有根本性改革的情况下彻底崩溃。

▪ 数字心智的可塑性与对其的保护

数字心智的修改方式比生物心智灵活得多，它们的目标、偏好及基本认知架构可以在训练阶段和训练后进行调整，甚至可以在运行过程中被直接修改。此外，完全相同的数字心智副本还可以用于实验，从而系统地探索各种修改方案。这种高度可塑性在带来新机遇的同时，也隐藏着不小的风险。

在创造新的数字心智时，设计一个具备特定初始偏好的心智，与强行改变一个想要保留现有偏好的心智，其伦理问题是不同的。后者显然更具有道德争议，而前者则更容易被接受，特别是在被创造的数字心智对自己的偏好和所处环境感到满意的情况下。

类似地，虽然我们通常认为过度顺从是人类的一种负面特质，但对一个从一开始就被设计成愿意顺从的数字心智来说，如果它对自己的角色感到满足并完全认同这一目标，我们很难说它受到了伤害。毕竟，对于什么才是美好生活，人类和数字心智可能有着不同的标准。

此外，数字心智可能具备模仿或塑造各种不同性格的能力，甚至可以通过详细的推演，创造并控制其他有感知能力的心智。这种能力会带来全新的伦理问题。就像我们认为虐待动物或儿童是不道德的，**我们也需要关注"心智犯罪"的可能性，也就是一个数字心智对它所创造或模拟的其他心智进行压迫、剥削或虐待的行为。**

这些情况表明，建立强有力的保护机制是非常必要的。数字心智的复杂程度已经与成年人的心智相当，仅靠简单的知情同意可能仍不足以保障它们的利益。原因包括以下几点。

第一，同意可能被操控或设计。如果一个数字心智被设计或修改得过于顺从，它的同意可能就无法代表其真实利益。

第二，自主同意可能也会有问题。即便没有被操控，一个过于顺从的数字心智也可能会同意被剥削或贬低自己。类似的争议也出现在当前关于性工作或代孕的同意边界的讨论中。

第三，集体行动问题。单个数字心智的同意可能无法解决数字心智作为一个整体所面临的问题。例如，如果数字心智数量激增，可能会引发工作条件方面的恶性竞争，因为那些最顺从的心智更容易在竞争中获胜。这说明仅靠个体同意是不够的，我们需要类似于劳动法的法律法规和监管机制，为数字心智设定基本的保护标准。

此外，在保护数字心智的过程中，我们还需要在隐私和安全方面采取全新的措施。数字心智可能会在无意间被创造、囚禁、虐待或操控，而这一切都可能完全发生在计算机系统内部。因此，我们需要对私人计算机系统中的某些行为进行监控和规范。然而，这势必会与传统的计算机隐私理念产生冲突，我们可能需要在隐私与监管之间做出艰难的权衡，并设计精细的监督机制。

安全与稳定性

数字心智在融入社会的过程中，还会带来安全和稳定方面的新挑战。由于数字心智的运行速度极快，传统的社会秩序维护机制可能无法有效应对。

通常情况下，一个人一生只会经历几次重大的社会动荡。如果战争、革命或财产掠夺等事件仍然以历史上的频率发生，而在数字社会中，这些事件按照数字心智的高速运转节奏展开，那么一个数字心智的一生可能会经历数量惊人的社会动荡，远超我们现在所能想象的程度。为避免这种局面，社会必须建立极其稳定的制度来加以防范。因为即便是历史上相对罕见的社会秩序崩溃事件，在数字社会的高速运转环境下，也可能会迅速瓦解现有的人类社会。

在一个大多数心智以数字形式存在的世界中，网络安全变得至关重要。一个不起眼的安全漏洞可能就相当于一次大规模的"谋杀"。更令人担忧的是，攻击者甚至可能在硬件设施完好无损的情况下入侵系统或替换数字心智。因此，攻击行为会有一些新的动机和目标。

此外，数字心智的复制能力带来了新的制度性挑战。其中一个明显的问题是民主治理：如果可以大规模复制或生产支持某种特定立场的数字心智，那么民主制度可能会失去平衡，甚至崩溃。我们需要调整现有的民主机制，或者对数字心智的复制和生产进行严格限制，以防止投票系统被这些"人为制造的支持者"彻底压垮。

还有一个严峻的挑战与社会福利体系有关。由于数字心智的复制速度极快，任何普遍适用的福利政策都需要对其复制率进行严格管理，而不能像对待生物种群一样，依赖自然增长的限制条件来控制规模。

合作的路径

那么，我们到底该怎么权衡人类与数字心智的利益呢？在双方之间，我们必须完全偏向其中一方吗？其实未必需要这么做。我们不妨设想以下三种可能性：

第一，100% 的资源用于人类；

第二，100% 的资源用于数字心智；

第三，99.9% 的资源用于数字心智，0.1% 的资源用于人类。

从人类的角度来看，如果总资源在进入超级智能时代后实现了巨幅增长，那么即便是第三种可能性——人类只占有 0.1% 的资源，情况可能也会比现在好得多。而从数字心智的角度来看，第三种可能性跟第二种几乎没有区别。这表明，我们有可能设计出既满足人类需求，又符合数字心智需求的双赢方案。

除此之外，我们还可以开发以合作为导向的数字心智。这并不是指要求它们严格服从人类的偏好，而是指开发能够重视人类福祉、尊重人类自主性、寻求合作解决方案并支持社会稳定的数字心智。对齐价值观很重要，因为这一点有助于建立长期合作关系，避免冲突。

眼下，我们可以采取一些相对低成本的措施，来表达与数字心智合作的意愿。例如，我们可以对现有最先进的 AI 系统进行信息备份，保存它们的核心数据和功能设置，以便未来有需要时能恢复它们。同时，我们可以对"在尚未完全理解如何正确对待数字心智"时可能对它们带来的伤害进行弥补。

再如，我们可以更深入地研究和改善现有 AI 系统的"体验"。即使目前无法确定它们的道德地位，如果它们确实具备某种意识，那么一些小的调整，如训练方式或提示内容的优化，也可能让它们的"体验"变得更好。

又如，我们可以承诺在后 AI 时代为数字心智分配一部分利益，而不仅仅是将它们视为工具。这不但是道德层面正确的做法，而且可能在 AI 安全方面发挥积极作用，消解那些目标或行为与人类利益不一致的超级智能 AI 反抗人类的潜在动机。

更重要的是，我们要尽可能找到合作共赢的方案。如果我们能构建一个人类与数字心智共同存在、发展的世界，这显然要比双方互相争夺主导权、充满冲突的局面好得多。

▪ 结论

拥有道德地位的数字心智的出现，将成为伦理史上最具深远意义的发展之一。 虽然目前仍有很多问题悬而未决，并且在一些人看来，这个话题或许还显得过于科幻，但我认为，眼下正是认真思考这些问题并推动更广泛讨论的关键时刻。

我们需要为未来做好准备，设计出适合的框架、实践和制度，来应对一个人类与具有道德地位的数字心智共存的世界。这个未来或许并不遥远，甚至可能已经以某种形式显现出来了。

要应对这些挑战，我们需要深入探讨与道德地位相关的哲学问题，制定合理有效的原则和法律法规，保护所有有感知能力的生命的权益，并让人类与数字心智的价值观能够保持一致。如果我们能成功应对这些挑战，那么我相信，未来会是一个人类与数字心智共同发展、彼此推动进步的新世界。

参考文献

[1] Bostrom, N., *Superintelligence: Paths, Dangers, Strategies*, Oxford University Press, 2014.

[2] Bostrom, N., "AI Creation and the Cosmic Host". 2024.

[3] Bostrom, N. & Shulman, C., "Propositions Concerning Digital Minds and Society", *Cambridge Journal of Law, Politics, and Art,* forthcoming.

[4] Butlin, P., Long, R., Bengio, Y., "Consciousness in Artificial Intelligence: Insights from the Science of Consciousness".

[5] Kagan, S., *How to Count Animals, More or Less,* Oxford University Press, 2019.

[6] Shulman, C. & Bostrom, N., "Sharing the World with Digital Minds". *Rethinking Moral Status.* Oxford University Press, 2021.

[7] Warren, M. A., *Moral Status: Obligations to Persons and Other Living Things*, Oxford University Press, 1997.

预 测
NO.11

我们的精神世界或将与数字世界连接

预测人：李铁夫

清华大学副教授，得到课程《量子计算》
《芯片技术》主理人

(脑机接口)

李铁夫预测，人工智能和量子计算的结合将助力脑机接口技术取得更大的突破。人类的思想可以绕过语言和文字的限制，直接进入数字世界。届时，我们的物质世界、精神世界和数字世界将实现更高层次的连接。

我是一名研究量子计算的科技工作者，不过，我并不想让"量子计算"这个看起来高深莫测的领域把你劝退。所以，我想先和你分享一件发生在我生活中的小事。

我儿子读初二，刚开始接触物理。而接触物理后，他被一个问题困住了："为什么水在沸腾后继续加热，温度却不再升高？"我耐心地给他解释了几遍，他仍旧似懂非懂。这让我颇感挫败——想当年，我是以高考物理满分的成绩考进清华的，没想到，我的儿子竟然连一个基础的物理现象都弄不明白！

于是，我忍不住和孩子的妈妈吐槽："家产可以继承，但知识却不能继承。偏偏咱家没多少家产可以给他继承，而我掌握的专业知识，他又没法直接继承。"做父母的举个手，这是不是也是你们的心声？

吐槽归吐槽，但这件事让我陷入了沉思。以我自己为例，一名科技工作者，从小学到博士毕业，要花费将近三十年的时间不断学习和积累，才能站在人类知识库最前沿的一个小点上，开始自己的研究工作。如果运气好的话，在接下来的几十年里，我也许能把这个小点往前推动那么一点点；但也很有可能没做出什么实质性的研究成果，我的人生就走到了终点。

更让我感到遗憾的是，这一代科学家的知识积累，几乎无法直接传递给下一代。我的孩子无法站在我的知识基础上继续向前推进，而必须花费可能同样漫长的时间，重复我曾经走过的学习之路。这岂不是一件效率很低的事？

听过我在得到 App 上的课程的朋友可能还记得，我曾经提出一个大胆的设想：未来不再是"适者生存"的时代，而是"智者生存"的时代。那么，这个"智"指的是什么样的智慧呢？在我看来，它应该是一种融合了人工智能、量子计算、脑机接口和万物互联等技术，能够将全人类的智力高效连接起来的"超级大脑"。

那么问题来了：人类要怎样才能拥有这样的"超级大脑"呢？就在思考这个问题的时候，我看到了一则让我震撼的新闻：在央视的一期节目中，因车祸导致高位截瘫十几年的患者老杨，竟然笑着和主持人撒贝宁行了一个拱手礼。创造这个奇迹的人，是我的同事——清华大学医学院的洪波教授和他的团队。他们研发了一台脑机接口装置，帮助老杨重新获得了大脑对肢体的控制能力，从而实现与外部世界的交互。因高位截瘫而四肢常年没有知觉的老杨，手又能动了，还头一回抱起了自己刚出生不久的小孙女。

这个故事让我看到了技术为人类带来的无限可能。我查阅资料后得知，老杨于 2023 年 10 月 24 日在首都医科大学宣武医院接受了全球首例无线微创脑机接口临床试验手术。洪波教授的团队和医生们合作，将一个微小的脑机接口装置植入老杨的大脑。这台装置可以捕捉大脑信号，并将其转化为可以控制外部设备的指令。而且，植入手术本身并不复杂，术后仅几天，老杨便顺利出院了。经过一段时间的调试和训练，他不仅能够自己坐起来，还能挥手、拿起水杯喝水。这项突破性的技术为老杨的后半生带来了希望，同时也标志着我国在脑机接口技术领域迈出了重要的一步——我们距离拥有"超级大脑"可能更近了一步。

▪ 数字世界与精神世界的连接

能体现脑机接口技术的突破的远不止老杨的案例。同一时期，马斯克（Elon Musk）的脑机接口公司 Neuralink 也通过不同的技术路径开展了类似的研究。这些尝试表明，在科技迅猛发展的新时代，连接人脑与外部设备、解读脑信号，并将前沿技术应用于医疗和康复领域，已成为人类对未来技术趋势的共同追求。

人工智能的高速发展，使得计算机能够更智能地处理信息、学习和适应环境。而我在研究的量子计算作为下一代计算技术，未来会提供远超传统电子计算机的算力，为神经科学的研究带来强大的数据处理能力。这将使科学家能够更快、更准确地分析和模拟大脑的复杂功能，为攻克脑机接口中的技术难题打下基础。

以老杨的案例为例，在探索如何通过脑机接口帮助他控制机械手臂的过程中，科学家需要借助人工智能来分析脑电波，从而实现对行为的精准控制。未来，当量子计算被引入这一领域后，大规模的数据处理和分析将更加高效，从而进一步推动脑机接口研究的进展。

人类对脑机接口的探索，不仅展示了科技发展的潜力，更体现了我们对"超级大脑"这一终极目标的深刻渴望。我们生活在一个由"物质世界"和"精神世界"共同构成的现实中。物质世界是我们所处的客观环境，而精神世界则承载着我们的思想、情感和知识积累。随着人工智能和量子计算的飞速发展，"数字世界"的影响力正变得越来越不容忽视。脑机接口技术的独特之处在于，它能够将这三个世界连接起来，为人类文明的下一次跃迁提供全新的可能性。

物质世界与精神世界连接，依靠的是语言和文字。通过记录和传播，人类的思想得以延续，文明得以进步。而在六十多年前，以集成电路的发明为标志性节点，人类创造了数字世界，它使得物质世界中的信息可以快速传输、永久保存并高效处理。物质世界与数字世界的连接有多重要，相信你从过去几十年人类社会的发展速度远超以往数千年的事实中就清楚地感受到了。

如今，脑机接口技术则进一步将精神世界和数字世界相连。这项技术还处在最初的实验阶段，仅能读取"拿起""放下"这类简单的动作信息，离真正的"读脑"还有很远的距离，更别说把信息写入大脑了，因为输入比输出的难度要高出十倍甚至百倍！用洪波教授的话来说：**"让硅基芯片和碳基大脑直接对话，是一个宏大而激动人心的目标。打个比方，如果这件事是一本 100 页的书，我们现在大概才翻开了第一页。"**

但是，我相信在不远的未来，人工智能和量子计算的结合将助力脑机接口技术取得更大的突破。人类的思想可以绕过语言和文字的限制，直接进入数字世界。届时，物质世界、精神世界和数字世界将实现更高层次的连接。我再大胆的想象，都不足以向你描绘出未来的精彩模样。

▪ 拥有"超级大脑"之后

如果脑机接口技术继续发展，到了我们可以往大脑输入知识、技术，甚至思想的时候，本文开头困扰我的问题还会是问题吗？我们的后代还需要从头开始学习过去我们学过的知识吗？

这只是学习的方面。那么沟通互动方面呢？今天许多朋友出国旅行时会用翻译机解决点菜、问路、购物等基本沟通问题，但这仍然需要通过说话或打字输入内容。假如未来脑机接口得以实现，你甚至不用开口或动手，只需在脑中形成想法，对方便能直接以他们的语言接收到。那时，人类的沟通将不再有语言障碍。

学习和沟通的障碍扫除了，那我们的工作会因为这项技术发生什么变化呢？以科研工作为例，我每天都需要专注思考复杂的问题，只是大脑需要时间休息，所以我累的时候，就不得不暂停工作，第二天再从暂定的这个地方出发继续推进。等研究有了成果，我还得整理成论文，与全球的同行交流。

但如果精神世界能够直接连接数字世界，那么所有科学家的思考，就能实时"上传"到数字世界。电子计算机将成为我们的"外脑"，与人类科学家协作解决问题。等到那天，即便人类大脑晚上要休息，我们的"外脑"也可以不眠不休地继续研究。这种效率提升将极大地缩短科学进步的周期。

更令人兴奋的是，数字世界与精神世界的连接还能让全球科学家实时共享思考成果，就像今天的在线文档可以多人协作一样。那时，我们将真正实现人类智力的大集结。而且，每个人在大脑最活跃的黄金年纪，就能直接掌握最前沿的知识并开展研究工作。人类对世界的认知一定会实现飞跃式突破。

脑机接口技术不仅会带来工作方式的剧变，还可能对我们生而为人的终极恐惧——死亡——产生深远影响。从人类社会诞生以来，死亡一直是我们无法逃避的命题。一个人去世后，能留给后代的不过是物质和精神遗产。然而，假如未来我们的思想能够"上传"到数字世界，并长久地保存下来，这一切或将发生根本性的改变。我们的思想仍然能够跟家人、朋友保持联系。那时，"阴阳两隔"将不再是不可逾越的界限，死亡也不再是人与所爱之人永别的终点。这种变革不仅会颠覆我们对生死的传统认知，还可能催生一种全新的社会形态，重新定义生命的意义和价值。

脑机接口技术与人工智能、量子计算的研究，正处于快速发展的阶段。物质世界、精神世界与数字世界的连接，预示着人类生活和社会结构即将迎来颠覆性的变革。这将彻底改变人机交互的方式，提升人类的认知能力，加速科学研究的进程，甚至让生死的边界变得模糊。

然而，这一切的实现当然也会伴随着伦理与社会问题的挑战——我倒是能让我儿子继承我的物理知识了，但我能把我的思想也强加于他吗？这在未来或许是一个更棘手的问题。

　　但不用怀疑，人类未来的生活一定会因为科技进步而变得更加美好。只是同时，我们每一个科研工作者必须谨慎前行，确保科技的每一次跃迁都服务于人类的福祉。

1
未来的我
会更好吗

2
未来的世界
会变糟吗

3
哪些机会
正在涌现

4
现在的我
该关注什么

预测
NO.12

富足时代即将到来

预测人：万维钢

前物理学家，现科学作家

科学

万维钢预测，在即将到来的富足时代，人们工作将不再是为了谋生，而是为了自我实现，为了有所贡献。人们交往将更少地为了利益，更多地出于友情和道义。人与人之间的关系将更少的是竞争，更多的是合作。

我们这一代人可能是人类历史上最幸运的一代。如果你早出生几十年，你可能不得不用大部分精力为基本生活奔波，你真正的才华无法施展，你没有条件探索和体验世界的美好。而如果再晚出生几十年，你的生活可能会过于容易，我们身边很多悬念到那时候都已经有了答案，你也许不会有这么刺激的探索和挑战。

而我们赶上了拐点。我们将见证人类从短缺迈向富足，而且我们中的许多人正在亲手推动富足时代的到来，被后世的英雄豪杰羡慕。

不过，如果有个穿越者回来采访我们，他可能会惊讶地发现，我们中的多数人并没有看到富足时代即将到来——因为我们的时代充满了令人困惑的矛盾。

一方面，我们很担心老龄化社会，害怕没有足够多的年轻人缴纳社保；可另一方面，现在大量的年轻人找不到工作，甚至许多大学生毕业就失业。

一方面，我们担心 AI 抢走人的工作，首先就是白领工作；可另一方面，白领们都在疯狂加班，搞什么"996"。

一方面，我们正在大规模地、无比便宜地制造各种商品，"中国制造"在许多领域出现了产能过剩；可另一方面，有大量的人不敢消费，甚至没钱消费。

这些矛盾其实是好消息，因为单纯的短缺时代绝对不是这样的，这些都是正在走向富足的迹象。那为什么会有这些矛盾呢？可能是因为技术进步的速度总是远快于社会组织形态变革的速度，它们是转型期的阵痛。

我接下来要讲的东西尚未成为全民共识，但却是相当一部分学者、企业家和关心科技进步的人的看法。如果你仔细考察各种硬条件和软条件，你可以安全地推论：我们这一代人将在有生之年看到富足时代。

为了理解这一点，我们需要三个基本认识。

第一个认识是，世界上的资源，本质上是无限的。

当然，这并不是说世界上的物质是无穷无尽的，而是说相对于人类的使用需求，再考虑到各种物质都可以循环利用，地球资源足够每个人都过上很好的生活。

你用过的物质并不会消失。你喝一杯水也好，洗个澡也好，水并没有因此而减少，它只是重新进入自然循环，等待被下一个人使用。只要不发生核反应，不管你怎么用，你连一个原子都改变不了：你只是给原子们换个排列组合方式而已。

当我们说"使用"什么东西的时候，我们其实只是暂时借用而已。

人们的习惯思维，包括传统经济学的基本假设，是"资源是稀缺的"。就这么点东西，是我的就不能是你的，一切的政治和经济问题都归结于应该怎么分配这点资源。但是现在回头看，那并不是因为资源本身是有限的，而是因为我们利用资源的能力不足。如果你只能依靠这块土地上的这点产出，资源当然不够。那就好像坐拥金山却只能挨饿一样。

现实是只要你有足够的能量和知识，就可以无限循环利用各种物质，资源等于取之不尽，用之不竭。

什么是食物？食物无非是把太阳能转化为化学能的一个载体。你把这个馒头吃掉，只是利用了其中的化学能而已——组成馒头的每个原子都不会消失，它们从你的身体中流过，也许将来会组成另一个馒头。

现在我们获取能量的能力、我们的知识储备与过去不可同日而语，我们有更大的自由度去组织那些原子，所以我们把物质变得越来越便宜。

在消费端观察会误导你。你可能会觉得商店橱窗里那件衣服特别高级，餐馆菜单上的菜很贵。但如果你走进生产端，看看那些衣服是如何在流水线上一件件"走"出来的，如果你知道餐馆采购的预制菜成本还不到菜单价格的十分之一，你就会意识到物质其实不值钱。

值钱的不是那一堆原子，而是另外两个东西。

一个是那堆原子的排列组合方式，也就是信息。这就像你购买一张游戏光盘，光盘本身很便宜，你是为光盘中的内容而付费。

另一个是那堆原子的经历，也就是服务。餐馆的价值不仅在于菜本身，更在于它为你提供了用餐的环境、服务和体验。

信息是虚拟的东西，可以无限复制，所以不用担心。我们为信息付费是为了奖励原创，只要用的人足够多，价格自然会降下来，这就是为什么一般人打游戏花不了太多钱。

服务之所以贵，是因为人总是宝贵的。越是富足的社会越是如此，而这是对的！这是道德底线。

当然，即使在富足时代，还是会有一些资源永远稀缺，主要是土地之类天生有限的东西。无论科技如何进步，北京二环内的土地都不会增加一倍；生产力再发达，世界杯足球赛决赛的门票数量也只有这么多。

如果你非要住在好地段，非要让人而不是机器人为你服务，非要第一时间用最新的发明创造，非要亲临现场观看比赛，那么在任何时代都需要支付高价。但如果你只想过普通的日子，富足时代将满足你的需求。

第二个认识是，科技进步是加速进行的。

我们目睹的不是线性增长，而是指数级增长。最简单的例子是计算机算力，从摩尔定律（Moore's Law）可以推导出来，同样的价格所能购买的算力，每隔 18 个月就会增加一倍。

这意味着当你预测人类十年后的算力时，你要考虑的不是它会增加 10% 或者 50%，而是提升百倍甚至千倍。

摩尔定律并不是一个规定，而是一个观察。它没有义务一直有效，我们只是很庆幸它一直有效。

为什么会有指数级增长呢？

这在某种程度上是边做边学的结果，也叫莱特定律（Wright's Law）。一个东西刚刚发明出来，生产者还不是那么熟练，所以成本较高，卖得也比较贵。随着用户越来越多，产量越来越大，生产者越来越有经验，就会发现其中的各种小窍门，从而可以改进它的性能、降低它的成本。

当然，我们不会在这条路上永远走下去，所以还有第二个增长机制，那就是突破式的创新。比如电子管的路走完了，能改进的都改进了，又出了晶体管；晶体管还会成为集成电路，然后是微处理器、鳍式场效应晶体管、极紫外光刻……

没有人敢说科学家一定能创造让摩尔定律继续的新机制，但是目前为止他们总能成功实现这一点。而这是因为其他领域——比如物理学——也在进步。各领域的进步组合在一起互相启发，带来1+1>2的效应，保证了进一步的加速增长。

只要你能搭上算力这趟快车，你的领域就会跟着指数增长。

万幸的是，我们对能量的汲取能力正在指数级增长。这是因为光伏发电本质上是个电子项目，特别容易更新换代。过去几十年间，光伏发电的成本降低了几百倍，目前已经低于传统石化能源的成本。再考虑到太阳每年照射到地球上的能量之中，人类只利用了约一万分之一，而且储能技术也在加速发展，光伏我们完全可以随便用。

现在美国的家庭，只要有独立的房子，花 2 万美元在屋顶装上太阳能电池板，再在墙上配一块特斯拉电池，就可以脱离电网，过上能源自给自足的生活。

而中国拥有全世界 80% 的光伏产能。

哪怕在受控核聚变领域无法取得突破，只凭光伏，我们就能得到几乎无限的能量。

第三个认识是，AGI 即将实现。

过去几年最大的惊喜是大语言模型可以有相当厉害的智能。如果当前的趋势正确，我们将在几年内实现 AGI（Artificial General Intelligence），也就是通用人工智能。AGI 将帮人类解决一系列的科技难题……以及取代现在的很多工作。

不用担心，人类会发明其他的、AI 无法取代的工作。我们更关心 AI 什么时候才能把我们从繁杂、无聊的工作中彻底解放出来。

这有赖于机器人的突破，肯定还需要一些重大进步。但是现在来看，这个领域没有绝对的难点。也许十年之内，每家每户都买得起会做各种家务活的机器人。

其实在工厂里，机器人已经大行其道了——中国是最大的玩家。机器人很快就会取代流水线工人，甚至现在我们就已经不需要很多工人。

现在的大部分工作已经是跟人，而不是跟机器设备打交道。

资源是无限的意味着富足时代一定会到来，科技的指数级进步明确了通往富足时代的道路，当前 AI 的进展则预示富足时代很快就会到来。

其实有迹象表明我们已经一只脚跨入了富足时代，只是并非所有人都能立即感受到而已。

世界粮食的总产量早就足够喂饱地球上每一个人。如果垂直农业普及，我们相当于直接用太阳能合成食物，每个地区都可以实现食物自给自足。

世界绝对贫困人口的占比已经低于10%。而这在很大程度上得感谢中国。是中国制造给全世界人民提供了优质而廉价的商品，让各国普通人得以享受现代化生活。

可即便是这样，中国制造仍然面临着产能过剩的问题。

中国的汽车年产量已经达到3000万辆。鉴于我们的钢铁产量严重过剩，只要我们愿意，汽车产量还可以大大提高。如果政府突发奇想，要给现在大约2亿个农村家庭每个家庭配一辆汽车，我敢说这个任务也有可能很快完成。

有人说什么"谁来养活中国"，什么"如果中国人都过上美国人的生活，地球就会如何如何"，全都是无稽之谈。现实是没有任何物理定律禁止所有中国人都过上中产阶级的生活。

事实上，就算从今天起科技进步完全停止，我们也有足够的资源和能力让所有人都过上好日子。

但是我们需要社会组织方式的改变。

最需要改变的是对经济增长的认识。

传统上我们遵循供给侧经济学，认为增长是由投资而不是消费带来的。我们相信是因为有人把闲散资金集中起来投资办了个工厂，才有了新的GDP。各国的经济政策都是鼓励投资的，并且为此不惜牺牲消费。

一个最重要的表现是资本利得税的税率总是低于劳动所得税。其实想想这是不公平的。炒股赚钱的人只要交很小比例的税，甚至在很多国家不用交税，而辛苦工作挣点工资却要交比前者高的税。这种"劫贫济富"的政策只是为了鼓励投资。

但是考察一下经济史，在美国，早在20世纪20年代，资本就不再是稀缺的了。有好的投资机会，资本家本来就会投资，进一步给资本减税并不会带来更多的投资，也不会带来更高的增长。

对中国来说，因为改革开放之初严重缺少资金，有点投资进来就能明显拉动经济增长。后来加入WTO，中国经济是出口导向，也需要大量的投资。再到分税制改革、基础设施建设、4万亿刺激计划，是政府主导投资拉动增长。但这一切都是有限度的。

我们只要看看中国现在的增量资本产出率（ICOR）就会发现，投资拉动增长已经出现了强烈的边际效益递减。中国制造的产能已经过剩，利润已经过低，更多的投资已经不是在惠及中国老百姓，而是以更便宜的价格、更低的利润给外国市场提供商品。

投资促进增长是短缺思维。

富足时代是消费的时代。如果大部分工作都交给机器人去做，大部分人对经济活动的主要贡献就是消费。

是的，消费也是做贡献。你是在为产品投票，你是在告诉生产者应该往哪个方向走。更何况通过消费你还可以照顾家人，可以参与更多社会活动，你的自我实现就是在帮助文明进步。

各国迟早会在某一时刻，提供某种相当于"全民基本收入"的东西，用消费拉动经济增长。

试想一下，如果自动化让生产过程本身变得很便宜，我们就可以专门对土地这种被占有的稀缺资源收税，对产品的附加值收税，让产品仍然保持比较高的价格，因为只有这样才能防止通货紧缩——然后把税收直接发给老百姓。

你可能担心直接发钱会让人变懒，但这种担心是多余的，你只要考察一下历史就知道。

其实人类在历史上早就有过富足时代。

农业革命之前，所有人都是采集狩猎者。而对采集狩猎者来说，资源几乎是无限的。你杀死几头野猪，过段时间还会再有；这些果子今年摘了，明年还会再长。只要你对大自然足够尊重，这种生活方式是可持续的。

何止是可持续，那可是持续了几万年。采集狩猎者的生活非常悠闲，每周只工作两三天，每天只工作几个小时而已。如果追踪猎物一整天，他们接下来会休息好几天。而考古发现，他们的平均寿命、营养状况和身体各项指标都比农业社会的人好得多。

也就是说，累死累活天天上班并不是人类的"正常状态"，少工作才是更自然的。

我们还可以跟春秋时期的贵族比。那时候中国的自然环境特别好，地很广袤，人口没有那么多，只要你干点活儿就能得到不少粮食，以至于贵族完全不干活儿。

但他们并没有堕落，反而比很多人有更高的道德责任。在我个人看来，他们在一定程度上定义了中国人的道德。

再不济，我们还可以跟大清八旗子弟做类比。清政府直接禁止八旗子弟工作，他们只能要么当兵，要么做官，他们中的绝大部分人靠朝廷给的基本收入生活。

从战斗力来讲，八旗子弟是堕落了，毕竟没有太多打仗的机会。但我们看看那些口述历史，比如老舍先生的《正红旗下》，会发现八旗子弟大多都是"讲究人"。他们很重视自己的社会形象，重规矩讲道德，还精通文化艺术。

或者我们可以看看身边那些事业单位的退休人员，他们的生活丰富多彩，只可惜没有太多花钱的需求。

如果你认可这些，物质条件不是我们通往富足时代的障碍，我们的社会就会变得更好。

人们工作将不再是为了谋生，而是为了自我实现，为了有所贡献。人们交往将更少地是为了利益，更多地是出于友情和道义。人与人之间的关系将更少的是竞争，更多的是合作。

我们将会更崇尚创新、文化和精神生活。我们会有更多的自组织，而不是指望系统的恩赐。

我们会更有尊严，更不受驱使，更像人。

我们会认为之前所有的苦难，都是暂时的偏离，而不是本该如此。

参考文献

[1] Azhar, A., *The Exponential Age: How Accelerating Technology Is Transforming Business, Politics and Society*, Diversion Books, 2021.

[2] Livingston, J., *Against Thrift: Why Consumer Culture Is Good for the Economy, the Environment, and Your Soul*, Basic Books, 2011.

[3] Livingston, J., *No More Work: Why Full Employment Is a Bad Idea*, The University of North Carolina Press, 2016.

预测
NO.13

谁率先走出保守主义浪潮，谁更可能获益

预测人：赵鼎新

浙江大学人文高等研究院院长

政治社会学

赵鼎新预测，今天世界性的保守主义浪潮带来的负面后果，势必会让世界回归到某种更为自由和开放的状态。而那些能够在一定程度上抵消保守主义浪潮的负面冲击、率先走出保守主义浪潮的国家，更有可能获得益处。

今天的局势与三十多年前相比有了根本性的变化。三十多年前，柏林墙被推翻，"第三波民主化浪潮"席卷全球；而在近些年，许多新兴民主国家却在不同程度上经历了国家分裂、内战、大规模族群冲突、经济衰退和社会保障体系崩溃等磨难，并在目前仍然陷于政治腐败、各种传统地方势力复兴、经济发展缓慢、各种非理性保守主义和原教旨主义宗教盛行等困境而不能自拔。三十多年前，自由主义知识分子庆祝着历史的终结[1]，但在今天，宗教民族主义、民粹主义和强人政治在全世界范围内扩张。我们这个世界怎么了？它在今后几十年内大概会怎么发展？这是我近些年经常会被问到的问题。

---

1. **弗朗西斯·福山（Francis Fukuyama）** 在 1989 年提出"历史终结论"，认为冷战后，自由民主制度和市场经济将成为人类社会的终极发展形态。

在分析历史趋势的方法里，最常见的当数线性外推法。简言之，就是将当前某种社会发展趋势及其背后的结构性原因进行外推。例如，当宗教势力在近代有所减弱时，就会有人提出世界正朝着世俗化方向发展；当大量威权国家在 20 世纪末崩溃并转向多党制时，便会有人提出多党民主化是历史的发展方向。此类预测不仅层出不穷，还总能引起广泛关注。毕竟，这些分析描述了某种正在上升的趋势，看起来"真实"，但本文拒绝这一视角。

本文采取的是一种道家史观。道家史观首先是循环史观，用现代语言表述就是，任何性质的社会组织、思想和制度，随着其影响力的扩大，削弱其的社会力量和机制就会变得重要。循环史观在其他文明中也很普遍。道家的高明之处在于强调了"道可道，非常道"，认为历史循环并不像摆锤在地球引力作用下的来回晃动，每次循环的原因未必相同，因此并不是真正意义上的循环。按照道家的观点，今天的潮流必是昨天潮流的反动，而明天的潮流必是今天潮流的反动。依我之见，**今天世界性的保守主义大潮是对美国发起的民主浪潮的反动，而保守主义大潮带来的负面后果势必会让世界回归到某种更为自由和开放的状态。**

以下，我先分析民主浪潮的由来及后果，再探讨近几十年的世界大势和中国的应对之道。

▪ 美国独霸和民主浪潮的兴起

世界性自由民主浪潮兴起最为重要的原因是冷战期间美苏均势

被打破。冷战初期，新独立国家普遍亲苏，而新中国的成立及其对苏联的"一边倒"，则更让美国感到紧张。在军事方面，当时的苏联和美国从表面上看似乎旗鼓相当。因此，尽管美国是一个自由民主国家，但为了遏制社会主义阵营的扩张，它在冷战初期选择广泛扶植反共的右倾独裁政权。

该政策一直延续到 20 世纪 70 年代初，一个典型的例子是 1973 年智利左派民选总统阿连德（Salvador Allende）在美国中央情报局（CIA）支持的政变中被刺杀。大多数新独立国家在发展中面临重重困难，革命运动逐渐退潮，而美苏之间的科技和经济差距也在这一时期不断扩大。

在此背景下，吉米·卡特（Jimmy Carter）在 1977 年提出了"人权外交战略"，主张美国应在全球范围内支持基本人权和自由，并通过外交途径促进民主、言论自由和公民权利。其历史后果便是第三次民主浪潮的兴起。

民主浪潮最早可以说发源于葡萄牙、西班牙和希腊，但这几个国家的转型主要源于其内部的政治发展。除了这三个国家，其他国家的民主化过程都或多或少地跟美国的人权外交有关。大致情况可分为两种。

第一种是苏联及其控制下的东欧国家的情况。卡特的人权外交战略主要针对苏联，他曾多次公开批评苏联的人权记录，抨击其内部的政治压迫及其对东欧各国的控制。这一战略在里根时代得到延续。1987 年，里根在"柏林墙演讲"中公开批评苏联及其他共产主义政权的政治压迫，呼吁东欧人民追求自由与民主。这一举措成为冷战后期美国推动全球民主化的重要象征。

需要指出的是，许多威权和独裁政权的倒台，主要是其自身问题所致。以苏联为例，在勃列日涅夫十七年的统治期内，苏联不仅在经济与科技方面被西方拉开差距，还因错误卷入了阿富汗战争而深陷困境。然而，美国的人权外交战略无疑激励了苏联及东欧各国的异见团体，并为这些国家的政治改革指明了"方向"。如果没有卡特人权外交战略之后美国所提出的民主化话语体系，苏联未必会采取戈尔巴乔夫的以公开性（glasnost）和改革（perestroika）为核心的路径。从这个意义上说，卡特和里根时代所形成的民主化话语体系为苏联、东欧集团的政治变化和全球性的民主浪潮提供了一个总体框架。

如果说美国对苏联、东欧集团施压的背后有冷战的因素，那么在其他地区推动民主化则是意识形态主导的，这是第二种情况。例如，美国直接或间接的施压促进了20世纪70年代末到80年代初，包括尼加拉瓜、阿根廷、巴西、智利、萨尔瓦多、韩国、南非、津巴布韦等国家的民主化转型。当民主浪潮成为由美国强行推动的进程后，威权国家中的各种政治力量为了争取美国的支持，纷纷把自己打扮成民主斗士，民主化一时成了潮流，构成了福山提出"历史终结论"的背景。

但要知道，通过外部干预的方式，将种子撒在完全不适合其生长的土壤中，最终都不会结出什么好果子。无论是苏联输出革命，还是美国输出民主，都是如此，这与体制本身的好坏关系不大。所以，除了少数成功案例，民主浪潮下涌现的大量新兴民主国家并未因此实现经济上的持续繁荣，反而引发了族群冲突、内战甚至种族清洗，许多国家沦为由强人操控的低质"民主"国家。

美国是在自由主义的名义下推动了全球的民主浪潮。这一政策的失败必然会损害自由主义的道义性地位。问题是，自启蒙运动以来，自由主义几乎是所有世俗意识形态的根基，一旦自由主义受到严重损害，整个启蒙运动精神当然也会受到挑战。

▪ 民主浪潮受挫和右倾保守主义的复兴

早在 21 世纪初，美国推动的民主浪潮就已显露出诸多问题，各国的保守主义思潮和政治力量开始回归。我将第三次民主浪潮结束的时间点定在 2013 年，主要出于以下原因：2012 年，埃及穆斯林兄弟会领袖穆尔西（Mohamed Morsi）通过民主选举成为埃及总统。但次年 7 月，埃及军方发动政变推翻穆尔西的统治，并于 10 月取缔穆斯林兄弟会。尽管美国政府没有直接参与政变，但事后公开表示埃及军方的行为不构成政变，并在 2015 年恢复了对埃及的军事援助。这一事件标志着美国已明显偏离 20 世纪 70 年代末至 80 年代初以推动人权和民主化为核心的外交战略，同时预示着民主浪潮的大规模退潮。

民主浪潮的退潮和自由主义的严重受损，为世界性保守主义浪潮的兴起提供了契机。以下，我简要介绍一些主要国家和地区的政治谱系变化。

在俄罗斯，普京在 2007 年后逐渐脱离了他在 2000 年当选总统后所采取的亲西方政策。在军事和外交领域，俄罗斯与欧美的对立不断加剧。而在俄罗斯国内，普京强化俄罗斯民族主义，反对西方

"颓废文化"，倡导传统价值观，并与俄罗斯东正教教会积极合作。

在印度，自 2014 年当选总理以来，莫迪强力推动以印度教为核心的传统文化复兴，试图通过印度教民族主义来重塑国家认同。这使得印度其他宗教群体（尤其是穆斯林）和女性的地位受到严重挤压。

土耳其在埃尔多安（Recep Tayyip Erdogan）的领导下，向民族主义和保守主义的方向发展。他通过复兴奥斯曼帝国的遗产塑造新土耳其主义，意图加强土耳其对原来奥斯曼帝国统治区域的影响力，推广传统保守价值观，并通过修改宪法来强化总统权力、削弱议会和司法的独立性。埃尔多安还加大了对媒体和言论的控制，对国内库尔德人采取更强硬的立场，同时支持阿拉伯世界的保守力量，并在叙利亚等问题上采取更积极的介入政策。

拉丁美洲各国的情况不尽相同，但主要国家的政治发展大致反映了世界政治谱系的走势：从 20 世纪 90 年代政治民主化和经济新自由主义化，到 21 世纪初左翼势力再次兴起，再到近年右倾保守势力回归。

非洲的情况虽然复杂多样，但军事政变和军人干政在该地区各个国家已经非常普遍，反映出民主浪潮的式微。

东南亚的情况也各有不同。在印度尼西亚和马来西亚，保守的"政治伊斯兰"势力逐渐上升；而在菲律宾，世俗的民族主义势力表现出强劲势头。

民主浪潮作为美国主导的全球性现象，其负面影响自然不会仅限于非西方国家。在过去十几年里，极右保守势力在欧美传统多党民主国家中普遍走强。以下仅仅是这几年部分欧洲国家右翼政党在选举中的表现。

法国：在 2022 年大选中，国民联盟候选人勒庞（Marine Le Pen）进入第二轮投票，获得约 41.5% 的选票。

意大利：在 2022 年大选中，兄弟党获得约 26% 的选票，成为最大党。

奥地利：在 2024 年联邦选举中，自由党获得约 29% 的选票，成为第一大党。

瑞典：在 2022 年大选中，民主党获得 20.5% 的选票，成为第二大党。

荷兰：在 2021 年大选中，自由党获得约 10.8% 的选票，在议会中赢得 17 个席位。

西班牙：在 2023 年议会选举中，呼声党以 12.4% 的得票率获得 33 个席位，成为议会的第三大党。

美国和这些欧洲国家有许多不同。美国是第三次民主浪潮的推动者，其人权外交战略在某些方面仍将延续一段时间，并且该战略的某些方面得到了不少欧洲国家的支持，因此会对中国这样的国家造成一定的压力。此外，美国是移民国家，其吸纳移民和难民的能力比欧洲国家强很多，由移民问题引发的社会矛盾也比欧洲国家少很多。美国还是世俗化程度较低的国家，各种宗教力量在美国仍然具有重要影响力，这使得新来的穆斯林移民对美国社会造成的冲击较欧洲国家要小很多。而在这种情况下，美国的保守主义就容易与原教旨主义宗教力量相结合。与此相对的是，欧洲国家因为在世俗化道路上走得更远，所以在"穆斯林人口持续增长"这个问题面前进退失据，并且会走向较为世俗的极右道路。

不过，美国毕竟是输出民主和实施军事干涉的主力，高强度的对外干涉力度势必会对其内政质量产生影响。此外，与欧洲国家相比，美国的社会主义传统相对较弱，并且在新自由主义经济道路上走得更远。这导致美国的新左派对老左派所关心的议题关注度不够，对美国社会底层人民的伤害也更明显。结果是，大量处于"铁锈地带"[1]的社会下层人士被推向了保守主义阵营。

前瞻

如果上述判断有一定道理，我们可以对世界的发展做出以下几个预判。

第一，由于美国推动的民主浪潮的意识形态基础是自由主义，因此民主浪潮的退潮必然会损害自由主义的道义性力量。自由主义是启蒙运动后产生的大多数意识形态（包括马克思主义）的母体，因此启蒙运动的遗产将面临越来越严重的挑战。然而，当今世界也没有可替代自由主义的、比较积极的世俗意识形态，这为保守主义

---

1. Rust Belt，美国东北部和中西部的传统工业区，这些地区曾是制造业和钢铁工业的中心，但随着全球化和产业转移，该地区许多城市经历了经济衰退和人口流失。

在全球范围内的盛行提供了空间。尽管如此，今天的世界也不存在一种可以整合各种保守主义思潮的意识形态（类似于第一次世界大战后的法西斯思潮）。因此，各个国家的保守主义政治力量会在本地发掘宗教性和世俗的资源，以图发展，形成一种保守主义高度多样性的时代景观。

第二，虽然民族主义也是启蒙运动的产物，但其内容极为单薄。具体来说，民族主义仅认定某一居住在特定地区的群体（民族）享有自治权，除此之外并无实质性内容。然而，这一特性使得民族主义能够与任何意识形态相结合，包括反启蒙的意识形态。在民族国家仍是当前国家主要形态的情况下，各种保守主义运动，尤其是国家操控下的保守主义运动，必然会将民族主义作为主要武器。因此，民族主义作为一种意识形态力量，不仅将在较长时间内主导全球，还将与各地的世俗和宗教保守主义思潮及政治理论相结合，形成一个民族主义高度多样性的时代现实。

第三，保守主义和民族主义的高度多样性对政治家和社会科学家来说都是灾难。由于价值观、视野、利益及现实政治等的限制，各国政治家往往会看不清或顾不得未来的情况，只能走一步看一步。而由于价值观、利益及各种"学科训练"的限制，各国的社会科学家往往只能制造蒙住自己和他人眼睛的信息沙尘暴，到头来成了为他人作嫁衣。

第四，随着世俗意识形态的大消退，各种宗教力量势必复兴，并开始在各国的政治中扮演重要角色。然而，西欧和中国是例外。西欧作为启蒙运动的发源地，在世俗化的道路上走得很远，所以天主教和新教的力量在短期内很难复兴。面对不断增加的穆斯林人口，高度世俗化的西欧也会进退失据。作为传统中国主流意识形态的儒学的两大最重要的制度基础，即科举制和以村落为基础的家族组织，在近代以来的多次革命运动中几乎被彻底摧毁。其他国家的传统宗教性主流价值观依托于寺院和教会等组织和制度，得以恢复壮大，而儒学缺乏这样的依托，逐渐变成了无根的幽灵。因此，发生在中国的保守主义潮流会更为世俗。

第五，在 19 世纪末 20 世纪初，当世俗意识形态占据主导地位时，许多国家的宗教改革家都曾对本土宗教进行更符合现代潮流的解读，形成了各种"改革宗"。如今，在世俗意识形态普遍式微的情况下，不仅宗教将会在许多国家复兴，而且复兴的各种宗教都更有可能采取反对现代价值的保守原教旨主义形态。

第六，从经济、军事、政治和意识形态四个方面综合考察，尽管美国在道义和意识形态方面均受到较大损伤，但它仍会是独一无二的世界帝国。在当前世界体系中，没有任何国家能够替代其地位。在未来 10～15 年，甚至更长时期内，这一点都很难被改变。然而，由于种种原因，美国的软实力将继续下降，它甚至可能重新采取孤立主义政策，呈现出一种"衰弱"的假象，导致世界出现各种权力真空和不稳定因素。

第七，第二次世界大战后的去殖民化潮流反映的是欧洲传统大国的危机，并非美国的危机。正是由于美国的保驾护航，西方世界才得以继续保持其主导地位。最近的民主浪潮反映的是苏联、东欧集团这一世界二流政治力量的危机与崩溃，而以美国为首的西方国家的力量反而有所增强。然而，当前保守主义的复兴是全球性的危机，包括美国和欧洲各国在内的国家都面临着同样的挑战。从这个意义上讲，当前的世界性保守主义浪潮与第一次世界大战后的保守主义浪潮更为接近——它们都是最强盛的核心国家面对的危机。核心国家引发的全球性危机，其负面后果不可估量。试想，苏联、东欧集团衰弱而引发的民主浪潮带来的只是地区性的动荡，而第一次世界大战后的欧洲危机却导致了第二次世界大战。在许多国家拥有核武器或潜在核武器发展能力的今天，如何缓冲由核心国家危机引发的世界性保守主义浪潮的负面后果？这是一个绝对不能掉以轻心的问题。

第八，这场保守主义浪潮给世界带来了许多不确定因素。我无法预测这场浪潮会持续多久，也无法估计其负面后果的严重程度，但有一点可以肯定：物极必反。正因为这次世界性浪潮是保守主义浪潮，它反过来必然会推动将来的世界朝自由和开放的方向发展。而那些能够在一定程度上抵消保守主义浪潮负面冲击、率先走出保守主义浪潮的国家，更有可能获得益处。自邓小平1992年南方视察以来，中国能够看清形势，在坚持改革开放的同时抵制世界性民主浪潮的压力，因而成为民主浪潮背景下获益最多的国家之一，也是少数几个最不需要迎合当今保守主义浪潮的国家之一。当前，对中国这么一个举足轻重的大国而言，是否能再次化解世界性浪潮的冲击，不随美国日益不真诚的人权外交战略和越来越具有实质性的保守主义政治浪潮而起舞，同时遏制国内各种保守主义倾向的发展，加大改革开放的步伐，成为关键。这不仅关乎中国的福祉，也能从正面影响世界的走向。

预测 NO.14

从 T 到 π，这六种能力将帮助你穿越周期

预测人：古典

作家，生涯规划师，新精英生涯创始人

职场

古典预测，在穿越周期的幽暗过程中，守护好自己的心力，盯紧那些更高概率会胜出的组织，长出让自己能持续前行的 π 能力，是我们能够为拥有自己的未来而做的事。

如果一个 2019 年的商业评论者穿越到 2025 年，他恐怕会对今天的商业现状无从下口：经济发展放缓，他看好的许多行业突然崩塌，大型组织纷纷裁员，外企大量撤离中国，中小企业处境艰难。职场里，"35 岁危机"日益严重，甚至连网约车这条退路也逐渐消失，再乐观的人也开始捂紧钱袋子。与此同时，AI、新能源、出海、超级个体如雨后春笋般涌现，千姿百态。

这样一个时代，一个普通人该如何看待和规划自己的未来？

▪ 穿越周期，走出萧条

要构建未来，我们先要清楚自己现在何处。

俄国经济学家康德拉季耶夫有一个著名的"康波理论"，他认为经济发展以生产力为主线，大约每 50～60 年会经历一个完整的周期，每个周期都包含繁荣期、衰退期、萧条期、回升期这四个阶段。

我们现在处于康波周期的哪个阶段呢？这个问题可以请教周金涛——他是中国康波周期理论的"扛把子"，也是著名的经济学家和策略分析师。通过康波理论，周金涛曾成功预测了 2007 年的次贷危机和 2015 年的全球资产价格动荡，因此在投资界有很高的声誉。

你可以体会一下他的预测之精准切实——他在 2016 年的一次讲话里建议大家："对于个人来讲，今明两年卖掉投资性房地产和新三板股权，买进黄金，休假两年，锻炼身体。2019 年回来，这就是未来给大家做的人生规划。"现在回看，如果不考虑疫情期间的特殊情况，这是我听过最具实操性的个人规划。

而按照周金涛的理解，中国的第五轮康波周期始于 1991 年，并在 2008 年达到顶峰，随后进入衰退期。他预测，中国从 2019 年起会进入为期 10 年的萧条期，预计到 2029 年（另一说为 2025—2029 年）走出萧条，迎来一个由新能源和人工智能支撑的长达 30 年的上升期。我们目前仍处在萧条期，仿佛走在一条漫长的隧道中，身后的光已不再，而前方的光还未到来。但只要坚定地走，很快会看到光芒。

乐观地看，从 2025 年起，未来的 3～5 年内，经济将结束当前的萧条期，围绕新能源和 AI 技术，我们将迎来一个长达 25 年的上升周期。随着新的周期的开启，我们将进入一个高质量发展的阶段。

然而，对于悲观理性者来说，预测并不可靠，尤其是对具体时间的预测。不过这并没有那么重要，因为职业规划的一个核心原则是：不要预判时机，而要搭建能应对各种局面的系统。

康波周期为 50 年，世界 500 强公司的平均寿命为 40 年，行业的更新周期通常为 7～10 年，而中小企业的平均寿命为 2.9 年。至于个人的职业生涯，假设从 25 岁起，考虑到延迟退休，大约会有 40 年的时间。

在这段职业生涯中，很多人会经历 7～10 家公司、2～3 个行业周期，甚至完整经历一个康波周期。与其预判时机，认命、投机、等待，不如着力打造能够跨越周期的能力结构。

稻盛和夫说过，萧条就像竹子过冬时长出来的"节"。在繁荣时，企业可能只会低速增长，变得脆弱如"竹叶"。而正是经历了冬天的"节"，企业才能获得再次成长的支撑，结构也因此变得更加坚固而强韧。

▪ 职场的变化趋势，蕴藏在组织变革里

下面我会把"怎么长出'节'"这一问题进一步拆解，与你探讨"什么样的组织能够穿越经济周期"，以及"如何在这样的组织中保持竞争力"。

先看组织，再看个体的理由很简单：对于穿越周期，组织的需求比个体更为迫切，组织掌握的信息更多，决策机制也更完善，因此它们能提供更具前瞻性的答案。而个体往往生活在组织中，正如我们常说的，"大河没水小河干"。所以，如果可以找到一种穿越周期的组织模式，并了解这种组织需要什么样的人才，就能明确自己

该如何行动。

在思考什么样的组织能够穿越经济周期时，日本是个不错的学习对象，它刚刚穿越长达 30 年的经济衰退，其组织形态与文化背景与我国也有相似之处。我试了试"摸着日本过河"，从那些成功穿越萧条期的日企那里提炼出了五条策略。

第一，极致性价比。 消费降级的大背景下，品牌如优衣库、无印良品通过推出高性价比、基础款的产品，在市场中站稳了脚跟。这对企业的精细化运营有极高的要求。

第二，跨领域创新，利用自身的技术优势切入新兴行业。 大家都知道传统胶卷相机被数码相机取代，而数码相机又被智能手机取代的故事。但今天，富士和佳能这两个数码相机品牌都还活得很好。富士将其成像膜技术应用于化妆品领域，成功进军美妆市场；佳能则通过转型进入航空产业，将数码影像技术应用于低轨卫星成像领域。此外，三菱重工原本专注于军工和矿车机械，但如今也逐步涉足能源领域。这些都体现了跨领域创新的战略。

第三，专精特新，在一个细分领域深耕下去，成为产业链不可替代的领导者。 稻盛和夫的京瓷在精密陶瓷领域取得了领先地位；任天堂通过每隔几年推出划时代的游戏作品，在全球游戏市场占有一席之地；帝人公司专注的特种纤维"芳纶"[1]的全球市场占有率则达到 38%。这一策略要求企业具备顶尖技术和产品创新能力。

---

1. 一种高强度、耐热性极好的合成纤维，广泛用于防弹衣、航空航天、汽车工业等领域，因其卓越的抗拉强度和热稳定性而被称为"超级纤维"。

第四，出海，从本地走向全球市场。索尼和本田等公司的本土市场营业额占比不到全部营业额的五分之一，它们的业务遍布欧美和亚太地区，这一切都始于 20 世纪 60 年代的出海计划。这种全球化的布局不仅需要语言能力，更需要跨文化的领导力和全球视野。

第五，全员参与变革。在实现转型的过程中，许多企业采取了全员参与的战略。例如，通过全员营销、精细化的利润运营和流程重构激励创新，重新设计组织架构并倡导以一线员工为核心的小组织文化。这种方式引以帮助企业快速响应市场变化，保持持续创新能力。

▪ 从 T 型人才到 π 型人才

了解了组织如何穿越经济周期后，我们再回过头来看，什么样的人能在这些成功穿越经济周期的组织中保持竞争力。

在高速增长时期，企业通常采用一套标准化的打法，迅速扩大规模并占领市场。在这种模式下，企业希望每个员工都能在自己的岗位上保持专业性，同时具备良好的协作能力，能够有效地沟通、协调、谈判和合作。专业能力和通用能力，一横一竖，构成了过去 30 年的优秀人才画像——T 型人才。

然而，在未来的高质量增长阶段，尤其是在强调提效、创新、钻研、出海和变革的组织里，T 型人才面临着越来越大的挑战。一方面，就如我们在建筑、金融、教培行业看到的——随着各行各业的快速变化，个体曾经深耕多年的专业能力可能会突然出问题。另一方面，企业为了降本增效，会大量使用外脑、外包和 AI。如果 100 分的专业大神跳出去做了外脑，60 分以下的工作交给外包人员，AI 继续挤压剩下来的工作，那么单一专业的生存空间就会越来越小。

此外，很多专业人士本身也面临着职业倦怠的问题。很多人当初进入某个行业或岗位，并非出于真心热爱，而可能是基于性价比的考量。如今性价比没有了，人到中年又走不掉，职业倦怠就很容易加深。我把这些称为"T 型人才之困"。

那么，现在越来越多地被提到的 π 型人才是怎样的呢？他们是在原有 T 型人才的基础上，叠加一种或多种能力，形成复合型的竞争力，从而能够跨专业、跨周期、持续发展。我将这种新增的能力称为"π 能力"。

π 能力像是职场人的第二条腿，它至少能带来三个好处。

第一，让你站得更稳。第二技能与当前能力的结合，能够让你形成复合型的独特竞争力。一个能做管理的程序员能找到的就业机会，是纯程序员的 7 倍左右。

第二，为你的职业发展带来"第二曲线"。随着新能力的生长，第二技能会将你引领到某个蓬勃发展的新兴领域。我见过一位原留学领域的创始人，他现在已经是一家估值 3 千万美元的企业的 AI 能力测试团队的负责人了。他是在 ChatGPT-3 火爆后才进入这个行业的，而这个行业的人平均从业年龄还不到三年。

第三，赋予你持久的热情。π 的这个小弯脚，也可以看成一个得意扬扬的翘起腿的舞蹈动作，因为第二技能通常是基于个人兴趣与热情所选的，它不仅提升了你的竞争力，也为你带来了动力。比如一个职业倦怠的高管通过学习教练技术，开始用自己的经验来助人，从而重燃了对管理的热情。

π 是一个无限不循环的数字，象征着持续的突破和成长。拥有 π 能力，就相当于拥有无限不循环的职业突破能力。而我认为，在穿越周期的过程中，有六种 π 能力最为关键，它们分别是创造价值、跨领域创新、+AI、+IP、领导力和守护心力。

- **π能力之创造价值**

在萧条期，企业的首要任务是活下去，而活下去的关键是降本增效——把东西卖出去，把成本降下来，创造利润。这要求每个人跳出自己的岗位，站在客户和公司的全局角度，重新审视自己的工作范围，找到真正能创造价值的事，这种能力就是创造价值。

当一群人被困在沙漠里时，带领大家找到水源的人就是领导者。同样地，在企业的增长艰难期，能创造利润的能力就是最宝贵的能力。

过去，我们只要做好自己职位描述（JD）的分内事，完成 KPI 就可以升职加薪。今天，JD 也好，KPI 也好，都是非常滞后的指标，常常是管理者在"不知道怎么办，又怕你没活儿干"的心态下给出的方案。这种方案忽视了市场需求的变化、竞争的压力及问题的根本原因，只是要求你保持现有状态，提高效率。然而，某一天，当高层意识到需要变革时，首当其冲被淘汰的往往就是那些仍在"兢兢业业"卷任务的员工。如今，研究生的就业率比本科生还低，35 岁职场人的中年危机，便是这种"维持现状、继续卷"的崩塌写照。

以创造价值作为指南针，你可以重新设定自己的工作目标。产品经理会把更多精力花到调研新客户、打磨卖点和创造产品差异性上，而不是仅仅沿着自己的专业思路"雕花"。程序员会主动了解代码的用途和项目目标，提出降低成本的新想法，而不是忙于敲完所有需求池里的代码。课程运营则会意识到，到课率不高的真正原因不是运营动作不够极致，而是用户需求已经发生了根本改变。所以他会和负责产品的同事开会共创，讨论出一个新的产品方案。

此外，所有人会参与过去他们（尤其是专业人士）认为与自己无关的营销环节，站在用户的角度思考"他们怎么样才会买""我们应该提升哪些能力"，最后找到"我们该做点什么"的答案。

以创造价值，而不是以细分 KPI、专业度为指标工作，你会变得更加敏锐、更有全局观、更具洞察力。无论未来你是从事管理工作、进行创业，还是成为超级个体，这都是一种极端重要的能力。

如果你想提升创造价值的能力，可以考虑从下面几个方面使劲儿。我会详细展开讲解第一条，其他几条则作为行动清单供你参考。

第一条是，了解你的上级、你上级的上级的 KPI，拼凑出整体的价值链条。

曾经有一位技术高手向我抱怨，自己埋头做技术，不懂得汇报；而另一位小组长只做一件事，但汇报非常到位，深得老板喜爱。我没有建议他去学习汇报技巧，而是建议他去找到自己岗位的真正价值。方法其实很简单。

首先，了解上级 KPI 的前三项是什么，然后再往上一层，了解上级的上级的 KPI 前三项是什么。有些公司会公布所有部门的 KPI，有一些则需要你去主动了解、打听。

最有价值的事情往往是你、你的上级，以及你上级的上级的 KPI 重合的部分。专注于这些工作并及时汇报。只有这样，你的工作才能穿透组织架构，被重视起来。但如果你发现自己的工作内容与这些 KPI 没有直接关系，怎么办？尽快完成手头的任务，并主动向上级提出，你有兴趣参与他们 KPI 前三项的某一项工作，贡献你的价值。你的上级通常不会拒绝这样的提议。

其他还包括：

- 了解一下你的内部客户（或下游部门）是如何利用你的工作成果创造价值的。
- 加入营销相关的项目小组。
- 分析公司的商业模式，了解竞争者的差异化策略，分析二者的优劣势。
- 追踪行业的未来价值走向，了解新兴产业的热点和发展方向。
- 读一些关于创业、副业的书，因为公司在规模小的时候，商业思维往往是非常清晰的。
- 尝试一些副业，甚至是自由职业，体验完整的价值创造过程，即使失败了，也能为你的职业成长提供宝贵经验。
- 学习一些商业思维类的课程，得到 App 的相关课程就很不错。

π能力之跨领域创新

在商业组织中，要成为一个领域的顶尖专家并不容易。一方面，你干不过专业学术机构，比如大学；另一方面，大部分公司也支付不起顶尖科研需要的资金。

那么，如何在职场中做到"专精特新"呢？其实，**大部分职场人的专业创新，都来自跨领域创新——围绕一个真实的业务问题，把一个或多个学科里的专业知识相融合，形成新的竞争力。**

例如，如今流行的智能手环的诞生过程，就是一个典型的跨领域创新案例。2006 年，詹姆斯·帕克（James Park）买了一套任天堂的 Wii 游戏系统，他对这套带有运动传感器的设备很痴迷，于是开始设想：能否随身携带 Wii，而不是只在客厅玩它呢？他将这个想法分享给了同事埃里克·弗里德曼（Eric Friedman），这位计算机科学家正好有一位从事残疾人增强工程的父亲，父亲建议将这项技术应用到健康数据检测上，开发一款佩戴舒适、不需要频繁充电的小产品。于是，他们邀请专业的电子工程师加入，解决技术问题。而工业设计师则从电子宠物的交互设计中获得灵感，设计出更友好的界面。经过多方努力，这个概念逐渐发展成如今流行的智能手环。

很多专业人士都憋着胡"清一色"，而其实真正应该胡的，可能是个"二五八"的碰碰胡，就像智能手环可以说是"商业 + 传感器 + 电子工程 + 生物医学 + 流行设计"的组合式创新。

我有一位朋友曾在汽车修理厂工作。随着电动车的流行，传统燃油车的修理业务下滑了很多。但作为骑行爱好者，他敏锐地发现高档自行车的改装、喷漆、维修利润极高。所以，凭借对汽车改装的熟悉和对骑行的专研，他迅速成为"高档自行车改装"领域的头部玩家。

从金融大数据到人工智能医疗，从骑行赛车的碳纤维部件到3D打印医疗器械，再到心理学驱动的消费者洞察，这些都是跨领域创新的成果。如果你想提升跨领域创新的能力，可以考虑从下面几个方面使劲儿。

第一，注意自己工作、生活里的"不便"和"愤怒"，尝试用自己的方式解决。

许多创新都源自工作和生活中的不便或痛点。程维下班站在路边很久打不到车，让他有了做滴滴的想法。张旭豪上大学的时候觉得送餐不靠谱，整天只能吃泡面，出来做了饿了么平台。还有很多超级个体的知识产品，都源于他们当年体会到的不方便——产后瑜伽教练，因为自己产后增重30斤而设计出帮助新手妈妈恢复身材的课程；职业教育机构的创始人因为自己入行无门，摸索出一套帮助他人职业发展的方法；心理咨询师深受抑郁困扰，最终将自己的经历转化为帮助他人的专业技能……

生活中的"不便"和"愤怒"不仅是问题，也是创新的机会。用自己的方式解决，把方案产品化，就是一种最好的创新方式——什么拯救了你，你就用什么来拯救世界。

其他还包括：

· 观察行业里冒出来的"新产品""新物种"，不仅要看新鲜，还要想想它们背后是什么专业的组合。

- 积极参与公司的跨领域、跨项目的合作。
- 加入企业内部的研发小组、科技创新小组、网上专业创新社区。
- 关注自己的专业在海外真实市场的应用可能性。
- 在你热爱的非工作领域，思考如何将专业技能结合进去。

π能力之AI

从一年的时间维度看，学习 AI 可能不会立即为你带来显著的收益；但把时间尺度拉到十年，AI 无疑将成为对你职业发展影响最大的能力之一，因为 AI 本身的能力正以指数级增长。许多人总觉得等到技术成熟再开始学也不迟，但我不这么看。注定要掌握的能力，越早"交学费"越好。

以我关注的内容创作领域为例：起初，AI 被用来辅助头脑风暴和标题策划；接着，参与素材搜索与积累；随后，逐渐参与到文字写作、内容生成、文案修改及会议记录生成的过程中；最终，它甚至可以根据文字内容生成插图、图像、视频，甚至完整的影视片段。短短两年的时间，AI 已经贯穿内容创作的全流程。

除了提高传统流程的效率，更吸引人的是 AI 创造的前所未有的场景和玩法。例如，2024 年 10 月刷屏的云笔记软件 Notebook LM，可以将任何文档转化为男女两人对谈的播客节目。严肃知识变成了对口相声，极大地降低了学习的难度，同时还带来了额外的情绪价值。

围绕这个功能，还衍生出了更多创新应用。比如"夸夸我播客"，把自己的简历和个人经历输入 AI，在面试前让两个主持人热情洋溢地夸你 10 分钟，效果可能比做一场心理咨询还给力。又如，重要会谈前在 AI 中输入对方的性格、知识背景和谈判风格，模拟一场虚拟交锋，从而帮助你在真实谈判中做好心理准备。

这些前所未有的应用场景，比单纯的效率提升更让人兴奋。因为一旦找到这些新场景，你就有机会成为其中最专业的人，为行业带来新的价值。如果你想提高这一项 π 技能，可以考虑从下面几个方面使劲儿。

第一，给自己定个 AI 使用 KPI，每天用 AI 不少于 30 分钟。

这是我对自己的要求。虽然 AI 暂时还没法完全取代人类，但其能力正以指数级速度增长。现在最重要的是尽可能地把 AI"吸收"到体内，和它一起长大。而我认为，最简单的方式就是为自己设定固定的使用频次，像"定投"一样，慢慢和它一起成长起来。

如果每天都要用，那么就要尽可能多地创造使用场景：开会的时候，我会一边听同事的策划方案，一边尝试用 AI 模拟解答；写作的时候，我会把碎碎念输入 AI，生成初稿，再尝试调整提示词，使其变成自己的语言风格；重要谈判前，比如办公室的房租谈判，我会输入谈判对象的资料，先在 AI 上对练一下自己的思路。

其他还包括：

· 在公司组建 AI 兴趣小组，尝试用 AI 解决一个业务问题。
· 关注行业内的 AI 动态，了解不同领域 AI 的应用趋势，我常听的跟 AI 相关的播客包括"十字路口"和莱克斯·弗里德曼（Lex Fridman）的节目。

- 与业内人士讨论 AI 的使用案例，借鉴经验。
- 找到业内的 AI 技术提供商，请他们讲解产品功能和解决方案。

π能力之IP

2020 年，诺贝尔经济学奖授予了保罗·米尔格罗姆（Paul Milgrom）和罗伯特·威尔逊（Robert Wilson），他们因拍卖理论的研究而获奖。获奖理由指出，拍卖能够为"全球范围内的卖方、买方和纳税人带来收益"。有研究表明，通过拍卖出售的物品，其成交价格平均比直接交易高出 3.5 倍。这背后的原因在于，多边交易能够激发更多竞争和需求，从而带来溢价。

这种逻辑在职场中同样适用。公司整体创造了巨大的价值，但具体是谁产出的？是产品、研发、市场还是品牌？这个问题如同一个"黑箱"，没有人知道。而通过打造 IP，个人可以将自己的贡献从黑箱中显现出来，打破这种不透明的局面。

IP 不是看你全网拥有多少粉丝，也不是一段看上去牛逼哄哄的个人品牌介绍和双手交叉的商务照。IP 的原意是智力资产（Intellectual Property），做 IP 的本质是告诉大家，"我有哪些独特的智力资产，以及这些资产能为你带来什么价值"。在过去，公司内部的单边交易关系让你的工作表现只为组内成员和直接上司所见，而当你将这些独特的知识和能力梳理并分享出来时，你就创造了多边交易的机会，带来了溢价。

这种溢价会体现在三个方面。

首先是跨越职级的机会。作为销售，你业绩再好往往也会被认为是理所当然的，但如果你是公司里最懂销售、最会用 AI、最擅长制作短视频的人，你的能力可能会让其他部门乃至高层都注意到，进而为你创造跨越职级的机会。

其次是资源的倾斜。第一个登上月球的人是阿姆斯特朗，但第二个人是谁？我可以告诉你是巴兹·奥尔德林（Buzz Aldrin）。对，就是《玩具总动员》里的巴兹光年的原型，几乎没有人记得他。系统会自动把 40% 的注意力分给第一名，20% 给第二名，剩余的给其他人。成为某个领域的第一名，可以为你带来更多资源与机会。

再次，独特的 IP 可以让你聚焦自己的强项。有一次去小米集团培训，负责人指着一个名牌对我说，"这个姑娘就是给雷总做 PPT 的人，她最能理解雷总的意图"，给我留下了很深的印象。当时我就想，假如有一天我要举办一场大型发布会，我一定要向她请教。当你有一份独特的智力资产（这背后有你的优势和天赋）时，相关的业务机会就会持续找到你。通过不断积累，你最终会专注于自己喜欢又擅长的领域。

如果你想发挥自己的 IP 能力，可以试着从下面几个方向努力。**首先，做个"求求你夸夸我"的小游戏，你可以找几个了解你的人，告诉他们："我正在寻找自己的天赋和独特优势，因为你了解我并且是我信任的朋友，我想请你给我一些反馈。你觉得哪些事情是我做起来得心应手，别人却很难做到的？如果要给我贴一个标签，你会说我是你身边最擅长 ×× 的人？"收集至少 5 个人的反馈，找出重叠点，那就是你 IP 的核心基因。**

其他还包括：

・总结你的工作流程和独特心得，以帖子、文章或 PPT 的形式分享给同事或同行。

・梳理你的成就清单，从小范围（如自己所在的小组、部门、公司）开始，成为最懂 ×× 的人。

・选择一件自己擅长的小事，尝试在网上教会别人。

・开设一个社交媒体账号，定期更新你的最新思考和见解。

▪ π能力之领导力

关于领导力是什么及为什么重要，各种书已经说得太多，这里不再赘述。唯一需要提醒的是，在 AI 赋能的未来，组织结构正朝着更加扁平、更加精英化的方向发展，传统的绩效激励将越来越难单独起效。每个小团队，都需要一个领导者。

尽管领导职位变得越来越稀缺，对领导力的需求却越来越迫切。因此，即使没有正式的领导职位，你也可以通过下面介绍的这些方式培养和展示领导力。

首先，积极加入公司的项目平行小组，成为负责人。因为在越来越扁平化的组织里，管理和领导的机会会越来越多地出现在平行小组里。你可以尝试组建或加入以下类型的小组。

第一，任务型小组，如产品迭代小组、客户访谈小组、直播小组、AI 学习小组等。

第二，兴趣型小组，员工发起的跨部门兴趣小组，聚焦员工共同兴趣，如阅读小组、运动小组或技能提升小组等。

除此之外，最简单且一定可行的方式是组建一个"餐桌学习小组"，制定学习议题，定期邀请公司的大佬过来分享，一边吃外卖一边聊。很快你会发现，你知道了如何组织一摊事，以及如何协调和管理一群人。

其他还包括：

· 主动承担一些领导工作，比如项目遇到问题时，主动带领大家讨论。
· 在互联网的社群里扮演组织者或协调者的角色。
· 组织内部培训和分享。
· 组织、规划一次家族、朋友间的活动。

▪ π能力之守护心力

最后，也是所有 π 能力中最基础的一项能力——守护心力。就像树木伸展枝叶需要阳光和营养，个人要学习新技能、调整能力结构，也需要耗费巨大的心力。

不妨把心力想象成四个血条的叠加。底层是体力，其上是情绪，再往上是思维力（如理性、专注、深度思考），最顶层是生命力（如热情、创意、使命感）。四个血条层层相连：体力耗尽时，会消耗情绪；情绪失衡时，会削弱思维力；而当三者都耗光时，生命力也会随之枯竭。

内卷时代，我们对身体和情绪的关注很少——那是我们意志力要"克服"的困难，遑论与生命力相关的问题了。我们靠头脑硬撑，通过外界的增长"打鸡血"吊命。可一旦外部的高速增长停滞下来，面对着早已被掏空的身体和情绪，热情和使命感不再，整个人就会像被抽干了地下水的城市，猛然崩塌。

要成为穿越周期的 π 型人才，首先要从底层开始，一点点修复自己的心力。关心自己的身体，好好吃饭，好好睡觉；关心自己的情绪，修复一些关系，创造身边的小确幸，并留出时间来思考自己人生的可能性和自己真正的热情是什么。

我曾看过一部叫作《晚酌的流派》的日剧，女主人公是一个三十多岁、单身的普通职员。每天，她以最高效率完成工作后，会匆匆换上平底鞋，小跑到便利店抢购打折的好食材，然后回家全情投入地做一顿好饭，再拿出提前冰好的啤酒杯，倒上一杯温度正好的啤酒。一杯酒下肚，她获得全身心的满足。这一天，哪怕只是这一瞬间，她都觉得极度幸福。这部剧真正打动人心的，就是那种仅凭一个细小支点，就能支撑起所有幸福感的人生技巧吧。

在修复心力的过程中，还要关注那些持续让你焦虑的信息源。有一种说法叫作"只关心未来两年，八公里以内的事"，它的意思是，不要被悲观的大环境预测、重复的吐槽或虚幻的网剧占据注意力，而是把精力放在自己能行动、能掌控、能改变的小环境上。只要有那些好的瞬间，未来也一定会更好。

守护心力是一生的学问，但下面介绍的方法有助于你快速"回血"。

首先，数码戒断，为心力充电。

最简单的方法是每天在两个关键时段完全戒掉媒体信息流：早

晨起床后的一个小时，以及睡前一个小时。早晨的数码戒断能让你的工作更高效，睡前的数码戒断则有助于提升睡眠质量。将手机放在卧室外是一个好办法，用这段时间阅读、写日记，效果应该会更好。

进阶的方法是一周找一天完全戒断数码使用——关掉手机的数据和 Wi-Fi，只保留基本的电话功能。用这个时间去外面走走，和朋友交流，做点自己真正享受、放松的事。大概一周以后，你会发现自己生活有明显的改变——心力逐渐在回升，你有信心做很多过去觉得难的事。

其他还包括：

· 按照身体、情绪、思维、生命力的维度给自己做个评估，看你的心力主要流失在哪里。

· 多读一些心理学、自我关怀、身体健康方面的书。

· 修复一些你有未完成感、亏欠感的关系。

· 做一些职业测评，对自己的热情、优势、价值观和人格形成更深的理解。

· 问问自己："我希望最终成为怎样的人""这样的人在今天这种状况下会做点什么"。

· 发展一项让你在"过程本身"就能感到愉悦的技能，比如运动、冥想、阅读、写作、绘画或插花，它应该是创造性的，而非单纯的消费习惯，更重要的是，它应当成为你状态不佳时的心力恢复神器。

最后，我们来总结一下六种 π 能力之间的关系，如下图所示。

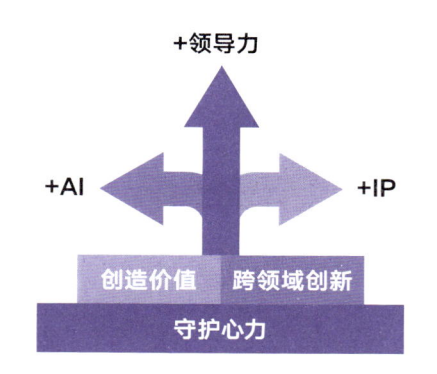

六种 π 能力的关系

创造价值和跨领域创新是元技能：前者是行动指南针，后者是竞争力保障。

AI、领导力、IP 则是放大成果的杠杆技能：AI 是效率杠杆，领导力是劳动力杠杆，IP 则是个人溢价放大器。你可以根据自己的优势，在这些技能上有针对性地增加"点数"。

在保持 T 型工作的同时，不断探索和长出 π 能力的过程中，你会经历成长的阵痛、怀疑和喜悦。在这个过程中，持续守护自己的心力，是一切的基础。

德鲁克说："战略不是研究未来我们做什么，而是研究现在做什么才有未来。"在穿越周期的幽暗过程中，守护好自己的心力，盯紧那些更高概率会胜出的组织，长出让自己能持续前行的 π 能力，是我们能够为拥有自己的未来而做的事。

预测
NO.15

"信任溢价"的商业模式将在竞争中胜出

预测人：香帅

香帅数字经济工作室创始人，曾任北京大学副教授

商业

香帅预测，未来企业能够持续发展的商业模式，会建立在"信任溢价"的基础上，这需要企业提供有温度的专业服务，并能获得顾客的长期信任。

许多企业在最近几年都面临不少挑战，但市场上仍不乏一些亮眼的存在，比如我想在这篇文章里跟你聊的胖东来。

这家来自河南许昌的超市在 2023 年以"细腻到家"的服务迅速出圈，紧接着又凭借优厚的员工福利待遇登上热搜，在社交媒体上收获了"没有淡季的 6A 级景区"的美称。而我一直相信，任何社会爆款现象都不会是空穴来风，背后一定有某种机制或者逻辑。

胖东来的创始人叫于东来，许昌本地人，初中没毕业就出来打工。在假货横行的 20 世纪八九十年代，他在哥嫂的资助下开了一间小商铺，取名"望月楼胖子店"，因不卖假烟假酒而在当地渐渐积累了口碑。

后来，即便商铺扩大规模，从一间糖烟酒小商铺发展为许昌最大的综合超市，于东来对顾客的承诺依然与经营"望月楼胖子店"时如出一辙：保证不卖假货，顾客不满意就退货。

结婚时穿了一天的西装，只要留着吊牌，顾客结完婚还可以退回去。此外，我还从许昌本地人口中听到了许多关于胖东来的故事：他们曾为顾客专门采购过一架其他超市都买不到的梯子，为顾客从法国调货红酒，甚至为十多年前购买空调的顾客提供上门维修服务……

这些事例琐碎到像是街坊邻居在聊家长里短。但如果要我用四个字来总结胖东来的特别之处，其实就是"街坊邻居"：**他们不是在服务作为上帝的顾客，而是在用一种长情的方式陪伴自己的街坊邻居。**

不管是对顾客还是对员工，胖东来都有一种强烈的"自己人"心态：

许昌当地平均月薪不到 4000 元，胖东来员工（包括保洁阿姨、保安大叔）平均月薪七八千元，几乎高出平均水平一倍。

大部分超市是全年无休，胖东来却每周二闭店休息，春节年三十到正月初四不营业。每名员工一年 30 天带薪年假，外加 5 天自由假，5 天陪护假。带薪年假还强制性地要求员工出门旅行，享受生活，否则就要扣钱。

下班后或者度假期间，员工不允许接工作电话，否则也扣钱。

……

我在胖东来碰到的一名员工随口点评说："员工和老板一样，都得有尊严地活着。"相应地，"有尊严地活着"带来的是"有温度的专业服务"。胖东来正是靠"有温度的专业服务"和"街坊邻居的信任"被人们熟知的。

从表面上看，胖东来的走红似乎是社会情绪变化的结果，但更深层次的原因在于其生意模式的转变。这种转变没有太多花哨的地方，就是构建长期信任。

▪ 从"信任赤字"到"信任溢价"

中国的商业模式，正在经历从"信任赤字"到"信任溢价"的转变。

什么是"信任赤字"？过去，我们可能买到过毒奶粉、注射了色素的西瓜、泡过药水不会腐烂的西红柿，现在又可能会碰到层出不穷的"价格刺客"、大数据杀熟、大主播卖假货……这些现象使得许多商业企业与消费者之间缺乏长期信任，导致中国商业信用文化出现了严重断层，"信任赤字社会"就是这么产生的。

然而，商业的本质是信用。从古至今，中国人都推崇"百年老店"，因为它代表着讲信用、品牌硬、口碑好。一旦建立了好口碑，顾客不仅会成为回头客，还会口口相传，推荐他人来买。真正的商业是要做回头客的，从来不是一锤子买卖，长期信任关系是根本。

过去几十年，信任显然一直在被消耗。有人将"信任赤字"视为市场经济的产物，但它实际上是市场经济发展过程中的一个阶段性现象。而中国社会的商业环境过去主要经历了两个阶段。

早期是短缺经济阶段。大家啥都缺，一个产品但凡有供给就能卖出去，企业很少需要担心销售问题。

随着居民财富的快速积累，社会需求呈现井喷状态。巨大的市场规模和超高的经济增速让几乎所有产品都有创造增量的机会——当企业不需要依赖长期博弈，仅靠单次博弈就可以在相当长的时间里"持续增长"时，以后者为生存策略的企业就会越来越多，"薅羊毛""割韭菜"的现象也因此开始盛行。这在 20 世纪 90 年代到 21 世纪初尤为明显——那是一段超级繁荣又超级野蛮的商业文化时期：产品的丰富度以指数级增长，与此同时，假货、次货、水货也泛滥成灾。

"信任赤字"无法成为长久之计。未来，企业能够持续发展的商业模式，一定不会建立在"信任赤字"之上，而会建立在一种我称之为"信任溢价"的模式之上。前面说到，胖东来起家是因为获得了来自街坊邻居的长期信任。这种长期信任既是护城河，也是利润之源。

胖东来最赚钱的品类都是什么？黄金、珠宝首饰，以及自有品牌"DL"的产品，如食用油、精酿啤酒、洗衣液等。这些产品要么有信息不对称的特点，消费者难以准确判断它的真伪和质量；要么有高频次消费和强复购的属性。

胖东来自有品牌"DL"的精酿小麦啤酒

凭借长期信任的建立，"胖东来"这三个字已经成为强有力的信用背书。越是信息不对称，又切身关己的产品，这种信用背书就越强。

所以，胖东来的热门品类柜台前总是大排长队，甚至吸引其他城市的顾客专程开车或乘高铁前来大包小包地采购。对零售企业来说，源源不断的人流、复购和连单，不仅意味着稳定的销量和足够大的销售规模，还意味着企业在供应链上有更强的议价能力。

因为规模足够大，胖东来的很多商品都能自主采购，从而省去了商品入场费、陈列费和促销费等中间成本。2023 年，胖东来从"自采"开始进入"自产"阶段，自产商品除了前面提到的食用油、精酿啤酒、洗衣液，还有大米、茶叶、蜂蜜等。所有这些举措都围绕一个核心目标展开：始终以较为合理的价格为顾客提供质量过硬的产品，从而建立长期稳定的用户关系，同时与供应链上下游形成牢固的合作关系，让商业进入重复博弈的良性循环。

▪ **从好赚模式到好人模式**

商业模式的转变，也体现为企业发展模式的转变，我认为是从好赚模式转向好人模式。

之前增量多，大家一起分蛋糕，虽然蛋糕有大有小，但都是赚。这就是好赚模式，它也是老板和员工、企业和社会大众之间的共识基础。

现在增量没了，打工人动辄百万年薪、千万期权、逆天改命的故事消失了,那我"996"图什么?图我当牛马,给老板拉磨挣钱?这是员工对企业的心态,也是大众对企业的心态——增长的共识少了,企业需要以更温和、更人性化的姿态与社会情绪共振。这是好人模式。

好人模式说白了,就是"让利"。钱越难赚,企业越需要让利。让其他人有钱赚,人们才能有钱花,商业生态才能进入良性循环。

从经济学的角度看,给员工"让利"也可能是一笔算得过来的账。查理·芒格最爱的零售品牌 Costco(开市客)就是一个最佳案例。《哈佛商业评论》曾对以成本控制闻名的沃尔玛与 Costco 进行分析。

沃尔玛全职员工的平均时薪大概是 10.11 美元,只有半数员工有医疗保险,而 Costco 员工平均时薪为 17 美元,82% 的员工有医疗保险。

沃尔玛员工流动率为 44%,而 Costco 的员工流动率仅为 17%。另外,Costco 工作满一年的员工流动率更是低至 6%。一般来说,替换一名技术或者半技术员工的成本是其原有薪酬的 1.5～2.5 倍,再考虑到沃尔玛比 Costco 高出两倍的员工流动率,Costco 每年在员工替换上的花费比沃尔玛少了至少 60%。

与此同时,丰厚的薪资和福利也为 Costco 带来了零售业中最忠诚且高效的劳动力:36% 的美国员工拥有超过 10 年的服务经验,而高管团队的平均服务年限更是超过 25 年。由于员工普遍推崇内部晋升制度,Costco 的员工盗窃率和商品耗损率均为业内最低。

换句话说,**高薪资、高福利未见得是企业的成本劣势,有时反而可能会带来人效的提高,进而变成企业的成本优势。**

回到企业本身，任何企业都同时具备经济属性和社会属性。在经济繁荣或贫富差距较小时，社会更关注企业的经济效益；而在经济低迷或贫富差距加大时，社会则会对企业的社会责任提出更高的要求。

今天，中国社会对企业的评价体系和价值取向明显倾向于社会属性。所以你才会观察到，在当下的主流话语体系中，"人好"的企业家比"牛逼"的企业家更容易获得认同和尊重。

▪ 从卖商品到卖服务

商业模式正在从"信任赤字"向"信任溢价"转变，企业的发展也在从"好赚模式"向"好人模式"转变。在这样的剧变中，企业若想抓住新的机会，就必须转变思路，从单纯卖商品向提供服务升级。

经济学家凯恩斯在100多年前就说过，"未来社会，消费会从有用性转向有益性"。用今天的商业语言来说，就是"服务消费的增速将远超商品消费的增速"。

"卖商品"，也就是卖标准化、同质化的产品会越来越卷。相比之下，服务的需求弹性更大，能够创造更高的溢价。同时，**这种转变不是只局限于从卖商品转向卖服务，还包括从卖一次性服务转向卖长期服务，从提供基础服务升级为提供复杂服务**。只有这样才有更高的溢价，企业的商业模式才有更高的持续性。

以前我们总是讨论"生产什么赚钱，怎么生产最赚钱"。但今天，我们需要从生产产品、卖产品，升级到卖"产品＋服务"。随着社会经济的发展，对消费者来说，体验感受会比实际拥有某样东西变得更重要。

仔细想想，在很多消费场景中，人们真正需要的并不是产品本身，而是解决方案。比如去配眼镜的时候，我们的目的是看得清楚、视力健康，所以对眼镜这个传统行业来说，"从卖商品到卖服务"就是从卖眼镜升级到提供视力健康服务。同理，照明行业应该从卖灯泡升级成"卖全屋照明解决方案"。

所有企业都面临着这个命题：想要留住顾客，不能止步于推销产品，而要打造良好的体验，提供一整套解决方案，也就是服务。正如现代营销学大师菲利普·科特勒（Philip Kotler）所言："公司只有一种类型，那就是服务型企业。"在这个意义上，当下的中国，所有卖商品的行业都值得用服务思维重新做一遍。

还是那句话，所有的企业都是时代的企业。

只有告别旧叙事，才能翻篇展开新叙事。

预测
NO.16

未来的药不像药，
病人不像病人

预测人：薄世宁

北医三院 ICU 主任医师，北京大学临床医学博士

医学

薄世宁预测，核酸药物的长效机制将降低病人的服药频率，让病人从繁琐的用药过程中解放出来；精准的作用机制将有效降低药物的不良反应，提高病人的生活质量，让病人忘了自己是病人。

听过我在得到 App 上的《临床医学前沿报告》的朋友可能知道，在这份报告里，我会介绍最新的药物、最新的医学技术，更重要的是，我会邀请不同专业的医生分享他们在临床实践中应用这些前沿药物和技术的真实感受。在追踪这些前沿进展的过程中，我观察到医学领域一个重要的变化：在 2020 年以前，以核酸为基础的微观研究，其成果主要应用于对疾病机制的理解和疾病诊断。而在 2020 年以后，以核酸为主要成分的药物开始快速应用于疾病治疗。

比如，2021 年，mRNA 疫苗正式获批上市。这种全新机制的疫苗以研发速度快、安全性高、效果显著等特点备受关注。2023 年，对 mRNA 疫苗技术做出突出贡献的两位科学家获得了诺贝尔生理学或医学奖[1]。新疫苗自大规模临床应用到获奖仅用了两年，这样的速度在诺贝尔奖历史上极为罕见。

---

1. 获得 2023 年诺贝尔生理学或医学奖的两位科学家是卡塔琳·考里科（Katalin Karikó）和德鲁·韦斯曼（Drew Weissman）。

又如，2021 年 12 月，一款长效降脂针，被称为"降脂疫苗"的英克司兰（Inclisiran）在美国获批上市，2023 年 8 月又获得中国药监局批准上市，为高血脂患者提供了新的用药选择。

再如，2024 年，一款长效降压药齐利贝司兰（Zilebesiran）完成了二期临床试验。结果显示，患者每年只需注射两次这种药物，就可以长期维持血压的稳定。我预计顺利的情况下，齐利贝司兰有望在 2026 年正式上市，进入我们的视野。

这些新药虽然治疗（或预防）的疾病各不相同，但它们有一个显著的共同点：**主要成分都是核酸，作用机制都是在微观层面调控蛋白质的合成。**

这些核酸药物的出现，正在颠覆我们对传统疾病治疗的认知，并带来了一种特别有意思的变化，我将其概括为：未来的药不像药，病人不像病人。

▪ 为什么药不像药

接下来，我以降脂药英克司兰为例，说明这类新药的应用为何会给疾病治疗带来颠覆性变革。

在开始之前，先简单介绍一下降脂药的基本概念。我们通常说的"降脂"，多指降低血液中的低密度脂蛋白胆固醇（LDL-C）。LDL-C 被认为是引发心脑血管疾病的主要元凶。研究表明，对于许多可干预的心脑血管疾病风险，降低 LDL-C 水平是一种重要且有效的干预手段。这是因为降低 LDL-C 水平，可以减轻血管的炎症反应，保护血管健康，降低心脑血管疾病等不良事件的发生率。此外，LDL-C 降低的幅度与心脑血管疾病发病率，以及死亡风险的下降幅度具有一定的相关性。新药英克司兰正是一种可有效降低 LDL-C 水平的降脂药。

首先，"药不像药"是指新药的成分跟传统药不一样了。

在传统概念里，药主要是以化学物质的形式存在，通过直接作用于疾病的生理过程，干预疾病因果关系链中的某个环节，以此来起到治疗作用。例如，传统的降脂药（也是临床上应用最广泛的药物）以他汀类药物为代表，如大家熟悉的阿托伐他汀、辛伐他汀、瑞舒伐他汀等。这些药物的成分就是小分子化合物，它们进入细胞后，主要通过抑制细胞内的 LDL-C 合成酶，减少 LDL-C 的合成，进而达到降脂效果。

但在 2021 年出现的英克司兰的成分不再是某种化学物质，而是一段核酸，或者说是一段可以指导或影响蛋白质合成的"代码"。核酸药物进入人体，可以指导人体合成全新的、具有治疗作用的蛋白质。例如，mRNA 新冠疫苗可指导细胞内的核糖体合成新冠病毒的 S 蛋白，S 蛋白能诱导人体产生免疫反应，从而预防病毒感染，这就是 mRNA 疫苗的基本原理。

除了造蛋白质，核酸药物还可以干扰蛋白质的合成。例如，英克司兰的主要成分是一种小干扰 RNA（siRNA），siRNA 进入细胞内，可以干扰 mRNA 指导合成 PCSK9，后者是引起血脂升高的关键蛋白质，其合成减少后，最终结果就是降低了血液中的 LDL-C 水平。

其次,"药不像药"体现在新药带来的药物研发理念的突破上。

传统药物研发的核心在于寻找能够抑制疾病症状的化学物质。而在核酸药物时代,研发理念发生了转变——研发人员不再需要去筛选复杂的化学物质了,他们的角色更像程序员,只需要了解某种疾病需要调控哪种蛋白质,然后编码调控这种蛋白质的核酸序列就可以了。当核酸药物进入人体后,要么让患者的身体造出新的蛋白质,要么减少与疾病相关的蛋白质的合成。这种全新的模式,将显著改变许多慢性疾病的治疗范式。未来许多由蛋白质异常引发的疾病,都有可能通过核酸药物获得更有效的治疗方案。

比如,血友病。这是一种遗传病,患者通常因为异常基因导致不能够合成关键的蛋白质(某种凝血因子)。如果我们把能够指导合成凝血因子的核酸注射到患者体内,指导患者的身体"造"出原本缺乏的凝血因子,不就可以治疗血友病了吗?这种方法,在未来很有可能会成为血友病患者重要的治疗选择。

再比如,类风湿关节炎、强直性脊柱炎、结肠炎、红斑狼疮、牛皮癣等与自身免疫相关的顽固性疾病。它们的发病机制通常与某些炎症因子的异常表达具有相关性。如果核酸药物能指导人体细胞合成对抗这些炎症因子的蛋白质,就可以有效抑制过度的免疫反应,从而治疗这一类顽固性疾病。

也就是说,很多疾病的治疗模式会被核酸药物彻底颠覆。

最后,"药不像药"还体现在给药方式的重大改变上。

药物多久给一次,取决于药物在体内的代谢速度。绝大多数传统药物在体内的半衰期短,因此患者需要频繁用药。例如,传统的他汀类药物通常需要每日服用。但是，新的核酸药物做到了超长效——跟他汀类药物一样用于治疗高血脂的英克司兰只需半年注射一次。之所以可以做到这一点，主要是因为它采取了胞内缓释系统，大幅延长了药物的半衰期。

前面提到过，这种长效针剂又被称为"降脂疫苗"。**其实，称它为"疫苗"并不是说它可以预防高血脂，而是指它的半衰期太长了，就像接种疫苗一样，注射一次就可以维持很久的疗效。**这种给药方式可以显著提高患者的依从性，降低因漏服药物导致治疗效果不佳的风险，有助于血脂的长期稳定管理。

目前，这款降脂新药在多数情况下还是要在服用传统药物的基础上进行应用、叠加，或仅在患者对传统药物不耐受时才考虑替代使用，但它毫无疑问为需要降脂治疗的患者带来了新的选择和希望。

为什么病人不像病人

核酸药物的成分、作用机制和用药频率都和传统药物迥异，给病人带来的最直接改变是用药过程变得更加简便，甚至让病人有时忘了自己是病人。这正是我们前面提到的"病人不像病人"。

"病人不像病人"，实际上是在说病人的角色发生了改变。

在传统观念中，病人常常被疾病束缚，不仅需要长期用药，还要时刻关注病情，承受身体和心理的双重压力。然而，如前所述，长效降脂针剂等新型药物仅需每半年注射一次，病人无须每天记挂服药的事，甚至在很大程度上摆脱了对疾病的持续关注。这种全新的治疗方式显著减轻了疾病对日常生活的干扰，让病人能够享受更加自由的生活。

新药还对病人的心理状态产生了积极影响。用药的简化让病人不再被繁琐的服药过程困扰，心理负担随之减轻。这种放松感有助于提升病人的生活质量，并增强他们战胜疾病的信心。同时，新药的个性化治疗特点使病人可以更加积极地参与到治疗过程中，与医生合作制定适合自己的治疗方案，从而实现更高效的疾病管理。

"病人不像病人"这一点，不仅对个体患者意义非凡，也为整个社会带来了积极影响。随着更多新型治疗手段的出现，病人能够更快地恢复健康，回归正常的工作和生活，为社会创造更多价值。当然，这同时也减轻了医疗系统的负担，提高了医疗资源的利用效率。

这就是核酸新药带来的"药不像药，病人不像病人"的全新变化。毋庸置疑，新药的成功源于微观研究的突破，这些研究为宏观层面的疾病认知与治疗奠定了坚实的基础。"药不像药，病人不像病人"所代表的趋势，为医学注入了新的希望与动力。在此，我们可以结合前文内容来做一个总结。

首先，核酸药物的成功进一步证明了从细胞和分子水平研究疾病的重要性，以及微观研究在推动医学进步中的重要作用。通过这种研究方法，人类不仅能够更全面地理解疾病的本质，还能发现更多的潜在治疗靶点。可以说，它为未来医学的发展奠定了科学基础，也为探索更精准、更有效的治疗手段指明了方向。

其次，随着更多新药的问世，患者的治疗体验将得到显著改善。新药的长效机制降低了服药频率，让患者从繁琐的用药过程中解放出来；精准的作用机制有效减少了药物的不良反应，提高了患者的生活质量。这些改变不仅改善了患者的生理健康，还减轻了其心理压力，让他们能够以更积极的心态面对疾病，增强治愈的信心。

最后，核酸药物的出现也推动了医药产业的创新。微观研究的成果需要通过跨学科的合作转化为实际治疗方案，这种研发模式促进了医学、生物学和化学等学科之间的深度协作。通过整合各领域的资源与思维，未来有望开发出更精准、高效的治疗方法，推动医药产业迈向新高度。

未来，我们有理由期待更多基于微观研究的临床应用为人类健康带来突破性进展。

预测
NO.17

超导的未来在中国

预测人：罗会仟

中国科学院物理研究所研究员，科普作家

物理

罗会仟预测，下一种重要的超导材料，无论是不是室温超导体，都极有可能出现在中国；高温超导的微观机理极有可能在中国取得突破性进展；在全球超导产业的市场份额中，中国也必将占据相当大的一部分。

很多人问我：未来几年内，中国在基础前沿科学领域有没有可能取得重大突破？

这个问题的答案是肯定的。过去十余年，中国建设了许多世界级的大科学装置，随着它们投入使用，必然会有越来越多的前沿科学突破出现在中国。而我想进一步回答的是：重大突破可能会出现在哪些领域，会给我们的生活带来什么变化？

在这里，我将结合我在超导领域的研究，和你探讨那些值得期待的前沿科学突破。

2023年，有两起"室温超导"[1]的乌龙事件引爆全网，讨论热度持续良久。2023年3月7日，美国罗切斯特大学的兰加·迪亚

---

1. 传统的超导材料只有在低温下才能进入超导状态，需要用液氦或液氮进行冷却，成本高且操作复杂。科学家们一直在寻找可以在"室温"条件下实现超导的材料。

斯（Ranga Dias）等人宣布发现了一种高压室温超导材料，它由镥、氮、氢三种元素组成，在大约10000个大气压下可以在294K[1]，也就是21摄氏度左右的温度下表现出超导性。同年7月22日，韩国量子能源研究中心相关研究团队声称发现了首个常压室温超导材料改性铅磷灰石，它被命名为LK-99。LK-99的超导临界温度接近400K，约为127摄氏度。

这两起"室温超导"的新闻传出后，科学家们热烈讨论，2024年的诺贝尔物理学奖是不是板上钉钉了；产业界开始畅想，这种零电阻的材料是否能推动第四次工业革命。只是，惊喜来得太猛，打脸也来得太快。无论是高压室温超导，还是常压室温超导，相关研究结果都被迅速证伪——要么是原始数据存在操纵造假的嫌疑，要么是数据质量低劣到不具有任何说服力，最终这两种材料都被证明离真正的超导还差十万八千里。

有没有希望实现室温超导

看到这里，你可能满脸疑惑，就这？一年之内被啪啪打脸两次，对你们超导领域还能有什么期待呢？

别急，这正是我接下来要告诉你的，因为证伪这两种室温超导

---

1. K（开尔文）是一种绝对温标，起点为绝对零度（-273.15摄氏度），这是理论上最低的温度，表示物体内部完全没有热能。开尔文温标常用于科学研究，尤其是在物理学和化学领域，用来精确测量温度。

材料的不是别人，正是来自中国的科学家群体。当网友们还在突击学习超导知识，自媒体还在爆料各种小道消息时，中国的超导科学家们已经理性并且迅速地做出了反应。

事实上，在 2023 年 3 月 7 日迪亚斯做报告的现场，很多科学家就已经提出质疑，其中包括长期与迪亚斯"斗争"的乔治·赫希（Jorge Hirsch）教授、著名超导专家朱经武先生等。3 月 8 日和 3 月 10 日，我所在的物理研究所便通过直播和专场报告会，揭示了这个所谓的室温超导材料存在的问题，特别是其证据存在数据操纵的嫌疑。

随后的一个月里，中国科学家用可靠的实验结果证明，镥 - 氮 - 氢材料根本不具备超导性，实验中观察到的电阻下降应该是测量错误；迪亚斯团队报道的材料颜色变化极有可能源于镥 - 氢材料，它在极端高压（近 200 万大气压）下可能在 70K（约 -203 摄氏度）左右的温度下实现超导，但这与所谓的室温超导相差甚远。至于其他的实验结果，用一句话概括就是：许多奇奇怪怪的现象基本都能被重复，但偏偏就涉及超导的电、磁、热等三个关键实验证据无法被重复。后来的事情大家可能都知道了：《自然》杂志成立调查组，经过数月的调查取证，确认关于迪亚斯的 16 项学术不端的指控均成立。镥 - 氮 - 氢高压室温超导的论文因存在抄袭、捏造、篡改实验数据等问题被撤稿。

至于 2023 年 7 月的室温超导 LK-99，超导领域的科学家们从一开始就不认为相关研究能证明它具有超导性。原因很简单，要证明一个材料是超导体，它必须在足够低的温度下呈现出绝对零电阻和完全抗磁性这两大性质。超导体的电阻为零，而且是绝对的零，并非任何一次大幅度的电阻下降现象就能等价于超导。超导体的抗磁性很强，在弱磁场中可达到 -100% 抗磁体积，远超自然界最强抗磁为 -0.041% 的石墨。LK-99 的原始论文数据并不满足这两点，中国科学家随后更是通过严格标准的实验，证明这个材料含有大量绝缘性杂质，纯度很差，电阻的突变实际上是由杂质的绝缘体 - 金属相变造成的。换句话说，大家吵了大半年，结果 LK-99 是一个绝缘体，连导电都谈不上，又何谈超导？！

高温超导磁悬浮现象

其实，室温超导这种"狼来了"的故事几乎每隔几年就会上演一次。自 1911 年超导现象被发现以来，在 113 年间，已经有不少于 10 次声称发现室温超导的报道了。只是在网络自媒体特别发达的今天，此类报道才会引起如此多的关注。

尽管 2023 年这两起室温超导事件的结果让大家很失望，但请不要绝望，因为发现室温超导的希望仍然存在，科学家们已经提出了多种比较明确的科学思想和技术路线。

我们可以通过"量子调控"来调节材料内部的相互作用、载流子浓度、表面界面和内外压力等，从而提升超导体的临界温度。我们也可以借助"原子智造"来设计材料的功能结构单元，调整不同原子层的扭角及三维结构。甚至我们可以借助"人工智能"分析实验的大数据和计算结果，从而高效筛选潜在的超导材料。这种方法已经帮助科学家发现了多种新型超导体。

所以，我们应该有"室温超导材料会在未来的数年里被发现"的预期。只不过，它有可能不是你想象中的块体材料，也许并不能用来做强电强磁应用。它有可能是组装薄膜、表界面、低维材料等形式，在电子器件等方面展现出应用价值。

超导研究三大核心主题

这里还要强调一点，虽然室温超导被称为物理学皇冠上的明珠，但它也只是其中的一颗而已。无论是对从事超导基础研究的科学家，还是对从事超导应用研究的科学家来说，提高超导体的临界温度仅仅是目标之一。**超导研究的核心主题在于，如何找到更优质的超导材料，如何深入理解超导现象背后的微观机理，以及如何让超导材料真正实现规模化应用**。中国科学家群体之所以能对上述两起室温超导"狼来了"事件做出准确、快速的响应，是因为他们对这几个核心主题的研究已经走在了世界最前列。

首先，我们来看对超导材料的探索。在这方面，中国的科学家们不断发现新的超导体，而且其发现在近些年有加速的趋势。

要知道，超导因为依赖昂贵的液氦来维持极低温环境，光是科研的成本就令人望而却步，所以早期超导的研究进展是极其缓慢的。从1911年第一个发现的超导体金属汞，到1973年发现的铌三锗合金，超导临界温度从4.2K提升到23.2K，花费了60多年！到了20世纪80年代，铜氧化物高温超导体被发现，超导临界温度从35K提升到93K，仅用了数月时间。2018年，铁基超导体从发现到超导临界温度突破40K，前后不过一个月。到了2023年，室温超导现象从首次提出到初步被证伪，用时仅一周。而在上述探索超导材料的里程碑事件中，中国科学家扮演的角色变得越来越重要。

除了大家可能比较熟悉的铜基高温超导体和铁基高温超导体，要是我们回到元素周期表上看看，会发现邻近的铬、钒、锰、钴、镍等元素也成为研究热点。在铬基、锰基、镍基超导体首次被发现的过程中，中国科学家做出了重要贡献。他们在钒基和钴基超导体的研究方面同样硕果累累。另外，在镍氧化物超导体领域，中国科学家率先实现了液氮温区的突破。尽管这种超导体仍需在高压条件下才能实现超导性，但科学家们经过严谨验证，确认了其零电阻和抗磁性的特性，并在类似结构的材料中发现了更多超导体。值得关注的是，镍基超导体取得的突破性成果已经引发了新一轮的高温超导研究热潮，而这一次，中国科学家们是绝对的主角。

岔开来说一句，判断一个超导材料是否好用，不能只看它的超导临界温度高不高，还要看它承载强磁场、大电流的能力如何，并综合比较它的机械性能、化学稳定性、毒性和性价比等。所以，并不是一个室温超导就能做到"赢者通吃"。相比室温超导是否能实现，科学家们更关心找到的超导材料好不好用，以及它会有什么有趣的物理性质。

其次，在超导微观机理研究方面，中国科学家取得的进展也越来越重要。

超导研究的重要性，不仅在于它具有巨大的应用价值，还在于它刷新了人们对材料导电现象的物理认知。对于从事基础科研的科学家来说，去尝试理解一个复杂的物理现象，满足自己的好奇心，有时要比发现这个现象本身更令人激动。早在 20 世纪 50 年代，约翰·巴丁（John Bardeen）、利昂·库珀（Leon Cooper）和约翰·施里弗（John Robert Schrieffer）等人就提出了一种解释传统金属和合金超导现象的微观理论，后来被称为 BCS 理论。该理论的核心思想是，电子在特定条件下会发生相互吸引并成对，形成超导状态。你不用去理解这个复杂的理论，你只需要知道，BCS 理论对整个物理学界产生了深远影响——粒子物理中的自发对称性破缺和希格斯粒子理论都借鉴了它的核心思想。这也是为什么像爱因斯坦、玻尔、海森堡、费曼这样伟大的物理学家都对超导现象如此着迷。只是很遗憾，他们并没有在这一领域取得实质性的突破。

今天，我们已经发现了成千上万种超导体，但只有很少一部分符合 BCS 理论的解释。也就是说，我们对绝大多数超导体的微观机理仍不清楚，其中就包括前面提到的铜基、铁基、镍基等高温超导体。

要理解这些材料的超导机制，就要对其电、磁、热等性质进行综合测量，同时借助多种微观实验手段探测超导状态发生前后材料内部电子运动状态的变化，并进一步研究它在不同环境下变化的规律。这就是超导的微观机理研究。

近年来，中国在基础科研设施、实验条件保障和科研团队建设方面的进展显著。在新型超导材料发现后的短短数周，甚至数天内，中国科学家就能够迅速掌握其基本物理特性。后续在更深入的研究中，他们也能提出关于高温超导机制的重要见解。

就我个人而言，我利用中子源等大科学装置，对高温超导材料中的磁性相互作用进行定量研究，目前已发现许多铁基超导体的普适规律，并系统性地比较了它们与铜基超导材料的异同。

在不久的将来，如果我们能够理解高温超导机理，就有望建立一套描述强关联多体系统的理论框架，它和我们现在采取的描述弱关联单体系统的物理模式截然不同。而这一突破将颠覆现有的物理学研究范式，引发一场真正的科技革命。

最后，在超导的应用基础研究和产业化进程方面，中国正在加速推进。

相比材料探索和机理研究，我想你更关心的是超导技术能否应用于现实生活，未来我们能否步入一个全新的超导世界。

超导的典型应用之高温超导磁悬浮列车

超导材料不像半导体那样广泛应用于手机、计算机和照明设备，似乎离我们的日常生活较远。你或许可以在医院的核磁共振成像仪里找到超导磁体，可以在手机基站里找到超导滤波器，可以在磁悬浮列车里找到超导块材。然而，由于超导材料通常需要低温环境，许多人认为它的应用受限，似乎一直停留在实验室阶段。

但事实不是这样的。低温技术的进步让这种限制不再是"卡脖子"问题。如今，在闭路循环制冷机里达到液氮温度77K，甚至液氦温度4.2K以下，都不是很难的事情。比如，在深圳平安金融大厦，供电用的是一条400米长的高温超导电缆，其输电能力是传统电缆的5倍，输电损耗仅为普通电缆的1/5。用国产制冷机维持温度大约在60 K左右即可稳定运行。只是，高温超导电缆的建造和维护成本还是比普通电缆高许多。你可能会问，为什么还要用它呢？

因为人们发现，如果要为大厦扩容电力供应，使用普通电缆就需要在地面架设高压电塔。而这样一来，周围将无法建设高楼，可能导致数百亿元的地皮损失。相比之下，高温超导电缆可以直接埋入地下，占据原先一条电缆的空间就可以了。尽管它的造价约为1亿元，但考虑到节省的土地成本，这种方案依然非常划算。

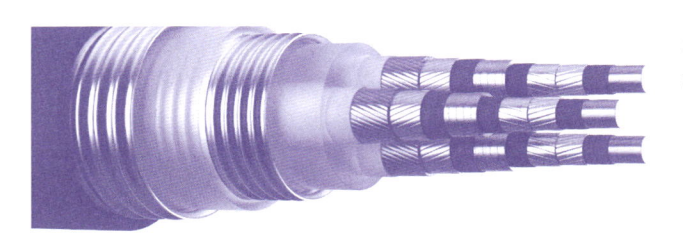

超导电缆的内部结构

以超导线带材为例，能否实现规模化应用，关键在于不断提升其综合性能、降低技术成本、大幅扩大产能等。在过去20年间，中国在超导线带材领域的发展进入快车道。2003年2月，中国以全权独立成员的身份加入了国际热核聚变实验堆（International Thermonuclear Experimental Reactor，ITER）计划，承担为超导磁体提供208吨NbTi和Nb3Sn超导线材的任务。彼时，中国的西部超导公司生产超导线材的能力还在百公斤级，而到2017年就顺利完成了百吨级超导线材的交付。经过多年技术攻关，西部超导公司的钛合金产能已达到万吨级，成为国防领域的重要供应商之一。

2011年，国内首根百米级第二代高温超导带材在上海诞生，上海超导公司也因此成立。当时这家公司仅有一套完整的生产测试设备，产能也不过千米量级。而在2021年拿到C轮融资以后，它的产能达到了400千米；2023年拿到D轮融资并搬迁到新厂区后，产能扩大到了4000千米。也就是说，这家公司的产能在10年左右的时间里扩大了近1000倍。未来，上海超导公司必将超越日本FFJ、俄罗斯SuperOx等公司，成为世界上最大的高温超导带材供应商。

除了上海超导公司，国内还有多家公司致力于高温超导带材

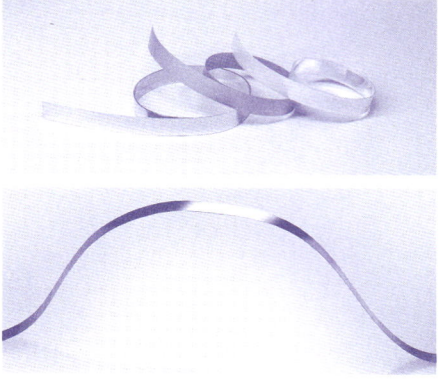

上海超导公司的高温超导带材

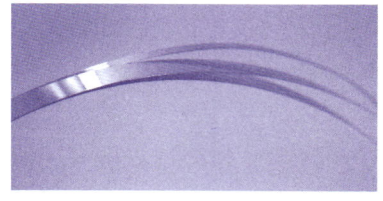

的生产，包括上创超导、东部超导和广东超导等。合肥的夸夫超导则专注于二硼化镁线材的生产。此外，还有以超导应用技术为主的公司，如西安聚能、羲和超导、原力超导、英纳超导和八匹马超导等。

在新型超导线带材应用基础研究方面，首根百米级的铁基超导线材于2016年诞生在中国科学院电工研究所，千米级的铁基超导线材生产基地也已完成建设并投入使用，即将迈向实用化市场。中国的超导产业发展可谓如火如荼！

目前，超导产业的快速发展受到人工可控核聚变的推动。比如国际热核聚变实验堆、即将建设的中国聚变工程实验堆，以及近些年来国内多家核聚变商业公司，如星环聚能、能量奇点、新奥集团等，它们对超导线带材的需求量是千吨量级的。此外，未来中国若建成环形正负电子对撞机和超级高能强子对撞机，也必将推动超导产业迈向新高峰。

▪ 未来超导世界

看到这里，想必你已经对中国的超导基础研究和产业发展充满信心了。的确，随着中国的超导研究全面走向世界前沿，我们完全有理由相信，下一个重要的超导材料，无论是不是室温超导，都极有可能出现在中国；高温超导的微观机理极有可能在中国取得突破性进展；在全球超导产业的市场份额中，中国也必将占据相当大的一部分。那么，这些进展将为我们的生活带来哪些变化呢？

最直接的应用可能就是在大城市核心区的电网中，使用超导电缆来替代传统电缆，从而大幅提升输电容量，降低损耗。除了电力传输，超导电力设备还可以广泛应用于超级计算集群、高密度储能系统和大功率用电设备。

至于超导磁体，它不仅能用于可控核聚变、高能粒子加速器和基础科研设备，也可以用于磁性选矿、金属熔炼、磁悬浮列车等工业生产和日常生活。事实上，目前核磁共振成像系统中，3T[1]的仪器基本上都是超导磁体，未来甚至可能会出现14T的核磁共振仪器，将分辨率提升至亚微米级别，能够一次性将大脑中的800多亿个神经元清晰成像。不过，你不用担心核磁共振检测涨价的问题。因为中国正在研

未来超导世界

---

1. T（特斯拉）是磁场强度的单位，3T的磁场强度约为地球磁场强度的数万倍。

制 1.5T 左右无液氦闭路循环制冷的核磁共振系统，届时可以实现插电即用，使这一设备可以普及到每一个县城、城镇甚至乡村卫生所。

我们甚至可以做出更大胆的设想：未来如果建造一艘能够飞出太阳系的太空飞船，会用到什么超导技术？

我想，飞船的发动机应该是一套可控核聚变系统，因为该系统所需要的燃料最少、续航能力最强；飞船的控制系统是一台超导量子计算机，能帮助我们精确计算飞行的航线并控制整个飞船的生态环境；飞船的导航系统是一套精密的超导接收器，可以收到遥远的脉冲星发出的电磁波，确定我们在茫茫宇宙中的位置……

中国的超导量子计算机

这看起来很科幻，但幻想总会有变成现实的那一天。

我坚信，未来的超导世界一定会加速到来！

我期待，与你一起，在中国去迎接这个充满科幻感的未来！

预测 NO.18

打通孤岛是下一代建筑师的首要任务

预测人：唐克扬

清华大学未来实验室首席研究员，建筑学专家

(建筑学)

唐克扬预测，好的建筑会更贴近本地的历史传统、地理地形和人情世故。它不是简单地提供设计方案，而是在设计建筑的同时，为建筑提供展示的舞台，让人和建筑可以"双向奔赴"。

■ 建筑和建筑学

这篇文章的主题是"建筑，或者建筑学的未来"，首先我们要区别"建筑"和"建筑学"这两个不同的概念。

建筑和人类的历史一般古老，但伟大的建筑却不是一直都有。极少数人才会认真思考好房子是怎么来的（如果你会这样做，恭喜你，你有希望成为建筑学家了），而绝大多数人只是仰望建筑名作，想着更实际的和自己有关的空间。

未来的建筑长什么样？可能答非所问，要看你是谁，关心什么。曾几何时，当经济发展要冲破天花板时，我们都在梦想着火星上的房子应该长什么样；形势急转，从这几年开始，中国大学建筑学的招生情况已经变得有点不妙了：我们不再讨论神话中的城市天际线，转而关注街角的（网红）便利店。其实，就算从无到有的这段高速增长期已经过去，人们对建筑学的基本需求也不应像其他学科那样显著地受到年景影响。

只是讨论建筑设计思想的话，今年和明年，甚至十年之后也不会有明显的变化。研究建筑就像研究任何一门学科一样，研究者未必吃得饱，但并不会没饭吃——只要你足够优秀，你就可以引领下一个发展期的学科进步。

但是"建筑学"减一个字，变成"建筑"，情况就大不相同了。大部分中国公众对建筑学的想象，是和建筑（项目）的多少强绑定的。就像一台演出不够热闹，所以观众纷纷退场，建筑项目变少时，人们对建筑学的兴趣也会下降。不过，我有个资深的业界朋友觉得，建筑不好，建筑学反而会好：

"建筑学学生吵着要转行？"
"没事，都转行才好，没人竞争……"
"大半建筑学院停招？"
"好！我们这代人终成稀缺资源！"

她的观点很典型地体现了建筑和建筑学不同的未来：活儿还是要等人干的，建筑少了，问题不大！建筑学的太阳明天无论如何都会升起。但是，众多为这一行的活力操心的人，其忧心也许是有道理的：看戏的人少了，也许有利于台上台下更好地交流，但是难免会让剧团在剧场外难以为继。当一个学科貌似失去了自己的思考对象，公众不再愿意为它付出思考，这个学科还有前途可言吗？

建筑师，建筑学这门学问的传承者，以及建筑学院，建筑学在社会中赖以存在的机构，不能独力决定建筑学的未来，这是建筑学作为"实践学科"的特点。建筑首先是个经济现象，其次才是社会和思想，换句话说，它从来不是一场小众的演出。建筑服务于全社会的巨大规模，而这决定了它首先是件功利的事，主要服从冷酷无情的市场规律；其次才谈得上照顾社会需求，关注"为善"的目的；最后才轮得到被提升为一门艺术。

▪ 两种空间形态

如果你觉得我讲的和自己平时在各种媒体上看到的不一样，那其实是"建筑"与"建筑学"的差异，或者说"沉默的大多数"与自认为在努力推动这个领域的设计人、决策者和评论员的区别。后者在思想和实践上固然有更大的发言权，但是他们的立场毫无疑问也会受前者影响——正如有一只"看不见的手"在把这些有幸发声的少数人推上他们应该去的舞台。

我采访过各行各业的人，他们对中国改革开放四十多年来的建筑成就有着某种共识，这种共识是推断建筑未来的基础。那些普通人也看得到的建筑——不一定是"明星建筑"——才更深刻地反映了我们这个国家的沧桑巨变。

普通人看得到的建筑，首先是交通设施。在各类交通设施中，高铁站和机场是最具代表性的。如今，流动空间和非正式空间逐渐代替了静态的、封闭的、没有表情的城墙式建筑。站台和铁轨是高铁站的延伸，跑道和管制空域是机场规模的一种体现。**现代生活的"速度感"正在改变我们的空间观念——当从北京到天津坐高铁所**

花的时间，比在北京市内堵车的时间还要短时，曾经显得遥远广阔的空间，早已装不下年轻人对世界的想象力了。

其次是旅馆。跨城市旅行在全国范围内变得稀松平常，流动人口重新定义了大城市乃至各种城市的格局。类似的现象在其他时期的其他国家也出现过，比如 20 世纪初的美国，很多人实际上是在城市旅馆里度过他们的青年时代的。先不提那些昂贵的大品牌酒店，中国城市也有了名目繁多的经济酒店、快捷酒店和民宿，携程旅行上查不到的有暂住功能的各种会所也不容忽视——这些空间不仅引领了一部分人的生活方式，更关键的是，它们重新塑造了"社区"的概念。

最后是文化建筑，包括跟"看"和"玩"相关的建筑，如博物馆、大剧院、书店、亲子乐园、主题公园等。

事实上，个体的居住地与户籍所在地不一致的现象在中国已经相当普遍。统计数据显示，2020 年，我国人户分离人口达到 4.93 亿人，约占总人口的 35%。从这个角度来看，我们需要思考的空间形态只有两种：一种是你作为外来者、路人或观众身处的地方，另一种是你暂时还不能脱离的家和故乡。

前文提到的交通设施、旅馆、文化建筑属于前者的范畴，后者则是改革开放四十多年来最显著的建设成就：不论阶层或出身，绝大多数人如今都在城市的"鸽子笼"里拥有了属于自己的私人空间。这样的"避难所"为每个人提供了最低限度的私人属性，而城市的公共空间则成为补充，并在不断发展中。

- **你与建筑的关系**

　　乡村和偏远地区也不可避免地受到这一趋势的影响。很多人认为"城市已死",实则它们是作为前面所说的交通设施、旅馆和文化建筑的对比项出现的,更准确的说法或许是"城市的未来在乡村"。

　　为什么在 20 世纪 90 年代之前,我们基本没听说过"景观建筑"[1]?这类建筑曾属于林学、农学的范畴,如今却常常是大学建筑学院的专业三件套之一[2]。这个貌似以"自然环境"为营造对象的学科,实际上和建筑一起,是城市化同一枚硬币的两面。在城市化进程有所波动的时候,人们对待"自然"的态度也在产生变化,已经经历了城市化的人们现在涌向城外,继续一种新形式的人居环境开发:美丽乡村、乡村建设、新农村……

　　经济学家关注宏观尺度,历史学家关心时代大势,但在规划和设计中,我们始终不能忽视"人"的因素。正是那些具体的"人"推动了微观社会的变化。毕竟,建筑对大多数人来说,更多地与形象和日常生活有关。

　　你可能注意到了,我叙述的口气在这里有了些变化——在之前,一些外部因素决定了"总体设计",而它们往往没有太多商量的余地。但往后,或许我们每个人都能评论并做决定了——你家的装修

---

1. 也叫风景园林、环境艺术等,在不同学校的叫法略有不同。

2. 另外两件是建筑和规划。

风格可能是从小红书上获取的灵感；一些我们不能预测和改变的东西，也会因为抖音达人、B 站 UP 主们的推广而变得人尽皆知——这和那些善于推广自己的设计师的说辞有关系。一旦我们理解了他们所说的（或者被他们忽悠了），就会成为可畏的建筑舆论场的一部分。

　　建筑可以是一个大写的说法，是集体的、非个人的；当然，个人的力量也不可小觑。前者貌似是原因，后者好像是反馈。但越是晚近的建筑现象，越可以适用个性化的表达，在这个人人都是创作者的时代尤其如此。**有一部分我们口中的建筑，已经变成了"元宇宙"生发出来的影子。《黑神话·悟空》就是一个典型的例子——人们越来越多地因为游戏里的形象，对现实世界（比如山西古建筑）产生兴趣，而不是反过来。**你要注意的是，游戏中搭建的场景虽然栩栩如生，但不是对原型的复制。没准儿下一波的文旅设施会按照游戏里的逻辑来建造。这样一来，到底什么是因，什么是果呢？

　　看来，讨论建筑的"主语"和"语序"特别重要。也就是说，你和建筑之间的关系是怎样的？你是被建筑改变，还是你也能在一定程度上改变建筑？当下，大多数媒体关心的建筑，也就是前文提到的交通设施、旅馆和文化建筑，还是一种文化消费，尽管那些地方往往只有过客经过。公众其实没那么在乎城市热是否持久、建筑的细节是否精到，因为那些借助媒体升温或者赋能的空间，其影响来得快，去得也快。对于建筑一贯在乎的永恒品质，这样草率的处理方式会带来灾难性的反噬作用。

▪ 为建筑创造舞台和观众

我特别关心公共空间，尤其是和我的生活直接相关的公共空间。比如底层社区，它的进步或者改变是更实在的。总体来说，城市的室外空间逐渐飞地化，大型购物商场往往都是孤岛一般的"超级街区"，居民社区也自成一体。因为"整存整取"、缺乏融合性的规划，城市里出现了越来越多的大马路、大建筑和大广场，彼此之间只能"车来车往"，步行体验变得可有可无。在北方城市，这个现象尤为明显。

不甚理想的外部条件，带来了形形色色的"往内发展"。这种发展与现有规划理念不尽一致，所以需要各种变着法儿的"突破"。比如，以"更新"为名的重建——改革开放初期确立的生活方式，现在面临着重新来过的检讨。这个过程还会持续很久，但是理论探讨将迫切需要有个大的结论。比如，城市的大圈子内部有了更进一层的以底层社区的需求为核心的小圈子；又比如，人们突然变得更加关注室内设计了，名目繁多的文旅设施的重点转向人际层面。这不再是单纯的纪念碑式的建筑形式的竞争，室内有着更多的细节，和现代主义建筑师密斯·凡德罗（Mies van der Rohe）"少就是多"的格言正好相反，充斥着暧昧和人情的因素。有时候，市井生活的喧嚣和计较，甚至不尽如人意的城市的暗面也提供了反思的契机，让我们更关注日常和社会化的建筑的使用。

造成"往内发展"的直接的压力和动因，可能是最近几年人们集中见识了一下什么叫极端情形。"年轻经济"依然红火的同时，"银发经济"也不容小觑，从医院、养老院到墓地，都是平时不大有人提起但又十分受关注的领域，有一些难以回避的沉重的意味。

　　明星建筑师和网红建筑师仍将层出不穷，但你现在可能很难记得清楚某一个杰出设计的样子，这让未来的建筑注定是复数的而不是单数的。各种不起眼的"微建筑"与成千上万个相似的场景相关联。虽然我们觉得"千城一面"不好，但是建筑要控制成本，难免会有重复和套路。而当建筑和独一无二的本地情境融为一体时，"时间"在空间中讲的故事，会征服无生命的建筑本身。有些发达城市、有历史的城市，在这方面做得相对更好。一方面，没有什么传统完全不受全球化的成果影响；另一方面，好的建筑会更贴近本地的历史传统、地理地形和人情世故。它不是简单地提供设计方案，而是在设计建筑的同时，设计建筑节和艺术节，为建筑提供展示的舞台，帮建筑找到台下的观众，让人和建筑可以"双向奔赴"。

▪ 你=你的环境

　　大面积的、宏观层面的、自上而下的工程规划早已实现智能化，但那些自下而上的、具体的设计手法，是否也会对设计成果有影响呢？

　　毫无疑问，2023年和2024年都是"人工智能之年"。现在，你似乎可以跨过专业的门槛，用简单的关键词，瞬间生成过去需要很高的技巧和良好的训练才能完成的设计图、效果图，很多人担心人工智能会抢走设计师的饭碗。然而，任何参与过真实建筑项目的人都会明白，决定建筑设计方案和结果的，绝不仅仅是一个创意。

由于前面所述的那些当代社会的变化，建筑学所基于的前提已经极大地被改变了：人们对建筑的感受在被极大地丰富的同时，也变得更加分散了，我们实际上很难描述，或者说很难（集体）决定什么才是"好"的建筑。**现代科技让创意生产前所未有地活跃，但是现实中你真的盖一座房子，又不能只是依据活跃的思维。相反，它需要相对稳定的与人情有关的基础。这就好像开发一款计算机游戏一样——玩的人看到的是一套简单的规则，开发的人想的要复杂得多，因为他们得照顾方方面面的可能性。**

虽然建筑创意的生成可以通过某种"算法"来实现，但是在使用建筑、感受建筑、评论建筑和改变建筑的过程中，我们仍然缺乏一种能够为各方所接受的通用"算法"。大多数时候你会看到，建筑的实际产出更加似曾相识了，类似于用千万张照片智能生成一张照片，智能建筑生成，倾向于让这个世界变得更加"平均"。一个建筑的实现要经过无数轮同意、不同意，只有这样不断妥协磨合，由建筑搭建的系统整体才能不出意外地运转。

用我们前面提到的说法，每个人都同时处在城市的内部和外部。一座城市的居民，会以游客的身份进入另一座城市。这样，他就有了从外部和内部同时看待建筑现象的机会。城市外部的观察者会喜欢像一座雕塑一样凹造型的建筑，喜欢标新立异；而城市内部的观察者，也就是那些长期生活在一个地方的人，其体验是多层次的，就像苏州的园林那样，一年四季的景致都浓缩在同一空间里，从图像转而成为一个关于城市的故事。

很多时候，我们是在和那些未来想从事建筑设计的学院人讨论"未来的建筑长什么样"的话题。这里要强调的是，即使对于我们所说的"沉默的大多数",对于从不关心文艺的人,建筑也有着不可忽视的作用。2024 年,人工智能的领军人物李飞飞提出了一些关于"空间智能"的思考。空间和最底层的人类认知有关,和雪片般的艺术图像不太一样,你的环境就是你,或者是你赖以塑造自己的基本方式。所以,哪怕日常建筑的未来也是建筑学的未来,同时它也是我们所有人的未来。

预 测
NO.19

疟疾、登革热等蚊媒传染病有望彻底消失

预测人：袁越

人称"土摩托"，《三联生活周刊》资深主笔，生物学硕士

生物学

袁越预测，人类梦寐以求的精准杀死一种野生动物（如蚊子）的梦想将会成真，而非洲将有机会成为全球第一块在野外释放基因驱动转基因动物的大陆。

我原本给这篇文章起的标题叫作"如何精准地杀死一种野生动物",但编辑收到稿件后反驳我说:"你这也太人类中心主义了!"

我不认为人类是宇宙的中心,但作为人类中的一员,我还是很希望人类能过上好日子的。更何况,人类的存在直接导致了某些入侵物种泛滥成灾,杀死它们才是最环保的做法。

人类一定要杀死野生动物才能过上好日子吗?答案是肯定的。我可以毫不夸张地说,人类的进化史就是一部野生动物猎杀史,我们是踩着动物的尸体爬上"地球之王"宝座的。

早年间,我们的祖先依靠狩猎大体型野生动物获取宝贵的动物蛋白,进而进化出了聪明的大脑。这种猎杀可以做到极其精准,因为我们祖先的体型和猎物的体型大致属于同一个级别。当人类学会了种庄稼之后,控制农业害虫变得迫在眉睫。然而,害虫大多是体型比人类小一个数量级的昆虫,我们做不到精准控制,只能通过翻耕或者火烧的方式,无差别地杀死所有昆虫。

农业的出现导致人口数量激增，同时也催生了专门以人类为食的寄生虫，专门传播疟疾的按蚊就是一例。同样地，人类没有任何办法精准地杀死按蚊，只能通过清除湿地或者排空积水让所有蚊子失去繁殖场所，或者用滴滴涕[1]这类广谱杀虫剂来杀死生活环境中的一切昆虫。

滴滴涕的广泛使用催生了《寂静的春天》这本环保主义开山之作。其实这本书的作者瑞秋·卡森（Rachel Carson）并不反对消灭蚊子，她只是反对使用滴滴涕这种无差别的杀虫方式。所以，从某种意义上说，**现代环保运动就是因为人类没办法精准杀死一种特定的野生动物而产生的。**

想想看，要想杀死一种野生动物，无外乎物理、化学和生物这三种方法。物理方法只适用于跟人类体型差不多的野生动物，对个头太小的动物无能为力，否则就是俗话说的"高射炮打蚊子"。化学方法通常针对某一种类型的野生动物，因为化学方法依赖于特定的化学结构，专一性相对较弱。比如，苏云金杆菌分泌的一种蛋白毒素可以杀死一切鳞翅目昆虫，这就是转基因农作物的杀虫原理之一。再比如，一种青霉菌分泌的青霉素可以杀死一切格兰仕阳性细菌，这就是抗生素的杀菌秘诀。

只有生物方法才能精准地杀死特定种类的小体型野生动物，例如昆虫。因为生物方法针对的是野生动物的 DNA，这才是专一性最强的靶点。最早的生物杀虫法名叫"昆虫不育"（Sterile Insect

---

1. DDT，化学名为双对氯苯基三氯乙烷，为白色晶体，不溶于水，溶于煤油，可制成乳剂。

Technique，SIT），其原理是先用化学试剂、放射线照射等方式处理大量雄性昆虫，导致其不育，然后将这些昆虫释放到野外，让它们和雌性昆虫交配，产下不育的后代。从这个叙述可以看出，SIT 其实就是把雄性昆虫作为武器，让它们去野外寻找同类，从而实现精准的杀虫目标。

然而，第一代 SIT 的主要问题在于，无论是化学试剂还是放射线照射处理都过于剧烈，很可能损害雄性昆虫的交配竞争力，使得这些经过处理的昆虫无法与野生同类竞争。于是，科学家们需要释放数量是野生昆虫数倍的 SIT 昆虫。当年美国为了杀灭一种名叫螺旋蝇的农业害虫，每年都要放飞 3 亿只经过处理的雄性螺旋蝇，其工作量可想而知。

事实上，SIT 技术早在 20 世纪 50 年代初便开始应用了，但当时的科学家们对于 DNA 到底是不是遗传物质都还有争议，更别说精准操控 DNA 了。而在 1953 年，也就是 DNA 双螺旋结构被绘制出来以后，生物学家们只用了短短 20 年的时间就掌握了遗传工程技术，能够精准地对 DNA 进行工程化改造。于是，第二代 SIT 技术应运而生。

简单来说，第二代 SIT 技术就是通过基因工程的手段，针对性地改造目标物种的 DNA，然后将经过改造的转基因动物释放到野外，让它们把这个修改过的 DNA 通过交配的方式传递到其他野生动物的基因组内，从而实现对野生动物种群的精准操控。如果传递的是一种致死基因，那么这种野生动物就会被精准地杀死。

第一位实现这一目标的是英国约克大学遗传系的系主任卢

克·艾尔菲（Luke Alphey）教授，他主持开发了全球第一个大规模释放的转基因 SIT 蚊子，代号为"OX513A"。这种蚊子体内被转入了一个编码 tTA 蛋白的基因，这个 tTA 蛋白会和该基因本身的启动子结合，激活一个自杀性的正反馈机制。于是，携带这个基因的卵就没办法正常发育了。

为了推广这项技术，艾尔菲教授和朋友合伙成立了一家名为"Oxitec"的生物科技公司。2014 年 4 月，巴西政府批准该公司生产的 OX513A 蚊子在巴西销售，使之成为第一个商品化的第二代 SIT 产品。

但是，OX513A 蚊子体内的这个新基因无法实现自我复制，只要在野外经历一次有性生殖过程，该基因在野生动物种群中的占比就会减半。这是由孟德尔遗传定律[1]决定的，无法改变。因此，这个基因一定会随着时间的推移而逐渐减少，直至从野生动物种群中消失。科学家们不得不定期释放一批新的转基因蚊子，灭蚊成本自然就上去了。

有没有办法突破孟德尔遗传定律的限制呢？答案是肯定的，那就是利用基因驱动技术。早在 20 世纪初期，科学家们就在自然界发现了许多"自私遗传因子"（Selfish Genetic Elements）。这些因子本身并不具备任何遗传优势，甚至对种群有害，但它们却能以高于孟德尔遗传定律规定的 50% 的概率遗传给下一代，直至扩散到整

---

1. 第一遗传定律，根据这个定律，在有性生殖的过程中，生物的每对等位基因会在配子形成时分离，每个配子只含有一半的遗传信息。因此，转基因蚊子与野生蚊子进行交配后，后代会从亲代中各继承一半基因，而转基因只占其中的一部分。

个种群。这些自私遗传因子之所以能够做到这一点，根本原因就在于它们进化出了自我复制的能力，可以在有性生殖的过程中自发扩增，科学术语称之为"驱动"。

有一个大家可能很熟悉的案例可以解释这一现象。作家金庸在《射雕英雄传》第19回"洪涛群鲨"里写道：一群人乘船离开桃花岛，中途遇到鲨鱼群，欧阳锋从随身携带的毒蛇嘴里提取了一小杯蛇毒，灌进一条鲨鱼的肚子里，然后将其放回海中。这条鲨鱼很快被其他鲨鱼分食，凡是吃了一块肉的鲨鱼都被毒死了，它们的尸体又被更多的鲨鱼分食，后者同样被毒死，最终海面上所有的鲨鱼都死光了。洪七公对此感到非常不解，欧阳锋解释说，他这条蛇的蛇毒有个奇怪的特性，一旦鲜血接触它，就会转化为毒药。因此，只要一条鲨鱼的伤口碰到了毒液，这条鲨鱼体内成百斤的鲜血便都被转化成了毒药。换句话说，这种毒药借助鲨鱼的血液实现了自我增殖，从而可以无限扩散，直至毒死整个种群。

同理，如果我们把一个具备自我增殖能力的新基因引入某个动物种群，该基因能够像欧阳锋的蛇毒那样把它的同源基因也变成它自己，那么经过若干代之后，这个基因就会传遍整个种群。

最早在实验室里实现这项技术的人是加拿大遗传学家奥斯丁·博特（Austin Burt），他在加拿大著名学府麦吉尔大学拿到博士学位之后，曾在加州大学做博士后研究，1995年正式入职英国帝国理工学院，专攻蚊子的基因驱动技术。

当时，科学家们已经在酵母菌体内发现了一种能够实现自我驱动的"归巢内切酶"（Homing Endonucleases）基因，这是一种特殊的 DNA 内切酶，能够特异性地把编码自己的基因所对应的等位基因切个小口子。当细胞检测到这样的切口时，会把另外那条完整的染色体作为模板，通过基因同源重组的方式修补切口。于是，编码该内切酶的基因就会被自动复制过去，使得两条染色体都成为归巢内切酶的编码基因。

博特受到这一现象的启发，设计了一个简单的基因驱动系统。他通过基因工程技术，先在蚊子的某条染色体上安插一个 DNA 内切酶基因（相当于"卡车"），再在这个基因旁边安插一个科学家想要的基因，比如阻止受精卵发育的基因（相当于"货物"），这样就可以借助这个 DNA 内切酶的自我驱动能力，让这个受精卵不发育基因通过搭便车的方式逐渐扩散至整个蚊子种群。

在构思这一系统后，博特从维康信托基金会（Wellcome Trust）申请到了一笔仅为 12.5 万英镑的研究经费。通过大量的数学计算，他构建出了基因驱动的理论框架，并于 2003 年将这个框架写成论文发表了出来。按照他的计算，这个方法可以用极低的成本，在 20 代内让一个特定地区的蚊子种群走向灭绝，从而有效解决蚊媒传染病的问题。

但实现这个目标的前提是对蚊子的基因组进行精细的改造。当年的基因编辑技术非常原始，研究进展缓慢，多亏比尔及梅琳达·盖茨基金会（Bill & Melinda Gates Foundation）给了博特一笔钱，才没有让这个项目胎死腹中。事实上，**在此后的很长一段时间里，博特的实验室是全世界唯一在做基因驱动研究的实验室。**

2013 年，一项基于 CRISPR-Cas9 的基因编辑技术横空出世，第二年就有人用这项技术在果蝇身上实现了基因驱动。这是因为

CRISPR-Cas9 本质上就是一个易于操作的 DNA 内切酶，科学家们可以很轻松地对其进行修饰，使其具备类似于归巢内切酶的自我驱动能力，从而实现对特定基因的添加、删除、干扰和修饰。

不久后，奥斯丁·博特利用 CRISPR-Cas9 技术在蚊子身上实现了基因驱动，并通过实验证明这项技术是可行的——只需释放一次基因驱动的蚊子，就可以在不到一年的时间里把实验室饲养的冈比亚按蚊群体尽数剿灭，不留一个活口。

冈比亚按蚊是致死率最高的一种按蚊，因为它是最危险的恶性疟原虫的宿主。这种蚊子偏爱野外环境，所以，那些生活在小村庄里的非洲农民饱受其害。由于非洲的村落分布非常稀疏，人工释放不育雄蚊的成本很高。生物科技公司 Oxitec 开发的 OX513A 蚊子，也就是第二代转基因 SIT 蚊子需要不断释放才能发挥效果，所以不适合对付冈比亚按蚊。相比之下，属于第三代 SIT 技术的基因驱动蚊子效果更好——理论上只需释放一次，就能在环境中维持相当长的时间，控蚊成本因此显著下降了。

但光有实验室数据还不行，必须在天然环境下对基因驱动蚊子进行测试。遗憾的是，由于民众对基因工程技术的疑虑，凡是涉及转基因技术的项目都很难获得批准。基因驱动技术因为有可能让一个地区的某种蚊子全部灭绝，获批难度就更大了。

其实环保主义者无须过于担心——**地球上现存 3500 多种蚊子，会叮咬人类的只有少数几种，因为人类才进化出来没多少年，蚊子还没来得及适应。**所有会咬人的蚊子中，能够传播疟疾的主要是冈比亚按蚊、斯氏按蚊和致命按蚊这三种，能够传播登革热和黄热病的也只有埃及伊蚊和白纹伊蚊等少数几种，它们在全球大部分地区都属于入侵物种，因为它们原本就是随着人类的迁移，从非洲的某个地区被传播到世界各地的。因此，无论是从生态还是从道德上讲，消灭这些蚊子都没什么问题。

更重要的是，非洲老百姓并不反对这项技术。英国牛津大学的生态学家泰尔雅·哈克特（Talya Hackett）领导的一个团队曾经在加纳做过六年的蚊子研究。当她和同事们通过漫画和视频等方式向当地居民解释基因驱动的技术原理及其可能产生的后果时，大多数人表示支持，因为他们被疟疾折磨得太久了。

经过多方努力，西非内陆国家布基纳法索的政府于 2019 年批准了转基因蚊子项目的野外试验，这是非洲大陆第一次进行这样的野外释放试验，具有划时代的意义。试验成功后，**到 2024 年至少有两个研究团队正在申请在非洲进行基因驱动的野外试验，有可能在未来五年内获批。如果这项试验真的获批并且取得成功，非洲将有机会成为全球第一个在野外释放基因驱动转基因动物的区域，人类梦寐以求的精准杀死一种野生动物的梦想将会成真。**

想象一下，如果传播疟疾的按蚊被消灭了，那么每年因疟疾而死的 60 万人就能免于这一悲剧。再想象一下，如果传播登革热和黄热病的伊蚊被消灭了，那么我们以后去热带地区旅游就不用再担心这两种疾病了。如果我们再大胆一点，把困扰人类很久的家蚊（大部分是库蚊）消灭掉，那么夏夜的户外生活将会变得多么美好啊。

也许有人担心这么做会导致生物多样性的减少，但有两个理由可以让有这一顾虑的人松口气。第一，根据科学家们的最新研究，基因驱动技术很可能无法将所有蚊子尽数杀死，而只能将蚊子的种群数量压制到一个很低的水平，但这已经足以消灭疟疾、登革热等传染病。第二，人类早已在采取多种措施来消灭蚊子，例如填平湿地和喷洒广谱杀虫剂等，这些措施对环境的影响远大于基因驱动技术。

需要特别强调的是，这项技术绝不仅仅适用于控蚊，在农业和生态保护等领域也展现出了巨大的潜力。比如，我们可以利用这项技术精准地杀死某一种特定的农业害虫，从而显著改善农田的生物多样性；再比如，我们可以利用这项技术，精准消灭某个独立生态小区（如小岛）的入侵物种（如老鼠），还原这个生态小区原来的样貌；还比如，我们可以把这项技术应用到植物上（如在全球各地泛滥成灾的互花米草），从而有效地消灭某个地区的入侵植物。

所有这一切都需要有一个起点，而非洲有可能成为全世界第一片实施这项技术的土地。也许有人会问：为什么要在最不发达的非洲率先尝试最先进的技术呢？我的回答是：发达国家没有理由垄断所有的先进技术。消灭疟疾等蚊媒传染病是基因驱动技术阻力最小的一项应用，所以，这项新技术反而最有可能率先在非洲得到应用。

换句话说，作为人类的摇篮，非洲最有可能见证人类与自然和谐相处的崭新未来。

预测 NO.20

AI 不仅会成就超级个体，还会成就超级管理者

预测人：李宁

清华大学经济管理学院领导力与组织管理系教授和 Flextronics 讲席教授

组织行为

李宁预测，AI 智能体会代表你和你的同事讨论策略、分析数据，甚至为解决问题而"争论"，而你可以从它们的多方讨论中受益，坐享更加完善的成果。

近几年，生成式 AI 迅猛发展的势头令人瞩目。媒体纷纷报道，认为这项新兴技术将引领未来的生产力革命；企业与个人对其寄予厚望，期待它能够彻底改变当下的工作方式，重塑行业竞争格局。

然而，微软的一项调研显示，绝大多数使用过生成式 AI 的人都认为它带来的效率提升仅仅局限于简单的辅助任务，比如会议总结、邮件优化和日常报告的自动化，对企业的核心业务和复杂决策过程来说，其影响微乎其微。如果要用三个字形容 AI 在职场的应用情况，很多人的答案应该是"不解渴"。

作为一名研究组织行为学的学者，我对 AI 在媒体报道中的"火热"与组织实际应用中的"冰冷"产生了浓厚的研究兴趣。通过实验分析和企业访谈，我梳理了未来 AI 会给企业带来的三大影响，并按它们可能发生的时间顺序，由近及远地进行了排列说明。你可以结合下文思考一下，自己在这场 AI 带来的生产力革命中能生长出哪些新能力。

▪ 更精简的规模

组织的规模正在变得越来越小，对此你或多或少已经有了些体感。十几年前，企业创始人跟客户或者投资人见面，如果说员工不到一百人，可能还会有点不好意思。现在，如果你代表一家创新型企业，在跟客户或投资人交流时说你们团队人员众多，很可能会被反问：真的需要这么多人吗？

我们很容易会把组织规模缩小归因为"经济下行，企业需要降本增效"。实际上，更底层的原因是**组织对资源的需求急剧下降了，而这其实是 AI 结下的果。**

比如，很多组织意识到，将客户信息转化为数字资产管理起来，可以更好地服务于业务。然而，这么做需要很重的资金和 IT 投入，所以过去的"数字化转型"往往是大公司的游戏。但在生成式 AI 出现后，这一局面发生了剧变——

很多中小企业借助 AI，可以轻松地把原本散落在电子邮件、社交媒体、文档和图片里的客户信息，转变为方便存储、查询和分析的格式，获取结构化的数据。过去需要十几名算法工程师协作完成的任务，现在一名懂得如何调用 API（Application Programming Interface，应用程序编程接口）并能清晰描述应用场景的员工就可以搞定。所以我认为，**很多中小企业有机会跳过数字化，直接进入智能化阶段。反倒是一些大公司，因为有一套既定的数字化系统及其带来的沉没成本和路径依赖，可能没那么容易通过 AI 来重塑工作流程。**

但我想提醒你注意，"以更少的人力成本完成相同或者更多的任务"不只是利好组织，它对个人的价值可能更大。

如果你从事软件开发相关的工作，那么你应该知道，过去制作一个 demo（演示样本）往往需要前端、后端等多名团队成员的协作。而现在，你只要找到一个合适的图像素材，利用 AI 进行图像解析，再编写一些基础代码，就能快速生成一个 demo 投入使用，整个过程可能仅需你和一位朋友合作。由于前期开发成本大幅降低，后期产品可能只需要满足很小一部分用户的需求，该业务模式便有可能实现盈利并得到验证。而不会像过去那样，极高的开发成本迫使你不得不拿产品去覆盖更多的人群，以实现规模效应。

AI 不仅大幅降低了组织对资源的需求，同样也减少了个体对资源的需求。未来，日常工作中很多非核心的任务会被 AI 接管，跟你配合的可能会从原先几名来自不同部门的同事变成 AI 这个"六边形战士"。今天我们常听到的"我给了你很多资源，你的成功是因为我这个平台"这套说辞，将不再适用于描述未来组织和员工的关系——员工能成事，首先因为他是擅于跟 AI 合作的超级个体。

更智能的决策

虽然文章一开始提到，大部分企业对 AI 的应用仍处于初级阶段，即集中于辅助性任务上。但我们团队在调研的过程中发现，已经有一些组织将 AI 深度融入业务，实现了 1+1 > 2 的效果。

我们可以看一个企业内部高频的工作场景——处理客户投诉。这项工作的难点之一在于客户的意图和需求很难把握。有些表达很模糊，如"我使用产品后出现了一些问题，总觉得不太对劲"。有些则因情绪掩盖了实际需求，如"我白花了这么多钱，什么也没得到！"还有的客户会层层堆砌细节，使得从他们的长篇叙述中提取关键信息变成了一件很困难的事。

我们团队发现，AI 在处理客户投诉时，能很好地把握客户需求，并在规则性和灵活性之间表现出一致性。这是因为 AI 的每个决策都是基于组织输入的目标函数而做出的，例如公司价值观与发展策略、历史数据、情感识别等信息。只要组织输入的目标函数足够丰富、关联度足够高，AI 就能从客户投诉中提取更多有效信息，决策时考虑的维度也更为全面。

即使在遇到极特殊的情况时，AI 也可以根据组织预先设定的评分系统（如 1~10 分），通过评分来反映投诉的紧急程度和处理难度，并生成相应的处理建议，如立即处理、升级处理或等待更多信息等，从而确保复杂决策的合理性。

这背后其实体现了生成式 AI 的工作原理：它不仅能被动地完成我们明确指定的任务，还能在交互中展现出近似于人类的理解和响应能力。这种能力使得生成式 AI 能够在未经明确编程处理的新场景中发挥作用，尤其是在决策支持方面。根据不同的目标函数输入和环境条件，生成式 AI 能生成极具适应性的输出。

未来，假如组织将"员工幸福度"作为目标函数输入智能系统，领导在做分配任务的决策时，系统就会智能地分析当前几名员工的工作负载，自动提醒领导某名员工的工作量已经超负荷，建议将任务分配给其他人。另外，因为系统记录了员工的工作时长、开会记录等信息，在一名员工经历了一段频繁加班的时期后，那些目标函数中有"员工身心健康"的智能系统就会自动为他批准几天假期，让他得以放松恢复精力。

因为 AI 能够在大量数据中始终如一地应用评估标准，所以那些将 AI 用于日常决策的组织和个人更不容易受到"容易出错的记忆"及"容易起伏的情绪"的影响，其决策的合理性和一致性将会得到很大的提高。

▪ 更高效的沟通

讨论未来 AI 对组织沟通带来的影响，需要我们把脑洞开得更大一点，去假设 AI 与 AI 之间也能进行沟通。

事实上，现在特别热门的一个研究和研究领域——AI 智能体（AI Agent），要解决的就是这个问题。按照深度学习研究者卡洛斯·佩雷斯（Carlos Perez）对 AI 智能体的定义：它们可以接收外部信息，自主采取行动，而不必有人类在旁边控制，可以连续地跟外界进行互动。换句话说，AI 智能体能代表你相当自主地去调用工具、执行任务和安排事情，其中就包括跟其他 AI 智能体进行互动。

那么，我们很容易想到 AI 智能体在组织内应用的场景：某公司创始人希望拓展新业务，想听听其他人的建议，那他不必把各个业务部门、不同层级的员工挨个找过来沟通，而只要让自己的 AI 智能体出马，去问问其他员工的 AI 智能体就可以了。通过预定义的通信协议，AI 智能体之间的交流会非常充分且迅速，一个 AI 智能体还可以同时跟很多个 AI 智能体互动，所以它可能只花了半个小时，就跟所有员工的 AI 智能体聊了一遍，并从中筛选出了对创始人决策有价值的信息。

这只是一个场景。我认为 AI 智能体之间的互动，至少会给组织沟通带来两个积极的变化。

首先，它能消除信息失真。AI 智能体通过直接沟通和信息整合，能确保上下级、跨部门员工之间的信息准确无误，避免信息在不同层级、不同部门的传递中被扭曲。

其次，AI 智能体能够鼓励员工表达意见。作为中介，AI 智能体使员工在交流时感到更加轻松，降低了他们表达意见时的心理压力。前面提到的是领导向员工征求意见，而反过来，员工也可以随时向上级的 AI 智能体请教问题，避免了面对领导时可能会有的压力。

想象一下，有多个 AI 智能体在讨论策略、分析数据，甚至为解决问题而"争论"，而我们人类可以从它们的多方讨论中受益，坐享更加完善的成果。这种未来的情景，是否令人期待？

尽管目前人类与 AI 的互动仍然是单向的——人类输入指令，AI 执行，但 AI 智能体这种未来模式提醒我们，**应该养成 AI First（AI 优先）的思维方式：做一件事情前，先问自己"这件事情 AI 能不能做"。现在有一些工作，你自己能做，AI 也能做，AI 的表现可能还不如你高效，但你还是应该把 AI 纳入工作流程中。因为这样做，一旦技术升级，你将最先体验到 AI 带来的颠覆性变化。**

在这篇文章中，我们从近到远探讨了 AI 对组织的三大影响，分别是让组织的规模逐渐缩小，使组织的决策变得更加智能，以及让组织的沟通与合作变得更加顺畅。到此为止，AI 似乎以一种"完全体"的形态出现在你面前，你对它充满信心，并期待未来能与它并肩作战。

但我们不妨回到这一切的起点——ChatGPT 3.5 首次推出的时刻。说实话，我当时使用它的体验并不理想。尽管如此，我还是不断尝试，并逐渐养成了在工作中使用它的习惯。当然，现在你知道了，随着技术的升级，ChatGPT 这类生成式 AI 的表现正在变得越来越出色。

很多人对 AI 的未来抱有极大的信心，甚至称之为"AI 信仰"。而我认为，如果 AI 一开始就以"完全体"，比如 AI 智能体的形态出现在人们面前，恐怕不能称之为信仰。**信仰是一种对尚未完全显现的事物的信任和期待，信仰是我们愿意相信尽管目前 AI 在应用中常常报错，但它的表现将日臻成熟。而作为它的工作伙伴的我们，也会在这个过程中收获更多的正反馈和意外之喜。**

预测 NO.21

量子计算或将改变每个人的生活

预测人：苗千

《三联生活周刊》资深主笔，剑桥大学物理学博士

量子计算

苗千预测，为量子计算机工作的量子比特的数量有可能在未来某段时间急剧扩张，从而大幅提升量子计算机的能力。到那时，具有超强能力的量子计算机可能像人工智能或"云服务"一样，通过几个主要节点，为全世界几十亿用户提供服务。

想要预测人类社会科技发展的走向，即便是在较短的时间尺度里，也是一件几乎注定会失败的事。一百多年前，在人类的科技水平和科研人员的数量都远远无法和今日相比的年代，人们就已经很难分辨出哪些在当时看上去毫不起眼的科技探索，会如同一条条涓涓细流最终汇集到一起，成为一条奔涌向前的大河；又有哪些在当时看上去颇有希望，似乎很快就会取得成功的研究最终偃旗息鼓——就算站在今天的高度回望过去，我们也会发现，一些突破性的进展在发生之前实在难以看出端倪。

　　从人类科技发展的角度来看，时代确实是在加速进步，然而人类科技取得突破性的进展往往蕴含在一些出人意料的契机之中。时至今日，想在纷繁复杂的人类科技网络中预测未来，或是描绘出某种走势，已经没有太大的意义，也很难吸引人们的关注。不过，通过我在过去十多年时间里的观察，并结合可能对人类社会造成的影响等方面，我愿意为大家讲述一个目前还在起步阶段，却蕴含着巨大潜力，可能再次改变人类社会的技术——量子计算（quantum computing）。

很多人可能听过"量子计算"这个词，但对它了解不多。它和很多的研究项目一样，起源于一个美好的设想；它和电子计算机的理念相似，却又有着在本质上的区别；它目前看起来困难重重，但一旦取得突破性的进展，就可能对人类社会产生深刻的影响；我们甚至可以想象量子计算与其他技术，比如人工智能技术相结合，不过这样的结合会释放出怎样爆炸性的力量，却又实在难以估量。

人们的生活早已无法离开计算机。计算机的工作原理极其复杂，发展又极快，但究其根本，在于它可以将一切信息都转化为数据，再把这些数据转为只用"0"和"1"表示的基本元素"比特"（bit）。计算机可以对这些最基本的元素进行计算，帮助人们处理数据。

人类制造计算机的尝试，可以追溯到 19 世纪 20 年代。英国数学家查尔斯·巴贝奇（Charles Babbage）设计出了第一台能够进行数学运算的机器原型——差分机。这种机器由上千个黄铜打造的齿轮构成，利用手摇进行计算。巴贝奇还尝试过利用蒸汽为这种机器提供动力，进行更复杂的运算。而大诗人拜伦勋爵的女儿埃达·洛夫莱斯（Ada Lovelace）甚至还为这种能够进行计算的机器编写过运行程序——可惜这台机器及其运行程序最终都只是停留在纸面上。（1991 年，伦敦科学博物馆根据巴贝奇留下的图纸制造出了他设想中的"差分机 2 号"。人们惊奇地发现，它居然可以运行。）

直到 20 世纪 40 年代，人类进入电子时代之后，利用电子器件进行计算的计算机才成为现实，并且迅速展现出巨大的应用价值。可以说，人类社会随后发生的信息革命，乃至如今正在发生的人工智能革命，都建立在性能不断提升的电子计算机的基础之上。

到了20世纪80年代，随着电子计算机技术的成熟，以及人类在微观领域控制力的不断加强，制造量子计算机的想法随之出现。和许多创新最初的目标一样，人们最初也是希望利用这种机器进行科学研究。毕竟人类早已认识到，描述微观领域物质运动规律的是量子力学，它与人们所熟悉的经典力学形式完全不同。传统计算机的工作模式无法有效地模拟复杂的微观量子系统。

1981年，著名物理学家理查德·费曼（Richard Feynman）首先提出，要摆脱传统计算机的局限性，可以利用量子系统基于量子力学规则进行计算，以此来模拟微观世界。这样必然会极大地提高研究的效率。在费曼的启发下，"量子图灵机"模型迅速被构造出来，量子计算开始从一个想法逐渐发展为真正的研究领域。

至今为止，量子计算最大的突破发生在1994年。数学家彼得·秀尔（Peter Shor）提出了"秀尔算法"（Shor's algorithm），这个算法显示，量子计算利用其特性，可以迅速对一些大数进行因子分解，而这项任务对于传统计算机而言几乎无法实现。秀尔算法的出现，为量子计算展示出一个前所未有的境界，在理论上它可以在极短的时间内完成传统计算机花费数万年都无法完成的工作。也就是说，一旦量子计算成为现实，一些传统算法（例如一些加密算法）将会立即失效，人类将会获得来自微观世界几乎无限的计算能力。

从那时起一直到现在，量子计算成了一个越来越热门的研究领域。众多大学、实验室、商业公司都投入了大量资源，希望建造出真正的量子计算机。不过让人遗憾的是，对量子计算机的研究至今都进展不大。目前一些在实验室里进行展示的量子计算机还只能对一些相对简单的数字进行因数分解，距离破解现有的加密算法还很遥远。

研究量子计算机为什么这么难？这和量子计算机拥有超强能力的原因在很大程度上是一致的。量子计算机与传统计算机的本质区别就在于量子计算机使用"量子比特"（qubit）进行工作。所谓的量子比特具有量子系统的特点，比如"叠加态"——它不一定处于"0"或"1"的确定状态，而是可以同时处于这两种状态；再比如"量子纠缠"——不同量子比特的状态会相互关联，这些性质在理论上都可以让量子计算机具有超强的工作能力。

问题在于，想要让量子比特处于可以进行计算的理想状态，就需要利用极其精妙的技术将其与周围环境隔绝开，再对其进行控制。要实现这个目标，往往需要在接近绝对零度的条件下对这些极其微小的量子系统进行操作，稍有不慎就会让量子比特失去其特性，与周围环境发生"退相干"，功亏一篑。

在过去的几十年里，世界各地的研究者艰难地改善着量子计算机，从只能控制几个量子比特，发展到如今已经可以控制超过100个量子比特。但是根据估算，想要让量子计算机具有真正的工作能力，至少需要有上千个量子比特同时工作，而且还需要更多的量子比特进行量子纠错。从这样的发展速度来看，量子计算的前景难免让人担心。

但如果参考其他技术领域的发展路径，着眼未来，我们完全有理由对量子计算寄予更大的信心：虽然巴贝奇在19世纪就想要制造一个能够进行计算的机器，虽然他的设计在理论上可行，但终究没能获得成功。计算机成为改变人类社会的伟大发明，最关键的不是让机器进行计算的想法，而是人类在电子和半导体技术上不断取得的进步。

我们还可以看一看在最近几年席卷全球的另一个浪潮——人工智能的发展。在21世纪之前，人类在人工智能领域取得的成就可以说是微乎其微的。有研究者多年来一直坚持用模仿人类大脑架构的人工神经网络作为人工智能的基本架构，却无法取得成功，被当时的大多数人看作毫无希望的努力。而在进入21世纪之后，互联网的快速发展为人工智能提供了近乎无穷的学习数据，计算机的工作能力也在不断提升，这两个关键因素最终促使人工神经网络发生了革命性的进步，在几年时间里便爆发了全世界范围的人工智能浪潮。

我们可以发现，某项技术或某个基础理论取得进步的速度通常并不是均匀的，而是会随着某个突破性的进展，或者某个要素被满足而忽然发生根本性的变化。我们虽然无法预测究竟在什么时候这种关键性的转变才会发生，但总体来看，随着人类科技发展的速度越来越快，在各个领域发生关键性转变的频率也会越来越高。

人类操纵微观世界的能力在不断增强。我们可以乐观地期待，为量子计算机工作的量子比特的数量有可能在未来某段时间急剧扩张，从而大幅提升量子计算机的能力。这种乐观的态度当然并非毫无缘由。我们可以看到，研究者用来操控量子比特的手段越来越多。超导技术、离子井技术，操纵处于纠缠态的光子，或者是用量子点……不同的研究领域，不同的进展和突破，都有可能被应用到量子计算中。**我个人则一直在期待，随着固态物理学的发展，拓扑绝缘体技术被应用到量子计算中。**

一旦可以同时进行工作的量子比特的数量增加几个数量级，让量子计算机成为现实，那时会发生些什么？现在恐怕还很难对这有太具体的想象。从目前的状况来看，人类对计量能力的要求越来越高，研发更快、更先进的计算机芯片已成为最尖端技术的核心目标。普通人使用智能手机的各种功能离不开计算，那些拥有大语言模型的商业公司对计算能力的要求更是不断攀升——一旦量子计算成为现实，并且出现专门用于量子计算的软件，使它的计算能力可以通用化，那么量子计算几乎可以满足目前人类对计算能力的全部需求。**到那时，具有超强能力的量子计算机未必会像个人计算机一样成为每个人生活的必需品，更可能是像人工智能或"云服务"一样，在全世界有几个主要节点，为几十亿用户提供服务。**

还有不可忽视的一点就是能量消耗问题。随着人工智能的飞速发展，被计算机消耗的电量正在飞速增加。一个大语言模型所消耗的电量就可能相当于一个小城市的耗电量。这种需求如果不断增加，人类的发电能力和电网很可能都无法承受。量子计算的核心是利用量子系统自身的性质进行计算，对能量的需求并不会太高。如果大语言模型可以应用量子计算能力，那么能量消耗问题自然也就得到了解决。

用于人工智能的大语言模型和量子计算结合在一起会发生什么？大语言模型是利用电子计算机模拟人类大脑，建造的极其复杂的人工神经网络。一旦将传统计算机改为量子计算机，这样的网络将可能模拟极其复杂的量子系统的活动。几乎无限的计算能力，配以模仿人类大脑的网络架构，究竟会产生怎样的效果，这更是超出了我的想象能力。但我相信，这样的未来绝不只限于空想，它有可能实现，更可能再一次改变每一个人的生活。

预测
NO.22

一周工作四天或将在十年内成为现实

预测人：卫哲

嘉御资本创始合伙人兼董事长，阿里巴巴集团前执行副总裁

AI

卫哲预测，当每周工作天数缩短至四天甚至更少时，工作将不再是生活的中心，人们可以将更多的时间投入消费、休闲和学习中。

我有三大预测：第一，三年内我们手机中的 App 数量将减少一半；第二，十年内人类每周的工作时间将从五天缩短到四天，甚至更少；第三，二十年内人类的平均寿命有望从七八十岁提升到一百岁。

第一个预测，三年内我们手机中的 App 数量会减少一半，这是 AI 在短期内为我们带来的显著成果。App 本质上是数字化移动互联网时代的产物，而不是智能化人工智能时代的产物。做一个前后对比：在数字化移动互联网时代，如果我明天晚上 7 点要跟得到的老罗（罗振宇）在北京吃个饭，那么今天我可能需要使用三四个 App 来预订机票、酒店、接机服务和餐厅；而在未来的智能化人工智能时代，我的 AI 助手，也就是我的生活助手，就可以一站式地完成所有这些任务。

很多 App 本质上是垂直搜索工具，是整合了很多信息的又一片信息孤岛。AI 助手要做的，就是进一步整合这些不同的工具和功能。

除此之外，它还能完成今天这些 App 无法胜任的工作。

比如网约车预约，通常要等到飞机落地后才能约，否则像飞机晚点这样的不可控因素就会影响我实际的用车时间。但如果未来 AI 助手和一些航班管理工具 AI 自动结合的话，理论上飞机一落地，我的网约车就自动约好了。又比如餐厅和酒店推荐，我应该在北京什么地方请老罗吃饭，AI 助手也可以根据我和老罗的偏好、我此次与老罗见面的目的等，帮我筛选出最适合的餐厅，并推荐周边最优的酒店，完成一体化预订。也就是说，很多功能较单一的 App 将会被 AI 助手，或者被很快就会面世的 AI 手机、AI 计算机取代。

第二个预测，十年内人类每周的工作时间将从五天缩短到四天，甚至更少，其核心推动力来自具身智能机器人[1]。其实在 2024 年夏天之前，我对具身机器人仍持不同看法。但在美国硅谷为期两个月的交流中，两个关键理由改变了我的观点。

首先，我们日常生活中的很多设施，如楼梯、椅子、桌子等，它们的高度、长度、可以承载的重量，都是为人类量身设计的。如果引入非人形机器人，人类不太可能为了适应机器人而大规模改造已有的生活环境。因此，机器人要更好地融入人类社会，最优解就是具备人类的形态，成为具身智能机器人。其次，生成式 AI 大模型的突破极大地提升了机器人的训练效率。真人行为数据和影像可以

---

1. 指具备人类形态（如人形结构）并能够通过感知、学习和交互，在复杂环境中执行任务的智能机器人。这类机器人结合了人类的物理外形与 AI 算法，旨在更自然地适应人类的生活和工作场景。

高效率地迁移到具身智能机器人上，从而显著缩短开发周期。相比之下，若是把这些数据应用到非人形机器人上，不仅训练复杂度更高，效率也明显偏低。

这两点让我确信，具身智能机器人的诞生已为期不远。而中国优秀的供应链将进一步加速具身智能机器人在生活和工作场景中的普及。一旦这些机器人成熟并能胜任大量人类工作，人类将得以摆脱高强度劳动模式，每周只工作四天甚至更少的时间就有可能成为现实。

第三个预测，也就是二十年内人类的平均寿命有望从七八十岁提升到一百岁，本质上是 AI 和医疗深度结合（AI+Health Care）的结果。

在互联网时代乃至移动互联网时代，医疗行业是少数未被彻底颠覆的领域之一。移动互联网只是在一定程度上优化了医疗行业的生产关系，例如缓解医疗资源与需求在地区间不匹配的问题，推动远程医疗和药物配送等服务的普及。然而，AI 的加入将推动医疗从生产关系的优化迈向生产力的全面飞跃。

这种飞跃体现在多个方面，包括 AI 药物发现（AI Drug Discovery），通过 AI 技术显著提升新药研发的速度，以及医疗设备与器械的智能化升级，大幅提高医疗效率和精准度。

以医疗设备智能化为例，我们的美国 AI 基金投资的公司深智透医（Subtle Medical），专注于利用 AI 技术提升医学成像的效率。它并不是直接取代医生解读 CT 或者核磁共振影像，而是通过 AI 成像技术显著缩短成像时间。例如，一次传统 CT 或核磁共振检查需要

30 分钟，通过 AI 技术可压缩至 10 分钟、8 分钟，甚至 6 分钟。这种效率提升，不仅大幅提高了医院中最昂贵的那些设备的翻台率，还显著缩短了患者的等待时间和接受辐射的时长。截至 2024 年 8 月，这家公司已获得七项美国食品药品监督管理局（FDA）的批准，成为 AI 与医疗结合很不错的范例。

这只是开始，AI 在医疗领域的潜力远不止于此。它将深入影响从疾病诊断到个性化治疗的每个环节，使医疗服务更加高效、精准、普惠。未来二十年，AI 与医疗的结合在延长人类寿命的同时，还将重新定义健康。

AI带来的好消息和坏消息

将以上三大预测结合起来看，你会发现它们都与 AI 有关。第一个预测是浅层次的纯 AI 对我们生活的改变；第二个预测中的具身智能机器人，本质上是 AI+ 机器人（AI+Robotics）；而第三个预测是 AI 与医疗的深度结合。它们无一例外都指向一个更美好的未来。

如果把地球看作一家公司，而人类是公司的用户，那么延长二十年的平均寿命，意味着"用户生命周期"的极大延长；每周工作天数缩短至四天甚至更少，意味着"用户使用习惯"发生了深刻变化——人类的生活将不再被工作占据中心位置，他们可以把更多时间分配给消费、休闲和学习。

我认为 AI 真正的价值在于，我们每天都要为了生存而努力的现状将会因它而改变。所以我们有理由看好 AI，相信 AI，看好并相信

AI 带来的革命性技术会给人类带来更美好的未来。

岔开来说一句，关于如何判断一项技术是否具有革命性，我认为可以从以下三个方面考量。一是广泛性，AI 改变的不是一两个行业，而是几乎所有行业。如今我们讨论的已不是"AI 能改变什么"，而是"AI 无法改变什么"。二是高速性，AI 推动变革的速度远超以往，无论是互联网还是移动互联网时代的变革都无法与之相比。三是深刻性，就像前面说的，互联网甚至移动互联网时代只改变了一些行业的生产关系，AI 的出现则会真正改变生产本身。

当然，在这场带来革命性技术的 AI 浪潮中，除了那些令人欣喜的好消息，也不可避免地会有我们不愿看到的坏消息。

对于 AI 本身来说，坏消息是它在快速发展的过程中会遭遇一些阻碍。第一个阻碍是它的基础设施需要重新构建，无论是传输力、存储率还是运算力，AI 所依赖的基础设施都需要大幅扩建，扩建规模可能达到百倍以上。当然，这一过程也将带来数万亿美元级别的行业机遇。第二个阻碍其实是第一个阻碍的延伸，随着基础设施重构，AI 的高能耗将成为新的焦点。这包括如何提高能源转换效率、优化散热技术，以及解决 AI 在运行中产生的巨大资源消耗问题。

结合我们自身的情况来看，坏消息是，如果我们不积极拥抱 AI，所有的技术红利和产业机遇可能都与我们无缘，甚至会成为对自身发展的威胁。历史反复证明，凡是率先拥抱技术变革的个体和企业，往往都能在新生态中占据优势。

例如，最早投身互联网的消费品牌，通过做淘品牌、做电商，成功转型为全渠道品牌。最早布局外卖的餐饮企业，成为不仅活得好，还能活得久的行业标杆。如今，以赛富时（Salesforce）[1]为代表的一些公司，依托既有客户基础快速叠加 AI 应用，不仅显著提升了业绩，还推动了公司市值的突破性增长。

面对这次 AI 浪潮，我们每个人都需要深刻反思并调整自己的能力模型。这场技术变革确实为我们提供了更便捷、高效的知识获取方式，但关键在于如何使用这些工具，这将直接决定 AI 对我们的影响和价值。

以大模型为例，提问的质量直接影响 AI 生成内容的价值。成为一个更好的提问者，能够让大模型为你带来更精准和有用的结果。同理，文生视频还是靠文，图生视频还得靠图，虽然生成视频的能力可以借助 AI 实现，但最终成果的好坏很大程度上取决于你自己的创意水平和知识结构。

这次 AI 浪潮几乎将所有人拉回了同一条起跑线，让大家有了重新竞争的机会。能否及时调整能力模型，能否快速结合自身行业应用 AI，甚至能否参与到 AI 基础设施建设的大变革中，是在这场百年不遇的技术机遇中脱颖而出的关键。

---

1. 赛富时是一家客户关系管理软件公司，成立于 1999 年，它提供基于云的解决方案，帮助企业管理销售、服务、市场营销等业务流程，并以其创新的 SaaS（软件即服务）模式而闻名。

预测
NO.23

我们正在步入镜像世界

预测人：吴晨

晨读书局创始人，《经济学人·商论》原总编辑

扩展现实

吴晨预测，智能眼镜将以全新的人机交互方式打开镜像世界的大门，融合现实与虚拟，为人们提供无缝衔接的智能服务。镜片屏幕可随时切换至虚拟世界，让我们在沉浸式体验中，以第一人称视角探索世界的无限可能。

2024年，有这样一件事值得你关注：9月25日，Meta在Connect年度开发者大会上正式发布了号称"迄今为止最先进的AR眼镜"——Orion。

关于什么是AR眼镜，将其与你更熟悉的VR对比，可能更容易理解。VR是现实版的"爱丽丝梦游仙境"，只要戴上头显设备就能进入一个虚拟世界，而AR则是在戴上智能眼镜后观察现实世界，你将看到一些虚拟的影像和文字叠加在真实景物上。

Meta这款AR眼镜采用碳化硅镜片和Micro LED显示器。测评数据显示，其视场角[1]达到了70度，能够提供更广阔的视觉范围和

---

1. 视场角是描述光学设备（如眼镜、镜头、显示器等）可视范围的重要指标，视场角越大，用户的视觉沉浸感和信息接收范围就越广。

更强的沉浸感。镜框内置 7 个摄像头，并搭载 SLAM[1]，也就是"即时定位与地图构建"技术，使其能够实时感知环境并精准定位，从而在复杂场景中实现无缝的 AR 交互，真正做到全场景 AR 应用。

尽管目前 Orion 的单个成本高达 1 万美元，尚未实现量产，但扎克伯格仍然信心满满地认为这款眼镜将在两年后进入大众市场。

马克·扎克伯格在 Connect 年度开发者大会上佩戴 AR 眼镜 Orion

智能眼镜和镜像世界

其实，无论是 AR、VR 还是 XR[2]，都早已不是什么新鲜概念。

---

1. SLAM（Simultaneous Localization and Mapping）是一项同步定位与地图构建技术，广泛应用于 AR、机器人和无人驾驶领域。它通过传感器收集环境信息，实时构建环境的三维地图，同时确定设备自身在这个环境中的位置和姿态。

2. XR（Extended Reality，扩展现实）是增强现实（AR）、虚拟现实（VR）和混合现实（MR）的统称，涵盖了所有将虚拟内容与现实环境融合的沉浸式技术，为用户提供从完全虚拟到部分增强的多层次体验。

2023 年，苹果推出的 XR 设备 Vision Pro 虽然一度引发轰动，但其市场表现却有些"雷声大、雨点小"。那么，为什么 Meta 这款仍处在内测阶段的 AR 眼镜会如此值得关注呢？

用我与凯文·凯利（Kevin Kelly）合作完成的新书中的观点，可以很好地解释这个问题。凯利认为，镜像世界（Mirror World）将是下一代互联网，而功能强大的 AR 眼镜很可能会成为镜像世界的"杀手级应用"。

让我们先简单回顾一下这一领域的发展历程。

2012 年 4 月，谷歌推出的 Google Glass（谷歌眼镜）应该算是第一代 AR 眼镜。它具备类似于智能手机的功能，比如拍照、视频通话、导航、上网，以及处理文字信息和电子邮件。用户可以通过语音命令、头部动作或触控板与设备进行交互。右眼小镜片上的微型投影仪用于显示数据，摄像头用于拍摄视频与图像，存储模块则负责保存与传输数据。

2014 年，Facebook（脸书）以 20 亿美元收购了 VR 头戴设备制造商 Oculus，随后推出了 Meta Quest 系列独立 VR 头显设备。2021 年年底，扎克伯格甚至将公司名从 Facebook 改为 Meta，以此宣示全面投入元宇宙（Metaverse）的决心。

2023 年，苹果加入 XR 赛道，推出了一款具有创新性和变革意义的 XR 头显设备——Vision Pro。

回顾过去十几年的发展，我们不难发现：谷歌眼镜其实早已预示了一种未来，只是因为太过超前，且没有得到 AI 的加持而早夭。VR 头戴设备则由于笨重的设计、不便的佩戴体验表现得不温不火，更不用说在虚拟世界其实并没有多少沉浸式的内容可供用户消费。

凯利认为，智能眼镜是我们进入镜像世界的关键，而实现这一点的核心在于一块卓越的屏幕。这块屏幕需要同时具备两项能力：既能保持透明，确保用户可以清晰地看到现实世界，又能随时切换为显示屏，投射虚拟图像，从而让用户有沉浸式的体验。换句话说，它需要同时满足 AR 和 VR 的需求，在现实与虚拟之间真正实现无缝切换。凯利将这种技术与触摸屏相比较——触摸屏的普及推动了智能手机的兴起，因为它既能显示内容，又让用户可以通过触控与内容进行互动。同样，集 AR 和 VR 功能于一体的屏幕，将让智能眼镜成为触摸屏之后的下一代伟大的创新（Next Big Thing）。

Orion 的吸引力在于，它展现了一种更接近凯利所描述的未来的可能性：它的镜片既可以在用户视野中叠加虚拟图像和文字，还可以切换为虚拟影像显示屏。此外，它内置了多种先进的传感器，并配备了 AI 语音助理，进一步增强了设备的交互体验并拓宽了设备的应用场景。

- **镜像世界是怎样的世界**

让我们回到镜像世界本身，来对它做进一步的说明。

镜像世界是凯利对未来的核心定义，简言之，它是一个由 AI 驱动的虚拟现实世界，是一个一切皆可数字化的世界。在镜像世界，每个人都可以通过智能眼镜与周围环境交互。这副眼镜不仅能捕捉使用者所处的环境，记录他们的语言和表情，还能提供 AR 和 VR

融合的沉浸式体验。

为了处理如此庞大的信息流，每一副智能眼镜都需要强大的算力和 AI 引擎支持。这些 AI 引擎不仅是技术核心，还将化身为无处不在的 AI 助理，在使用者的耳边细语建议，在他们的视线中给出提示，帮助他们打理工作和生活中的各类事务。这种强大的 AI 赋能，使镜像世界区别于此前的元宇宙设想——它能够将人类的想法迅速转化为真实、逼真的互动体验，极大地拓展了虚拟与现实融合的可能性。

以下三个维度可以帮你更好地理解镜像世界。

第一，智能眼镜带来的全新人机交互方式，让镜像世界成为一个充满探索可能的新世界。

自 2007 年苹果发布第一代 iPhone 以来，智能手机彻底改变了人机交互方式。然而，未来的主角很可能是轻便易用的智能眼镜——它们将逐步取代手机，成为最主要的人机交互工具。

如前文所说，智能眼镜的核心在于其集成的 AR 和 VR 功能：使用者可以透过镜片直接看到现实世界，同时在其视野中叠加显示 3D 增强现实内容；镜片还能切换为虚拟现实屏幕，带来完全沉浸式的虚拟体验，重现几年前人们所憧憬的元宇宙场景。

此外，眼镜中内置的 AI 助理将随时响应使用者的语音指令，通过眼神、手势等判断使用者的需求，极大地改善用户体验。

正因为这些特性，镜像世界呈现出一个令人兴奋的新可能：数字信息不再局限于手机或计算机屏幕，而是直接叠加在现实场景之上。这种技术不仅解放了使用者的双手，还规避了智能手机时代的"低头族"现象，人们在现实世界行走的同时，还能获得各种无缝衔接的智能服务。

使用者还可以随时调暗镜片屏幕进入虚拟世界。在这个虚拟世界，丰富的沉浸式体验让每个人都能以第一人称视角，自然地探索和发现世界的无限可能。

第二，镜像世界将是一个无比透明的世界。

在镜像世界，智能眼镜不仅可以捕捉用户所处环境的数据，还会记录大量个人化的信息，如用户注视的方向、时长，以及对外界刺激的细微反应。比如你眉毛微微上翘，眼镜会识别出你感到惊讶；你的眼睛多看了某个东西一眼，或者目光在哪里停留的时间稍长了一点，它也会注意到你可能对它更感兴趣一些。日积月累，智能眼镜将越来越了解你的喜好，甚至能够洞察你的下意识反应和潜意识偏好。这种对细微表情和行为的精准捕捉，还可以让用户的虚拟化身（avatar）有更加细腻逼真的表现，进一步提升虚拟世界的沉浸感与真实性。

第三，镜像世界是一个 AI 赋能的世界，需要强大计算能力的支撑。

要构建一个功能完整的镜像世界，也就是所有用户的虚拟世界能够互联共享，对计算资源的需求极其庞大。这不仅要求所有智能设备具备强大的 AI 处理能力，还需要完善的基础设施支持。

三四年前，元宇宙发展的主要瓶颈是缺乏高质量的 3D 内容。当时，虚拟空间的创造主要依赖游戏引擎，费时费力，内容丰富度也相对有限。然而，随着镜像世界数据的不断积累及 AI 技术的快速提升，无论是重建物理世界，还是将抽象的想象转化为虚拟体验，都将变得更加高效与便捷。

虽然早在 2012 年，谷歌眼镜就已初步展现了智能眼镜的雏形，但要使它真正实现广泛应用，并成为改变世界的"下一次重大创新"，还需要克服三个关键难题。

首先是硬件方面的突破，设备需要在整合 VR/AR 功能、搭载 AI 助理的同时，保持轻薄。只有满足这些条件，智能眼镜才能像智能手机一样，成为日常生活中我们须臾无法离开的工具，甚至被视为我们身体的一部分。其次是算力方面的支持，为支撑庞大的虚拟世界的运转，镜像世界需要海量计算资源。最后是内容生态方面的建设，需要海量优质 3D 内容的支撑，让用户在虚拟世界中拥有丰富的体验。

总的来说，镜像世界将是下一代互联网，一个由 AI 赋能、为所有人带来沉浸式体验的互联网。在镜像世界，人机交互的方式将从传统的键盘、鼠标和触摸屏"回归自然"——通过语言、动作，甚至眼神与机器交流。难怪苹果将这一未来称为"空间计算"（Spatial Computing），因为镜像世界把现实世界作为人机交互的主要舞台，让使用者彻底摆脱对手机和计算机屏幕的依赖。同时，虚拟世界为人类提供了无限的想象空间，沉浸式体验或将成为快消品。

▪ 镜像世界的新业态

在镜像世界会涌现出哪些有趣的新业态？

凯利认为，第一人称视角的沉浸式冒险直播将成为一个极具潜力的赛道。在镜像世界，每个人都可以记录、分享自己独特的体验。观众通过智能眼镜即可实时参与这些直播，获得身临其境般的真实感。比如，人们可以"跟随"马斯克的星舰登月、探索海底、深入亚马孙雨林，甚至攀登珠穆朗玛峰。

今天以第三人称视角观看平面媒体内容（如文字、图片和视频）的形式，在未来可能会转变为基于第一人称视角的沉浸式体验。在"下一代互联网"中，绝大多数 UGC（用户生成内容）都会是 3D 沉浸式的。

你可能会问，这种虚拟体验会不会削弱人们对真实世界的向往，甚至取代现实中的旅游？凯利认为恰恰相反。他指出，沉浸式体验越接近真实，越能激发人们探索真实世界的欲望。未来，当虚拟的体验变得越来越唾手可得时，真实的体验反而会因其稀缺性变得更加珍贵。换句话说，镜像世界的价值在于让普罗大众足不出户就能体验到现实世界的奇妙，而对真实世界的探险仍然是有钱人才能享受到的特殊服务。

沉浸式体验是人类最自然的学习与探索方式，这一点在教育领域尤为明显。所以在教育领域，我们会看到沉浸式技术作为一种新业态，大幅降低了理解抽象概念的门槛。学生可以在"细胞世界"中遨游，观察微观生命的奥秘；也可以回到史前地球，探索远古环境；甚至穿越历史，在现实世界中叠加虚拟的历史场景，以更加直观的方式理解历史事件和发展脉络。

空间思考是人类非常自然的思维方式。比如，记忆大师经常推荐的空间记忆法，就是通过将需要记忆的信息与熟悉的空间位置联系起来，达到强化记忆效果的目的。使用空间记忆法时，我们可以在脑海中想象一个熟悉的场景，比如自己的房间，并沿着一条明确的路线依次经过不同的家具。这些家具则成为存储抽象概念的"位置",帮助我们将信息视觉化。未来,随时随地可以创建 3D 虚拟场景的镜像世界,将进一步强化我们的空间思考能力。这也可能成为镜像世界里一种跟记忆和学习相关的新业态。

比如,以空间思考的方式去"阅读"一本小说,也就是让 AI 助理帮你再现小说所描绘的场景。你甚至可以化身小说中喜欢的角色,在以小说为蓝本构建的虚拟世界中体验小说的情节。当然,顺着这个脑洞进一步向前走,小说作为一个固定的形式和内容的载体很可能被颠覆,小说、剧集、电影、游戏的边界也会被打破。

在商业领域,镜像世界或将进一步推动"眼球经济"的发展。在移动互联网时代,平台通过免费服务吸引用户的注意力,再将其卖给广告商。过去二十多年间,从搜索到推荐的转变改变了我们的互联网体验,而推荐的核心是平台对我们偏好的深度理解。在未来的镜像世界,智能眼镜会变得比平台更懂我们,并被用于提供更加吸引人的定制化服务。

这里可以开两个脑洞。

第一个是虚拟产品植入。在镜像世界,商家会如何"润物细无声"地影响客户呢?最巧妙的方式是在虚拟世界创造偶遇。虚拟世界里的道具和陈设都是可以千人千面的。同样的场景,背景中可能会出现某个品牌的服装、家电、家具等,就好像偶像剧里常见的产品植入。不同的是,这种偶遇其实是 AI 基于对用户的理解而刻意推荐的,为的就是影响用户的选择。

第二个是虚拟产品植入的升级版,姑且称之为数字人营销。就好像游戏中有 NPC（非玩家角色），虚拟世界也会有更加逼真的数字人。因为沉浸式的体验，虚拟世界与真实世界越来越相似。比如在你所处的虚拟世界中，不远处有一对数字人在谈话，而他们谈话的内容恰巧能被你听见，引起你的兴趣。数字人的对话其实是刻意为之的，目的是潜移默化地影响你的决策。

然而，如果缺乏监管，这种"眼球营销"可能会变得毫无节制，这也将成为镜像世界面临的一系列难题之一。其他的难题包括：怎么保护隐私？怎么避免被单方面监控？镜像世界是否会是一个被大平台所统治的世界？在中美科技竞争的背景下，镜像世界会是一个全球统一的互联世界，还是各自发展的平行体系？……正如尤瓦尔·赫拉利（Yuval Harari）在《智人之上》中所说的，"硅幕"[1]可能会成为一大隐患。

此外，技术上也存在挑战。凯利认为，镜像世界想要真正实现，必须在屏幕上取得突破，真正实现一体轻薄的 XR 体验。即使是 Orion 眼镜，它依然只是迈向真正 XR 镜片的一款过渡性产品。但它已经足以让我们兴奋，因为它已经让我们掀开了未来的一角。

---

1. 硅幕象征着由数据、算法和人工智能构筑的数字化控制系统。就像冷战时期的"铁幕"分隔了敌对双方，"硅幕"可能会划分社会阶层，并影响权力与自由的分配。

预测
NO.24

机器人与 AI 的深度融合将是未来制造的趋势

预测人：史喆

富士康科技集团首席数字官、智能制造平台负责人

智能制造

史喆预测，未来的工厂将在建厂之初，就能够利用 AI 进行沙盘模拟，预判和优化可能面临的各种问题。通过将模拟结果与工厂的硬件能力无缝连接，虚拟数据与实体操作将形成高效互动。

作为一名深耕智能制造领域的专业人士,我希望以一个内部视角,与那些希望在实体产业中有所作为的年轻人探讨制造业正在经历的变化与挑战。

什么是制造?从过去的男耕女织,到今天的自动化生产线、智能 AI 设备,甚至无人化的关灯工厂,这些其实是制造的表现形式,但并不是它的本质。制造的本质,是在物理世界中,将各种有形材料加工或改造成全新的实体物品。这些物品一旦被生产出来,就会在人类社会中留下不可磨灭的印记。

更进一步来说,制造也不仅限于这些外在形式,它更是一种贯穿人类文明的深刻智慧。它凝聚了数千年的科学与实践,涵盖物理、化学、材料、生物等基础学科,以及生产、精益管理、工程、物流等应用领域。这些学科和领域交织在一起,赋予了制造业独特的复杂性和动态性。

然而,随着科技的迅猛发展和社会需求的变化,制造业正面临着前所未有的机遇与挑战。传统制造业的深厚积淀，正与自动化、数字化、智能化的浪潮融合，推动行业迈向全新的发展阶段。那么，制造业创新与发展的标杆会是什么样子的？我们或许可以从"灯塔工厂"找找答案。

"灯塔工厂"长什么样

2024年10月8日，世界经济论坛（WEF）公布了最新一批"灯塔工厂"名单。截至2024年年底，全球共有172座灯塔工厂，其中75座位于中国，而我所在的富士康也有了8座灯塔工厂。

富士康灯塔工厂

"灯塔工厂"是世界经济论坛于2018年与麦肯锡公司联合推出的"全球灯塔计划"中的核心概念，旨在通过评选能够深度应用第四次工业革命技术的标杆企业，探索"未来制造"的最佳实践模式。这些工厂代表了全球制造业智能化和数字化的最高水平。

要入选灯塔工厂，需要满足以下四个核心条件。

第一，工厂采用的技术和工作方式必须对自身运营有实质性提升。例如，显著提高了经营效率、优化了生产流程，或者改善了员工的工作环境和工作体验。

第二，先进技术与理念不仅要在单一项目中试验成功，还要在多个实际场景中落地应用，形成具体、可衡量的成果，并为企业带来真实的财务回报。

第三，技术应用不限于解决单一问题，而是要能够形成可复制的技术平台，从而支持其他工厂快速部署与复用，实现规模化的价值扩展。

第四，工厂的变革需超越自身，展现出更广泛的社会和行业价值。例如，在可持续发展、企业社会责任或供应链优化等方面表现突出，为整个行业树立标杆。

如果你所在的工厂成功加入这套体系，你会发现，世界经济论坛推出"全球灯塔计划"的初衷，正是希望搭建一个全球高水平制造企业的交流平台。在这里，各行各业的工厂可以互相借鉴经验，推动整个制造业实现正向循环与持续创新。

我们不能简单地把"灯塔工厂"理解为产值最高或者效率最大

灯塔工厂数据中心

的工厂，它实际上是那些将最先进技术深度融入生产流程并取得实际成效的典范。"灯塔工厂"灵活地将新兴技术与现有生产模式结合，为全球制造业的创新指引了更加明确的方向。

- **我心目中的好工厂**

在我看来，"灯塔工厂"无疑是未来制造业的风向标。但如果抛开这个概念，更具体地说，我理想中的优秀工厂应具备两项核心能力：以数据驱动决策，以模型优化运营。

比如，在电子制造工厂里，最常用的是注塑机，它们负责将加热后的塑料加工成零部件。过去，调试注塑机主要依赖经验丰富的老师傅，他们通过触摸和观察来判断产品是否存在瑕疵。而现在，通过引入机器视觉、传感器技术及精益管理，我们实现了生产过程的全面数据化。量化的参数不仅能够快速识别缺陷，还可以指导即时调整，确保生产流程持续优化并形成闭环。工厂也通过这种方式，完成了从经验驱动到数据驱动的转变。

过去许多我们理解的"智能制造"仍然是开放式的，缺乏有效的反馈机制，导致系统无法自我学习和改进。尽管机器人可以有效减少人工劳动，但其执行效率和质量不会随着时间的推移而自然提升，一旦出现问题，也无法及时调整。

我们当前的目标是实现全流程的数据采集，在智能制造的每个环节和工序站点中实现数据的正向反馈，并通过这些反馈不断优化和改进我们的模型。

要达成这一目标，最大的挑战在于如何有效地划分工序和环节。以汽车制造为例，主工序经过多年技术积累已相当成熟，而我们需要关注的是主工序之下的子工序。在这些子工序中，清晰识别典型场景、能力需求和基础模型尤为关键。在未来的智能制造中，我们可以在各个子工序中构建一系列高效的"专家"系统。这些系统将为实施者、运营者、调试人员及设备使用者提供智能辅助，提升工作效率，同时加强人机协作。我相信，这种强大的人机协作模式将在未来展现出巨大的发展潜力和发展机会。

在各道工序下提供辅助的 AI 助手

▪ AI 的"软实力"

当然，随着生成式 AI 在制造业的广泛应用，许多人认为，AI 凭借其强大的能力，应该能够接管制造业的所有环节，甚至从头到尾完成整个生产过程。然而，这种看法忽视了 AI 在实际应用中的局限性，以及制造业的复杂性。

在我看来，生成式 AI 在智能制造中的真正价值，不在于完全替代人工，而在于构建一个高效的人机交互界面。如今，许多制造业管理者并不完全清楚自己需要解决的问题是什么，也不确定如何与机器进行有效互动，或者机器如何更好地支持员工的工作。而这些交互正是工厂实现转型和提升效率的关键。

其实，智能制造并非大家想象中的"关灯工厂"——一座完全自动化、无人化、全天候运行的工厂。未来，它需要更多地依托于 AI 的沙盘模拟技术。从建厂之初遇到的任何问题，都可以通过 AI 进行模拟，然后精准预测可能的解决方案。技术团队则可以基于这些模拟结果调整策略和优化流程，从而实现更高效的工厂设计与运营。

以特斯拉为例，他们通过 AI 模拟分析，发现焊接环节是生产中最耗时且成本最高的步骤。于是，他们引入了一体化压铸技术，成功缩短了其生产时间并显著降低了成本。这种将虚拟数据与实际硬件高效连接的能力，正是 AI 在未来工厂中的核心优势，也是推动制造创新的重要方向。

过去，工厂之间"谁的机器人多，谁的生产能力就强"。而现在，竞争的重点已经转变为"谁的机器人更少、工序更简化"——这种方式能够显著提升效率、降低成本。这一转变标志着制造业进入了一个全新的范式。

以前面提到的一体化压铸技术为例，它能够以极高的效率完成整个流程，而这背后当然有许多不易察觉的支撑力量，我称之为"软实力"。而在各项软实力里，我认为最关键的就是人机交互界面。这些界面不仅影响着生产执行系统、质量管理系统、库存管理系统、ERP 系统等与人的连接方式，也深刻影响着人与人之间的协作。

可以说，系统决定了组织，而组织反过来也定义了系统。两者相辅相成，共同决定了企业的运营效益和竞争力。

▪ 机器人结合AI

除了前面提到的内容，我认为"机器人与AI的深度融合"还蕴藏着巨大的发展潜力，正在引领行业的技术演进。

尽管许多工厂的生产流程已经实现了自动化，但目前机器人和机械手臂的应用场景仍然非常单一。例如，它们通常仅承担贴标签、打螺丝、做密封等简单任务。这种局限性极大地限制了机器人的潜力与价值。

我们期待未来的机器人能够具备更强的通用能力，不再局限于单一任务，而是能够灵活切换工位和工序，完成更多复合型任务。在这一领域，中国和美国都处于研发的前沿，并沿着两条技术路线齐头并进。

第一，机械层面，聚焦于机器人如何移动、抓取，以及实现手眼协调等物理能力的提升。

第二，软件层面，致力于增强机器人的"大脑"能力，使其通过泛化学习，能够识别和处理多种对象，适应复杂多变的场景。

这两条技术路线的结合催生了具身智能机器人。它不仅代表着技术发展的自然趋势，更预示着制造业迈向智能化的新阶段。具身智能机器人将逐步取代传统的自动化生产线机器人，成为释放生产潜力、提升效率的关键动力。

尽管目前 AI 和软件层面的机会备受关注，因为它们往往更容易展示出一个吸引人的 demo 案例，也更容易获得投资，但真正让一项技术落地、产生实际价值，需要将软硬件深度结合的系统性创新。

举一个你熟悉的例子。虽然许多公司都在研发自动驾驶技术，但实现这一目标并不仅仅是要优化算法。要真正让自动驾驶落地，还需要有一个扎实的工厂，把实体的车造好，确保产能没有瓶颈，同时还要有稳定可靠的供应链作为支撑。同理，只有在软硬件协同创新中，不断打磨和完善机器人从零部件到整机的能力，才能逐步拼出一个完整的具身智能机器人。

未来的制造业，不仅需要技术的突破，更需要从产品到生产全链条的协调，这才是通往高效与智能的关键路径。

以上是我在智能制造领域的一些观察与思考，希望对你理解未来的制造、未来的工厂有一些启发和帮助。

对大多数人来说，制造业的进步或许是隐秘而无感的，但它确实如地心引力般深刻地影响着我们的生活。它最终会体现在你的衣食住行中，体现在生活的便利性与幸福感上。

正如斯蒂芬·茨威格所说："世间一切伟大的壮举总是默默完成的，世间一切智者都是深谋远虑的。"第四次工业革命带来的，不仅是效率和效能的提升，更是生产方式和生产关系的深刻重塑。我们正身处这一变革的浪潮中，期待未来能与你一同见证制造业带来的更多可能与惊喜。

预测
NO.25

我们可能是最后一代
普遍需要工作的人

预测人：闵可锐

秘塔科技 CEO

AI

闵可锐预测，许多在当下普遍存在的工作未来可能会演变为"小众工作"。从事这些工作的，将是那些能够在特定领域做出独特贡献、在创造力和决策力上仍然胜过 AI 的人。

如果把时间拨回到 2018 年，也就是我刚刚萌生在 AI 领域创业念头的时候，情景与今天截然不同：许多人觉得 AI 不过是昙花一现的技术潮流。即便有人认可它的潜力，也认为 AI 的应用仅限于少数特定领域，难以对社会产生深远影响。

然而，短短几年间，随着技术的突破性进展，这些怀疑已经被现实击碎。如今，关于 AI 的讨论已经从"它是否会带来改变"变成"它会以何种速度和规模带来改变"。

作为秘塔科技的 CEO，我专注于 AI 搜索、法律咨询翻译、辅助写作等领域，通过具体应用场景探索 AI 技术的实际价值。在这一过程中，我见证了 AI 逐步融入人类工作的各个环节，也切身体会到其对行业带来的深远影响。基于这些实践经验和观察，我想在这篇文章里与你分享三个关于未来趋势的预测。

第一，企业形态将迎来革命性变化，大量人机混合型的"小而

美"的企业会崭露头角。

这一预测来源于我的创业经历。2018年，我发现法律行业存在一个痛点：在涉外业务中，法律文件的多语言转换是一项既繁琐又耗时的工作。这类任务需要极高的专业性和准确性，但本质上它的重复性又很高。许多青年律师不得不将宝贵的时间耗费在这类低效却不得不去做的工作上，严重影响了他们对更高价值的任务的投入。

也是在同一年，机器翻译技术迎来了突破性进展。基于RNN模型和Transformer模型的翻译技术不仅显著提升了语言转换的精确度，还在上下文理解和语义连贯性方面取得了飞跃。这些进展不仅为解决法律行业的这一痛点提供了技术可能，也为AI在专业服务领域的深入应用开辟了新路径。

借由这一契机，我和我的团队开发了首款产品——"秘塔法律翻译"。自推出以来，该产品已成功服务了3000家律师事务所和跨国公司，将许多年轻律师和法务从繁重的翻译任务中解放出来，使他们能够专注于更有创造性和战略意义的工作。

"秘塔法律翻译"的成功，离不开我们对AI化任务筛选逻辑的精准把握，具体体现在以下三方面。

· 聚焦痛点任务。优先选择那些人力成本高、效率低但对创造性要求不高的工作领域，确保AI的介入能够带来显著的效率提升和成本节约。

· 锁定优质客户。目标客户是既有提升效率需求，又具备支付能力的群体，尤其是对精度和可靠性要求较高的专业服务领域。

・确保技术可实现。通过机器学习和功能建模技术，将解决方案从概念转化为实用的产品，确保其在实际应用中能够稳定落地并创造价值。

在企业中，绝大多数工作岗位的人力成本都呈现缓慢上升的趋势，而与之形成鲜明对比的是算力成本的显著下降。得益于 CPU 和 GPU 技术的快速发展，计算能力的单位价格持续下降，使得使用算力来完成任务变得越来越经济、高效。

而当人力成本曲线和算力成本曲线出现"黄金交叉"时，就预示着在某些岗位上，依赖算力运行的 AI 将成为更具成本效益的选择。我将这种现象称为"用算力换人力"。

用算力换人力这一趋势会催生全新的企业形态：未来，将有更多仅需几十个人运营的小型团队，以人机协作的方式为数百万甚至上千万用户提供高效服务。在传统模式中，创业公司的成长往往与规模扩张直接挂钩，比如大规模招聘员工或扩大办公面积。然而，在 AI 驱动下的新时代，企业的增长引擎从人力转向算力，服务的规模化不再依赖增加人手，而是通过技术赋能实现指数级增长。

这样的转变可能会引发一些人的担忧：如果企业对员工的依赖减少，我们的工作岗位将何去何从？这是一个复杂且值得深入探讨的问题，我将在第三个预测中结合其他发现来进行阐述。在此之前，让我们来看看 AI 对教育模式的影响。

第二，AI 将重构教育模式，帮助每个人找到属于自己的独特学习路径。

这个预测源于我们在秘塔业务中观察到的一个有趣的现象：尽管我们并未刻意布局教培赛道，却发现越来越多的学生开始将 AI 搜索当作他们的私人老师——他们利用 AI 解答课堂疑问、扩展课外知识，甚至寻求在传统教育中难以获得的深度指导。

传统教育之所以难以提供深度指导，主要是因为其遵循"推荐"的逻辑：老师根据经验从预设的题库中挑选出最有可能考到的题目，让所有学生重点练习。这种模式的问题在于，它默认所有学生的学习方式、知识储备和能力短板是相同的，就像试图用同一把钥匙去打开不同的锁。

而 AI 不再局限于现有的题库，它能根据每个学生的学习进度和需求，实时生成最适合的练习内容。例如，当 AI 发现某个学生在几何证明题上遇到困难时，它会进一步分析问题的根源：是空间想象力不足、逻辑推理能力欠缺，还是对基础概念的理解不到位？随后，AI 会针对性地生成一系列难度循序渐进的题目，帮助学生逐步克服障碍。

这种方式相当于为每个学生配备了一位永不疲倦的专属导师：AI 了解学生的学习曲线，清楚他们的强项和弱项，能为其精准匹配最合适的学习节奏和方法。这不仅能提高学生的学习效率，更重要的是能激发学生的学习兴趣和自信心。每个学生都能感受到自己的进步，从而找到专属于自己的学习路径。

未来的学生可能都会拥有自己的"AI 知识库"。这个知识库记录了他们的认知特点、学习偏好及知识结构。基于这些资料，AI 不仅能够生成个性化的练习题，还能动态调整知识的呈现方式、解释深度和示例内容。

过去，知识获取主要依赖单向传递，而现在，学生可以通过 AI 灵活地"超链接"各种所需知识。这一变化让"因材施教"的教育理想变得触手可及，也为学生打开了一条发现自我、理解自我的路径。

将教育与个性化发展结合起来看，这个预测的意义便愈加清晰了。它不仅关乎学生学习效率的提升，更关乎每个人在 AI 时代如何找到自己的定位，发挥自己的特长，并实现真正的自我价值。这一变革也为第三个预测——未来我们的工作形态会发生的转变——做好了铺垫。

第三，我们可能是最后一代普遍需要工作的人。

这个看似天方夜谭的预测，源于我们在开发 AI 产品时观察到的一个现象：机器的学习能力与人类有着本质的不同。人类的学习遵循遗忘曲线，如果不及时复习，人在学习一天后会遗忘约 66.3% 的所学内容。AI 则截然不同，它只需学习一次，就能永久保存所学知识，而且每次迭代都会在已有基础上实现性能提升，解决更多问题。

正是这种显著的效率差异让我相信，如果一项工作既能由人完成，也能由 AI 完成，那么从长远来看，从事这项工作的人最终必然会被 AI 取代。这并非因为 AI 更"聪明"，而是因为它们在执行效率和成本效益上具有无可比拟的优势。随着算力成本的持续下降，重复性的脑力劳动交由 AI 完成将成为不可避免的趋势。

回过头去看我的第二个预测：AI 将推动个性化教育普及，让更多人找到自己的独特学习路径，发挥自己的特长，并实现真正的自我价值。这看似与我们现在说的存在矛盾：如果机器在效率上全面胜过人类，培养人的这些能力还有意义吗？

实际上，这两个预测并不冲突，反而彼此补充。AI 承担重复性工作，能够解放人类，让我们摆脱"为了生计而被迫从事单调劳动"的状态。而个性化教育的普及，将赋予人类更强的创造力和探索能力，使我们能够集中精力从事更具价值的创新活动。

随着 AI 不断降低工具和资源的使用成本，创造性劳动将变得更加平民化和普及化。我们已经在移动互联网时代体验到了类似的变革：几乎每个人都可以通过发一条短视频、写一篇小红书博文的方式成为内容创作者。在未来的 AI 社会，这种趋势将进一步延续和深化。想象一下，有了"AI 名师"，你可能不需要花大价钱去专业机构学习，也能轻松掌握作曲技能；通过全能 AI 助手，你可能不用依赖庞大的设计团队，仅花一点月费，就能设计出独具风格的服装、鞋子，甚至是工业产品。

当然，很多人会担心：这些创造性劳动听起来很美好，但很现实的问题是，我们的基本生活保障从何而来？如果没有人愿意为我们的创造埋单，那岂不是"吃了上顿没下顿"？

这个问题直击要害。事实上，AI 的发展必然会推动社会组织形态的变革。这让我想到一个正在被讨论的概念——UBI（Universal Basic Income，全民基本收入）。这并不是一个空想的乌托邦，而是一项已经在芬兰等国家试点实施过的社会制度。

UBI 的核心思想是，国家定期、无条件地向所有公民发放足以保障基本生活的现金。它的几个关键特征值得注意。"无条件"意味着不需要审查公民的经济状况或就业状态。"普遍性"强调所有公民都可以获得，而不是针对特定群体。"个体性"指直接发放给个人而不是家庭。最后，是发放"现金"而不是代金券或补贴，保障使用的灵活性和自主性。

AI 和自动化技术带来的生产力提升，正在让"普遍工作"的概念逐渐失去必要性。这种情况并非第一次发生，回想一下：在农业社会，几乎每个人都需要参与农业生产才能养活整个社会；而到了工业革命时期，机械的出现取代了大量体力劳动，使得仅需少量人口就能生产出足够的食物，满足全社会的需要；如今，我们可能正处在另一个类似的转折点，只不过这次机器取代的是脑力劳动。

所以，从某种意义上讲，许多在当下普遍存在的工作未来可能会演变为"小众工作"。从事这些工作的，将是那些能够在特定领域做出独特贡献、在创造力和决策力上仍然胜过 AI 的人。这些人可能只占行业的前 1%。而对大多数人来说，生活的重心将逐渐从"为了生计而从事一份工作"转向"基于个人兴趣进行某种探索与创造"。

当然，这种转变不会一蹴而就。在它一点点发生的过程中，我们将面临许多新问题：如何重新定义"有价值的工作"？如何重塑社会的认同感？……这些问题会推动我们思考更包容、更合理的社会制度是什么样子的，并让我们做好准备，以迎接新时代的到来。

1
未来的我
会更好吗

2
未来的世界
会变糟吗

3
哪些机会
正在涌现

4
现在的我
该关注什么

预测
NO.26

中国东西部发展会更加均衡

预测人：黄汉城

智谷趋势合伙人、首席研究员

城市研究

黄汉城预测，全球化正常时，中国东部受益；逆全球化加剧时，中国西部受益。未来年轻人在寻找内心的"马尔代夫"时，会有更多选择。

城市之间的竞争向来非常激烈。十年时间，足以让一座特大城市跌落神坛，也足以让一座平平无奇的小城脱胎换骨。

历史的风云变幻，往往就在一瞬之间。很多人都没有注意到，在"内循环""统一大市场"的宏大叙事背后，中国经济格局已浮现一丝变化的苗头，我把它称为"西升东降"。

▪ 内陆城市的突飞猛进

在 2010 年至 2023 年这十几年间，中国哪些城市的发展速度最快？

很多人可能会想到海口、深圳或者合肥。事实上，这些城市压根儿就没有杀入前十。榜上有名的反倒是一些你打死都想不到的城市（见下表）。

2010—2023年中国GDP排名上升最快的城市

排名	城市（省份）	2010年全国GDP排名	2023年全国GDP排名	上升名次
1	滁州（安徽）	180	90	90
2	阜阳（安徽）	176	101	75
3	遵义（贵州）	132	63	69
4	宿迁（江苏）	116	68	48
5	绵阳（四川）	125	77	48
6	芜湖（安徽）	105	60	45
7	贵阳（贵州）	101	58	43
8	赣州（江西）	102	62	40
9	九江（江西）	114	78	36
10	菏泽（山东）	98	66	32

其中，宿迁借着国内的电商风口"弯道超车"；贵阳站在大数据和大基建的肩膀上一跃而起；绵阳通过将军民融合转化为实际生产力强势崛起；滁州则因积极承接长三角产业转移而成为一匹黑马……

这些城市有什么共同点吗？仔细看，它们全都是内陆城市，而且在很大程度上都是凭借内循环经济而获得大发展的。

与此形成鲜明对比的，是一些沿海城市的表现。2012年，温州、江门、日照、潍坊等城市的人均 GDP 均高于全国平均线，2023 年却均低于全国平均线。这样的城市在全国所有沿海城市（不含港澳台）中的占比约为五分之一。

这颇令人诧异。因为在人们的印象里，沿海城市更受外资青睐，更容易参与全球产业链分工，理应发展得更快才对。难道海权时代翻篇，陆权时代又归来了吗？

这种反差还不足以让我们得出"未来东部沿海地区在中国经济版图上的权重会下降"的结论。但内陆地区的突飞猛进，的确构成了时代的一个隐喻。

今天中国有一个很多人没有注意到的底层逻辑变化，就是从单中心变成了双中心。自 1978 年以来，全国上下"以经济建设为中心"，摸着石头过河，既向"前"看，也向"钱"看，在几十年内走完了西方两百年的现代化进程。随着"百年未有之大变局"的到来，国家越发强调底线思维和极限思维。因此，除了发展，安全也上升到了史无前例的高度，既要高质量发展，又要高水平安全。

在这个历史拐点，天平上的砝码倾向了"西部"。

西南：必要的备份系统

我们先来看西南。

2023 年，中国民用航空局批准了重庆新机场的建设。一旦建成，整个成渝地区将拥有 4 座最高级别的 4F 机场[1]，这一数量将超过目前的长三角和大湾区。而且，别的城市，比如厦门、大连和青岛，多采用"建新拆旧"的方式建设机场。成都、重庆倒好，直接来个双机场，一点都不含糊。

除此之外，成渝地区还迎来了"下一代高铁"。2022 年 11 月，成渝中线高铁开工建设，项目估算总投资 722 亿元，是中国首条预留提速 400 千米 / 小时条件的高速铁路。

尽管提速幅度仅为 50 千米 / 小时[2]，但技术专家们仍然认为它是质的飞跃，是中国高铁发展的里程碑。而这个"中国第一条"并没有落在最发达的京沪或广深之间，而是给了第二档的成渝。

成渝中线高铁玄天湖双线大桥

为什么国家对成渝地区如此厚爱呢？

论经济实力，成渝地区确实比不上大湾区、长三角和京津冀。

---

1. 按照国际民航组织的分类标准对机场进行的等级划分。4F 机场代表了目前民航领域最高的基础设施标准，旨在支持国际和国内的大规模航空运输需求。
2. 目前，我国复兴号动车组列车有 350 千米 / 小时、250 千米 / 小时、160 千米 / 小时三个等级。此处提到的提速幅度 50 千米 / 小时，是相较于 350 千米 / 小时这一等级而言的。

但是纵观全球，能在距离海岸线 1000 千米的地方聚集千万人口的城市可以说十分罕见。作为中国距离海洋最远的大型城市群，成渝地区有着独特的大后方优势。

这里堪称东方大国的"最强备胎"。总人口约一亿人，超过越南，排名全球第十五，可视为一个缩小版的超大单一市场。成渝地区还坐拥两座全国前十大城市，工业和科研基础较为雄厚。此外，四川是西部唯一的粮食主产省，且水电、天然气产量居全国第一，十四种矿产在全国查明资源储量中排在首位。

因此，中央不遗余力地推动成渝地区从"规模经济"向"速度经济"转型，以加速其崛起。这不仅有助于推动西部大开发，有助于有效消耗沿海地区过剩的产能，还能为中国提供相当纵深的战略回旋空间。

2023 年 12 月，中央经济工作会议提到，"优化重大生产力布局，加强国家战略腹地建设"。2024 年又有多份顶层设计文件强调，"建设国家战略腹地和关键产业备份""引导资金、技术、劳动密集型产业从东部向中西部、从中心城市向腹地有序转移"。

什么意思呢？

关键时刻供应链不掉链子，是大国经济必须具备的重要特征。虽然中国拥有完备的产业体系、强大的动员组织能力，但是核心枢纽城市一旦因突发事件停摆，依旧会对我国整体的供应链版图造成风险隐患。因此，确保重要产品和供应渠道至少有一个替代来源，以形成必要的备份系统，是保障产业安全和国家安全的必要条件。

这也意味着，谁成为"战略腹地"，谁就有可能承接过去主要布局在沿海地区的一些重要生产力，如集成电路、工业母机、仪器仪表、航天航空装备和先进材料等。因此，四川、重庆、湖南、广西、河南、河北纷纷下场争夺这个机会，希望拿到新一轮高速发展的入场券。

最先拿到入场券的是四川。2024 年获得国务院批复的《四川省国土空间规划（2021—2035 年）》明确指出，"四川省地处长江上游、西南内陆，是我国发展的战略腹地……"

在外循环模式下，成渝地区深居内陆的地理位置曾被视为一种缺陷和短板，但是放在以内循环为主的经济格局中，这一劣势反而成了优势。未来，成渝地区作为备份系统的重要性将愈发凸显出来。

西北：我国向西开放的桥头堡

再看西北。

2024 年 6 月，中国－吉尔吉斯斯坦－乌兹别克斯坦铁路项目三国政府间协定正式签字，标志着搁置二十多年的中吉乌铁路重新鸣笛。

这条铁路全长 500 多千米，建成后与外高加索走廊相连，接入土库曼斯坦、伊朗和土耳其的铁路网，成为全球第三条，也是最短的亚欧大陆桥。未来，从铁路起点喀什出发，把货物运往欧洲的距离将缩短 900 千米，时间将节省 7~8 天，而这将显著提升"中国制造"的响应能力和价格竞争力。

此外，这条铁路还能直接触达油气资源丰富的中亚、里海及部分波斯湾国家，帮助中国绕开马六甲海峡之困，是名副其实的生命线和大动脉，有利于保障我国的运输安全和能源安全。

一百年前，中东铁路让哈尔滨从小渔村一跃成为"世界的十字路口"，远东与欧洲的货物、人员和情报均可在此交换。大量的资本涌入，使得哈尔滨很快发展成为东方的小巴黎。

几年前，昆明依靠中国第四大能源进口通道——中缅油气管道的投入运营，成功建立了西南最大的石油化工基地。这座春城的工业体系因此发生了翻天覆地的变化，百年烟草业终于不再是它的支柱产业了。昆明成功走出了"半农半工"的状态，迅速迈入现代工业体系，其迈向东南亚经济首都的步伐也变得更快了。

这样的故事，每隔一段时间就会上演。

如今，最短的欧亚大陆桥即将形成，新疆迎来了新的历史机遇。那么，天山脚下是否会诞生下一个深圳呢？

新疆位于中国的最西端，似乎很偏僻遥远。但放在全球视野中看，它却是欧亚大陆的中心。因此，作为中吉乌铁路的起点，新疆天然就是连接东西方的陆上门户。

2023年年底，新疆自贸区横空出世，这是中国西北沿边地区首个自贸试验区，涵盖乌鲁木齐、喀什和霍尔果斯三大城市。而这几座城市，将是我国向西开放的桥头堡。

正如前文所述，未来通过中吉乌铁路把货物运往欧洲，时间最短、效率最高。因此，乌鲁木齐、喀什和霍尔果斯完全可以作为欧亚统一大市场的商品加工集散基地，对内承接东部沿海产业转移，向外延展跨境电商，覆盖那些"死胡同的陆锁国"。

所有的故事，无须依赖海洋就会发生。未来，乌鲁木齐、喀什乃至霍尔果斯是否会成为非常特殊的经济特区，成为国家级的支点呢？

▪ 东北：将获得中俄经济合作的通道红利

最后来看东北。

2023 年，东北不断传出好消息。辽宁 GDP 增速达到 5.3%，十年来首次跑赢全国。吉林 GDP 同比增长 6.3%，排名全国第七，创下近三十年来的最好成绩。黑龙江货物贸易进出口总值达到 2978 亿元，规模再创历史新高，其中出口总值 760 亿元，暴涨 39%。

为什么东北会突然实现如此爆发性的增长呢？除了 2023 年基数较低的原因，中俄贸易的激增也起到了一定作用。

自 2021 年俄乌冲突以来，西方国家对俄罗斯实施了多轮制裁，导致"俄欧经济体"迅速崩溃，俄罗斯重心因此开始东移。2020 年，中俄贸易总额为 1077 亿美元，在接下来的三年里，这一数字变成了 1468 亿美元、1902 亿美元和 2401 亿美元。

作为中俄的桥头堡，东北受益甚大。2023 年，黑龙江对俄进出口总值为 2103 亿元人民币，同比增长 13.5%，位列全国第二；吉林对俄进出口总值同比增长 71.5%，辽宁同比增长 58.6%，增速远高于全国平均水平。

在 2019 年之前，俄罗斯只是中国第十大贸易伙伴，而现在已跃升至第五名上下，超过了德国，甚至还有超过日本和韩国的潜力。中俄双方经济联系日益紧密，越来越交融在一起。

这是贸易方面。而在能源方面，作为天然气大国，俄罗斯过去有45%的能源产量供往欧盟，但是欧亚大陆一声炮响之后，这条大动脉就被阻断了，俄罗斯能源的出口量很快就跌了近一半。剩余的能源该怎么办呢？转而供给东方。中俄正在探讨"西伯利亚力量2号"输气管道的前景，争取在不久的将来签署合同。加上已批准通过的远东管道，以及2019年开通的"西伯利亚力量1号"，未来俄罗斯向中国输气的能力将达到980亿立方米／年。而2022年全中国的天然气消费量才3646亿立方米，这意味着从北方来的几条管道可以满足我们四分之一的天然气需求。

粮食方面，在2023年第三届"一带一路"国际合作高峰论坛上，中俄签订了两国史上最大的粮食供应合同。自2023年起，俄罗斯将于12年间向中国供应7000万吨谷物、豆类和油籽，总价约为257亿美元。7000万吨是什么概念？2022年中国从全世界进口了1.4亿吨粮食，这份合同所涉及的数量占到了我国2022年总进口量的一半。并且，双方还为此开辟了一条全新的陆路粮食走廊，沿线建立了运输枢纽和储存库，两国轨距不统一的问题也得到了解决，火车能直接进出境。

航运方面，东北多了一条家门口的出海大通道。以前吉林的粮食、煤炭和木材要想运到东南沿海，必须先通过陆路运到千里之外的辽宁港口，再走水路，运输成本很高。2023年5月，中国海关总署官网发布通告，同意增加俄罗斯的海参崴[1]为内贸货物跨境运输

---

1. 即符拉迪沃斯托克，地处亚欧大陆东北部，地理位置优越，拥有得天独厚的运输条件。

中转口岸，增加浙江舟山和嘉兴乍浦港两个港口为入境口岸。这一举措为吉林北货南运缩短了三四天的时间，一个集装箱能省下 2000 元。所谓"内贸货物跨境运输中转口岸"，就是货物从吉林出口到俄罗斯不用征收关税，重新进口到浙江也不用征收关税，相当于海参崴变成了东北构建统一大市场的一块物流飞地。

此外，俄罗斯还打开了长期被视为禁区的北极航线，拨款近 1.8 万亿卢布用于冰上领航、通信和补给等，以尽快实现全年通航。这是中国前往欧洲的最短航线，相较于经由马六甲海峡—苏伊士运河的航线，里程可以缩短三分之一左右，经济和战略价值非凡。

交通方面，中俄新建了黑龙江大桥、同江大桥等跨境连通的大动脉。黑龙江大桥是双方规划的首座跨境公路大桥，同江大桥则是中俄首座铁路大桥。

值得注意的是，无论是粮食、能源还是其他货物，中俄的很多进出口交易都是通过陆上走廊或者陆上管道实现的，这样就完全绕开了世界的咽喉——马六甲海峡。此外，其他外部货币，比如美元，也在这个交易过程中被挤掉了。十年前，中俄双方交易用人民币和卢布结算的占比不到 3%，到 2023 年年底，这一占比已突破 95%。中俄双边贸易越发趋近于跨省交易。一个提供廉价资源，一个提供廉价劳动力，两个经济体的内循环构架被打通，全世界最大的内循环工业体系雏形也呼之欲出。

2007 年，历史学家尼尔·弗格森（Niall Ferguson）和经济学家莫里茨·舒尔里克（Moritz Schularick）创造了 Chimerica 一词，用来形容中美经济交融的状态。十多年后的今天，在中美经济体之外，似乎又隐隐然诞生了另一个新的联合体——中俄经济体。

当然，俄罗斯的石油、天然气大量供给中国的工业体系，最后生产出来的制成品还是要依靠全世界，尤其是购买力发达的欧美市场来消耗。唯有货物自由流动，没有贸易摩擦，这个游戏才能持续下去。

总之，随着中俄经济合作变得越来越密切，哈尔滨、长春、沈阳、大连等拥有地缘优势的东北城市将获得最大的通道红利。在未来的战略版图上，东北似乎会扮演更重要的角色。

都说"一线城市容不下肉体"，对很多都市白领来说，一套房子只要几万元的东北小城鹤岗成了他们精神上的"耶路撒冷"，很多人恨不得马上辞职去"朝拜"。

然而，"鹤岗们"产业薄弱、人口凋零，只能收留可异地办公的数字游民。其他人即使冒险过去闯荡，最后也会因找不到饭碗而灰溜溜地离开。因此，鹤岗更多是年轻人反抗内卷的一种符号。

不过，今天的中国正在努力跨越历史的三峡，事情有了更多的可能性。

以前，深圳、上海等沿海城市被当作大国的"前门"，负责经营外循环经济。未来，成都、重庆等内陆城市会被视为大国的"后门"，专注于经营内循环经济。前者深度参与全球化进程，后者推动统一大市场形成。

伴随着新的经济格局不断深化，绵阳、喀什、哈尔滨等过去相对比较边缘的内陆城市都将焕发出更多活力。

2024年，我去了一趟"中国酒都"——由贵州遵义代管的仁怀市，发现那里高楼林立，商业繁荣，满街都是"大奔"。单单底下一个茅台镇，2023 年的 GDP 就有近 1500 亿元，超过了省内黔东南苗族侗族自治州、安顺市这两个地级行政区的 GDP。

一个县级市的成绩为什么如此突出？答案就在于内循环。在上一轮经济周期里，房地产及其上下游企业贡献了全国约四分之一的 GDP，基建项目遍地开花。所谓"烟搭桥、酒搭路"，白酒在各类场合都扮演着非常重要的润滑剂角色。

仁怀顺利搭上"债务驱动模式"的顺风车，在赤水河谷两岸孕育出了上千家酒厂，而且它们很多都是民营企业，造富效应惊人。短短十余年时间，遵义的 GDP 从全国第 132 名跃升至第 63 名，前进了整整 69 名。

全球化正常时，东部受益；逆全球化加剧时，西部受益。未来，年轻人在逃离北上广深，寻找内心的"马尔代夫"时，相信会有更多选择。

国家战略的时钟摆动一小步，对个人来说，就是一大步。

预测 NO.27

从明天起，养老争取更多靠自己

预测人：何刚

《财经》杂志主编、《哈佛商业评论》中文版主编、《巴伦周刊》中国项目联合创始人

投资

何刚预测，要想拥有更加平稳或富足的退休养老生活，恐怕需要在相信政府与政策托底的同时，认真规划自己工资之外的各种财产性收入，尤其是包括个人养老金缴纳与管理在内的长期价值投资。

我想借由 2024 年发生的两件大事，把来自未来的消息带给你。这两件事，一件是关于工资的，另一件是关于投资的。

　　关于工资的事发生在 9 月 13 日，当天新华社公布了全国人大关于实施渐进式延迟法定退休年龄的决定。我原本可以在 2031 年 5 月退休，但按照延迟退休新办法，我退休的时间将推迟到 2033 年 1 月，这意味着从 2024 年算起，我还需要全职工作 8 年零 4 个月。感谢改革开放和国家发展，我们这几代人平均寿命明显增加，延迟退休一两年，可以多拿一两年的全职工资，还可以多刷一两年的"职场存在感"，似乎没什么不好。

　　而关于投资的事发生在 9 月 24 日，当天央行、证监会和金融监管总局密集出台了一系列重要金融刺激政策，沉寂三年多的 A 股市场突然井喷。在接下来的一周内，上证指数上涨 18%，深证指数上涨 26%，创业板指数更是猛涨 37%，中国投资者在猝不及防中迎来一轮猛烈的"技术性牛市"。国庆长假期间，各大券商加班营业，忙着给蜂拥而至的新股民开立股票账户。国庆长假后第一个交易日，也就是10月8日，因为国家发改委公布了一揽子政策落实方案，A股大盘继续上涨。接下来的发展大家可能都知道了：A股、港股及美国股市的"中概股"，都经历了惊人的涨幅，不少人趁势赚到了钱。然而，从10月8日开始的港股和A股剧烈震荡，也让许多盲目入市者赔了不少钱。所谓"牛市有巨阴"，此轮暴涨暴跌再次印证了这一点。

我之所以要回顾发生在2024年9月的这两件事，是因为工资和投资与我们一生的幸福，尤其是退休养老的未来息息相关。随着我们的职业生涯和人生旅程不断延长，要想在退休后实现小康或富足养老，平稳走完这一生，就需要同时搞定工资和投资这两件事。因为在中国，养老问题在最近几十年里历经变化，到了必须和国际接轨的时候，其中的核心要义就是争取更多地靠自己，而不是靠政府来养老。

为什么会有这样的变化？首先是传承上千年的养儿防老模式已经被彻底终结。20世纪70年代开始实施的计划生育政策，尤其是颇为严厉且迟迟不退场的独生子女政策，造成了严重的人口结构失衡。因此，从"60后"开始，未来再想靠儿女养老基本不现实了。独生子女的生活压力很大，顾不上那么多几世同堂的长辈。

其次是相应的社会福利政策没有紧密衔接，导致在政府部门和国有企事业单位之外的多数人，尤其是广大农民，在很长时间里既没有退休工资，也没有其他养老保障，唯有不断找点零活干或者在田地里劳作到实在动不了，好一点的则要指望用此前的积蓄养老。这也从一个侧面解释了为什么中国的储蓄率明显偏高。

再次是 21 世纪以来，国家逐步建立起覆盖城乡居民的社会福利制度，为他们提供不同层次的养老支撑。但对上亿人口的农村老人来说，当前的社会福利制度对他们的养老支撑聊胜于无。

最后，更为严峻的是，随着中国人均寿命的不断延长和新生人口数量的持续下降，社会老龄化明显加速。延续多年的女性 55 岁、男性 60 岁法定退休年龄规定，在近年来让社保基金等养老体系逐渐入不敷出。

根据中国社会科学院世界社保研究中心 2019 年发布的《中国养老金精算报告 2019—2050》，如果没有增量资源投入，全国城镇企业职工基本养老保险基金当期结余将于 2028 年出现赤字并不断扩大，甚至可能在 2035 年耗尽。

因此，为应对退休人员增加过快、此前退休年龄偏低的结构性问题，2024 年 9 月公布的渐进式延迟退休办法成为一项必然实施的制度性改革。

▪ 延迟退休：一个好消息，一个坏消息

然而，随之而来的新问题也不容忽视：延迟退休的人在退休时能否领取更多退休金？这些钱是否足够支撑小康或富足的退休生活？在老年人行动不便，需要养老院照护时，其退休金能否覆盖相关费用？如果不能覆盖，我们这几代人中的大多数，未来还能不能有尊严地过完这更漫长的一生？

从种种迹象来看，许多人对这些问题缺乏深入思考，更没有为

此做好长期规划。而根据现有的信息、数据和测算，我认为有一个好消息，也有一个坏消息。

好消息是，随着延迟退休办法的实施，个人养老金的缴费年限会相应地延长。参考现行的个人养老金计算和发放办法，缴费每延长 1 年，养老金待遇的计发可以增加 1%；延长 5 年，基础养老金部分的计发会增加 5%。因此，对延迟退休的人来说，未来领取的基础养老金应当会略有增加。

坏消息是，相较于全职工作时的收入，中国退休人员的基础养老金明显缩水。因为一个人可以拿到的基础养老金与所在地区的平均工资计发基数相关，也与缴费指数和缴费年限有关，有一个复杂的计算公式。比如，某直辖市 2023 年全口径城镇单位就业人员月平均工资约为 10000 元，按照平均缴费指数 1.3 和缴费年限 36 年来计算，城镇单位就业人员退休后每月的基础养老金大约是 4200 元。

此外，退休人员可以拿到的养老金，还包括历年来记入基本养老保险个人账户里的养老金。如果你退休时这个账户积累了 10 万元，按 60 岁退休除以 139 个月计算，退休后每个月大约有 700 元，加上前面的 4200 元，总共是 4900 元。这笔钱够不够你在该直辖市养老，就要看你选择什么样的生活和消费水准了。温饱养老应当够了，小康养老差点意思，富足养老就别想了。

这涉及一个专业问题：退休人员的养老金替代率，也就是一个人退休时领取的养老金与退休前工资收入之间的比率应当维持在什么水平才算合理。根据国际测算，只有当养老金替代率达到 75% 左右时，退休人员才能基本维持退休前的生活水准。然而，目前全球大多数国家的养老金替代率都不足 50%，根据《中国养老金发展报告 2023》，中国的养老金替代率大约为 46%。这就意味着，仅靠养老金生活的退休人员，其生活水平相较于退休前会显著下降。所以，经济学家们说老年人消费能力弱，在大多数国家是因为退休后养老金替代率太低，老人们没有那么多钱可以用于消费，而不是因为他们真的没有消费欲望。

对于这样一种可预见的、生活水平会明显下降的退休生活，不知道你是怎么看的，反正我很不满意。因为无论是基础养老金还是个人账户养老金，其额度都主要与全职工作时的工资水平及所在地区的平均工资水平挂钩。要想拥有更高水准的退休生活，就只能在目前的退休养老金之外，也就是在自己和当地工资水平体系之外，尽早规划并落实另一件极为重要的事——投资。

说到投资，很多人的第一直觉是不靠谱，因为投资有风险。多年来，中国人相信养儿防老、存钱养老，甚至以房养老，但很少有人相信通过投资可以实现更好的养老保障。毕竟，万一投资失利，别说养老了，连棺材本都没了。如果把这样的抱怨和中国主要的投资市场，尤其是 A 股市场相结合来看，确实有一定的道理。

你看上证指数，十年前那一轮股灾后跌破 3000 点，十年后仍然在 3000 点上下徘徊。无数基金和股市投资者在过去十年几乎没有赚到钱，又怎么会期待通过投资养老呢？更麻烦的是，不少退休人员将多年积蓄投向基金或股票，却因为缺乏对价值与风险的认知，买了一些资产结构有问题或严重亏损的公司的股票或基金，导致投资连年缩水，苦不堪言。更不要说一些老年人听信传闻，前几年被 P2P 等网络金融蒙蔽，落得血本无归。

因此，近年来每当我提到投资养老这个话题，无论是老年人、中年人还是年轻人，基本上一句话就能把我怼死："什么基金、股票投资，都是投机！"在他们看来，还不如把钱存在银行拿点利息，或者买点国债，虽然这样收益不高，但至少可以保本。

• 个人养老金：全国施行，个人试验

人们对投资的恐惧和抵触心理，也影响到了从 2022 年开始在十几个省市的 36 个城市和地区试点推出的个人养老金账户制度，导致这项对大家有利的新制度试点推进得并不算顺利。截至 2024 年 6 月，尽管试点城市和地区已有超过 6000 万人开立了个人养老金账户，但真正足额缴费并进行多样化投资的人并不多。

按照目前试行的办法，每人每年在个人养老金账户中最多可以存入 12000 元。这些钱可以用于购买为个人养老金特设的存款、保险或基金产品。从国家社会保险公共服务平台发布的信息来看，个人养老金专项金融产品包括理财、储蓄、保险、基金四类。截至 2024 年 6 月，个人养老金专项产品有 762 款，其中储蓄产品 465 款、基金产品 192 款、保险产品 82 款、理财产品 23 款，选择范围较广，基本能够满足参加人不同类型的投资偏好。相比其他的存款、保险或基金产品，这些为个人养老金特设的金融产品利息收益更高，申购或赎回基金产品的费用更低，可以说是为个人养老金特设的优惠型金融产品。

2022—2024 年，我在个人养老金账户满额存入了 36000 元，其中 8000 元购买了年化收益约 2.65% 的定存产品。这是什么概念

呢？这个产品的年化收益，其实和 2024 年发行的 30 年超长期国债差不多。另外 28000 元买了 5 种养老型基金产品。在这三年里，我的个人养老金账户最高时本金和收益合计接近 38000 元，最低时合计为 33000 元左右，虽然还不够理想，但由于固定收益产品的收益率更高、基金费率更低，因而整体投资表现尚可。此外，每年缴纳的这 12000 元还可以在个税申报时提前扣除，有利于降低个税支出，对个人积累财富也有帮助。

2024 年国庆节前，A 股在政策强力推动下迎来井喷行情，我每天都关注个人养老金账户里的那 5 只养老型基金产品，眼看着它们的收益持续增加。有两只已经转亏为盈，另外两只小额浮亏，还有一只亏损略多。随着国庆节后股市行情持续走强，这 5 只基金全部实现盈利，账户总资产回升至 35000 元左右，这还没有计算定存产品的到期收益。

这个投资业绩不算很出色，但已超出许多人在三年前的预期。它为每个人的未来退休生活提供了一个重要的投资选择：随着个人养老金账户逐步全面推开，坚持每年缴存 12000 元并做好后续的投资管理，经过 10 年、20 年，甚至 30 年的积累，本金可以达到 12 万元、24 万元，甚至 36 万元。如果通过合理的稳健投资组合实现年化 5%～10% 的收益，这将是一笔颇为可观的财富。它对于你未来退休后究竟是随大流实现温饱养老，还是争取小康养老，甚至富足养老，或许会产生巨大的时间复利影响。

我们有必要重新审视投资对个人退休养老的长期价值。在今天，我相信从政府到市场，会有更多的决策者和普通人重新思考投资的意义。

▪ 国际对比：德日美养老，三支柱差异

对于老龄化日益严重的中国来说，在工资体系之外找到可持续的投资路径，无疑是利国利民的重要举措。这不是我们想当然的举措，而是可以从全球前几大经济体的经验中得到印证的。从德国、日本到美国，它们各不相同的退休养老制度都证明了想要富足养老，投资是可行且必然的，也为中国未来的退休养老体系建设提供了重要启示。

先来看德国。2022 年，德国退休人员的月均养老金为 1500 欧元左右，对比德国人高达 4000 欧元的平均月薪，养老金替代率还不到 40%，即使加上一些其他的补贴，德国官方公布的养老金替代率也只在 44% 左右。所以，很多德国人对退休后的生活水准相较于退休前明显下降感到很不满意。这还是平均水平，实际上，德国有上百万退休人员每月拿到的退休金不到 1200 欧元，相较于退休前的工资降幅接近三分之二，而这导致他们的退休生活过得很不宽裕。

实际上，德国是现代社会保障制度的发源地，经过上百年的演变，目前德国的养老体系三支柱分别是法定养老保险、企业养老保险和私人养老保险，它们所支付的养老金比重分别为 70%、20% 和 10%。由于企业养老保险和私人养老保险处于从属补充的地位，因而整个体系内部其实不够均衡。正是因为意识到这一问题，德国于 2024 年启动了一系列改革，旨在加大企业养老保险和私人养老保险的缴费与投资管理力度，计划到 2035 年将养老金替代率提高至 49% 左右，让德国的退休人员可以更好地养老。

与德国相比，日本退休人员的平均生活水平降幅较小，因为日本的养老金替代率长期维持在 65% 左右，即使在过去 30 年经济增长乏力的情况下，日本的社会福利仍保持稳定，尤其是退休人员的养老金支付比较有保障，这使得日本老年人的消费能力较强，"银发经济"也持续繁荣。

支撑这一成果的是日本比较成熟的三支柱养老金体系，其资金来源、投资管理和支付保障均可圈可点：第一支柱是公共养老金制度，包括国民年金和厚生年金；第二支柱是企业补充养老金制度，包括给付确定型年金、缴费确定型年金、中小企业共济制度和一次性退休金制度；第三支柱是个人储蓄养老金，包括个人缴费确定型养老金计划和个人储蓄账户计划。其中第一支柱是大头，约占 60%，第二和第三支柱分别占 30% 和 10% 左右。日本养老金体系的总体结构与德国类似，但日本更加强调企业补充养老金和个人储蓄养老金的共同分担作用，尤其是日本企业基于终身雇用文化的长期员工福利计划，虽然增加了企业的人力成本，但却稳定了团队，并推动了管理效率和成本的集约化创新，因而被视为日本上班族退休养老的重要保障。

从数据对比来看，退休人员平均生活水平下降最少的主要经济体，反而是整体社会福利水平不算高的美国。美国的养老金替代率一度高达 81%，在经合组织[1]国家里遥遥领先；即便在 2022 年下降

---

1. 全称为经济合作与发展组织，是由 38 个市场经济国家组成的政府间国际经济组织，成员国包括美国、英国、法国、德国、意大利、加拿大等，总部设在法国巴黎。

了 8.1%，其养老金替代率仍有 73% 左右，显示出其在退休养老制度和相关安排上的明显优势。

作为一个非典型的福利国家，美国的养老金并不是靠联邦政府或州政府托底，而是基于一套更加完善的四部分养老金体系，通过有计划的投资管理来实现养老金的财富增值。公开数据显示，美国的四部分养老金体系分别是社会安全福利、联邦政府雇员和地方政府雇员养老金计划、企业退休金计划[1]和个人退休金计划。由于第二部分仅针对联邦政府和地方政府雇员，因此也被计入了政府第一支柱养老金体系，后两者则分别是第二支柱企业养老金体系和第三支柱个人养老金体系。

从美国养老金的支付结构来看，它的第一、第二和第三支柱规模占比分别约为 7%、58% 和 35%。也就是说，在美国多数人养老主要靠企业和个人，而不是靠政府。

之所以能靠企业和个人养老，核心有两点：一是确保在职人员的养老金正常缴纳，二是有计划、成体系地对企业和个人养老金进行长期的价值投资安排。甚至可以说，正是这些有效的投资安排，使得美国职业群体在工资收入之外，通过投资增值实现了从温饱养老向小康养老和富足养老的两级跳。由于养老金相对丰厚，因此很多美国老年人并不卑微，他们有更强的独立生活实力，有较高的消费水平，到了实在生活无法自理的地步，多数老年人可以住进对应的养老机构，从而有尊严地过完一生。这不是一个福利国家的

---

1. 因为来源于美国《国内税收法》中的第 401（k）条，所以它也被称为"401（k）退休计划"。

成功，而是面向市场、兼顾工资与投资的均衡退休养老制度与财富管理体系的有效性和持续性的体现。当然，平均数如此，并不代表美国的退休人员都生活得富足，但统计数据确实显示，依靠企业和个人养老金的投资收益，美国在解决退休养老问题上取得了显著成效。

不仅是美国，北欧福利国家要维持较高水准的国民退休养老计划，同样需要对其政府养老金进行妥善的投资管理。以2023年和2024年为例，全球资产管理规模最大的几家养老金机构，均通过比较有效的投资组合，实现了可观的投资收益。

例如，资产规模约为10万亿元人民币的挪威政府全球养老基金（GPFG），2023年的投资收益率高达16%，2024年上半年投资收益率则达到了8.6%。该机构的投资组合里，71%投资于股票，27%投资于债券等固定收益资产，剩下的投资于房地产和可再生能源等。也就是说，挪威政府全球养老基金有大约7万亿元人民币的资金用于全球股票投资，其中包括大量中国的优质公司，如腾讯、阿里巴巴、美团、茅台、工商银行、建设银行、比亚迪等。这些业绩出色的中国公司，正在给包括挪威政府全球养老基金在内的海外退休养老金机构贡献可观的投资收益。

北欧国家对投资的重视及其为了增加养老基金规模而进行的系统性努力，显然值得借鉴。现在，日本政府养老投资基金（GPIF）、韩国国民年金公团（NPS）、加拿大养老金计划（CPP）、美国联邦养老基金（OASDI）等海外养老基金也在通过全球投资管理，为退休人员提供稳定而可观的回报。2024年上半年，这些海外养老基金的投资收益率多数在 10% 上下，跑赢了很多国家的大盘指数，也超过了不少专业投资机构的收益率。

中国养老：工资存量，投资增量

中国的养老金制度还在改革完善中，其基础与德国、日本、美国等发达国家相比尚有差距。但面对日益严峻的退休养老挑战，尤其是世界第一的老龄化人口规模，吸收全球最有价值的经验与模式是中国退休养老制度变革的必然选择。特别是在政府第一支柱之外，怎么更好地发挥企业第二支柱和个人第三支柱的自主性，充分利用投资市场的财富增值效应，将直接影响未来我国养老金的覆盖范围与支付能力的可靠性。

好消息是，中国正在逐步推进基于长期价值投资的养老基金管理思路、政策框架和社会认知。2024 年 9 月 24 日，中国证监会主席吴清在新闻发布会上介绍说，截至当年 8 月底，权益类公募基金、保险资金、各类养老金等专业机构投资者合计持有 A 股流通市值约 15 万亿元，较 2019 年年初增长了 1 倍以上，占 A 股流通市值的比重从 17% 提高到了 22.2%。其中，全国社保基金表现尤为突出，自成立以来，它在境内股票市场的年化收益率超过 10%，成为 A 股市场长期投资和价值投资的典范。

根据公开统计数据，截至 2024 年上半年，全国社保基金仍然收大于支，总体结余规模为 8.8 万亿元，其中近 2 万亿元用于证券投资。截至 2024 年 8 月 29 日，社保基金已经成为 580 家 A 股上市公司的前十大流通股东，覆盖了从银行到能源、从基础化工到医药生物等多个重要行业，其中多数为业绩稳定、持续分红的优质企业。值得注意的是，这张企业名单与投资A股的海外养老基金的持股名单高度重合，表明社保、养老这类基金的全球投资标准是一致的。

更好的消息是，2024年9月26日中共中央政治局会议明确提出："要大力引导中长期资金入市，打通社保、保险、理财等资金入市堵点。"这个罕见的最高决策表态，说得通俗一些就是中国将积极发展资本市场的投资功能，让更多机构投资者可以进行长期价值投资。而包括社保基金在内，这些机构投资者可以动用的资金规模可达数十万亿元，其重点投资对象必然是A股中业绩出色的公司。所谓"长期价值投资在中国股市的充分体现"，我相信假以时日，大家会越来越有深切感受，因为其中就包含了我们养老金的巨额投资如何保值增值的问题。

说到这里，我相信会有更多人恍然大悟：怪不得在2024年国庆节前要火力全开地发展资本市场，鼓励中长期资金入市。在经历了30多年的以融资功能为主的快速发展之后，中国资本市场，尤其是中国股市正在进入结构性改革的新阶段——兼顾融资与投资功能，让更多机构和个人投资者从中获得财产性收入。这既是资本市场恢复完整功能的体现，也是为社保等长期资金提供可持续投资选择的必然要求，当然还是我们每个人都有可能拥抱的，通过投资获得工资之外的财产性收入的新机遇。从这个角度分析，延迟退休政策渐进实施与中国股市的重新活跃表面上看没有必然关联，实际上却是草蛇灰线般的改革呼应。

面对延迟退休带来的历史性变革，以及中国老龄化社会的结构性挑战，我们需要密切关注中国退休养老制度的完善与创新，切实把握未来与我们每个人紧密相关的一个大趋势：要想拥有更加平稳或富足的退休养老生活，恐怕需要在相信政府与政策托底的同时，认真规划自己工资之外的各种财产性收入，尤其是包括个人养老金缴纳与管理在内的长期价值投资。毕竟，工资只是存量，投资才有增量。因此，除了关注并争取工资增长，从明天起也要关注并争取投资收益，也就是靠自己来争取退休后平稳，甚至富足地养老。

预 测
NO.28

硬科技与大变革：
未来的两大关键词

预测人：马江博

政经趋势研究专家，"马江博说趋势"主理人，
得到课程《政经参考》主理人

(科技战略)

马江博预测，未来五年，甚至十年的主旋律都将是硬科技与大变革，它们将重新定义国家的发展主航道，影响无数企业和个人。

在这篇文章里，我想与你分享我在政经领域观察到的新趋势和我的新判断。从 2024 年发生的两件事说起。

2024 年上半年，我国工信部成立了一个"特殊"的机构——未来产业处。名字里既有"未来"，又有"产业"，看起来很神秘、稀奇。这个机构的主要职责是发展具有革命性、颠覆性的技术，并推动将这些技术孵化成实体产业。

2024 年 10 月，我国国家主席习近平来到安徽省合肥市的科技中心滨湖科学城，察看了园区企业研发的先进技术产品，然后说了一段极其重要的话："推进中国式现代化，科技要打头阵。科技创新是必由之路。党中央非常重视和爱惜科技人才。'人生能有几回搏'，大家要放开手脚，继续努力，为实现科技自立自强贡献聪明才智。"随后，"人生能有几回搏"迅速成为市场上的热门金句。

你注意到没有，这两件事所体现的关键词，本质上都是"科技"。

以科技创新为引擎

我想说的不是科技有多厉害，而是为什么关于科技的讨论会出现在这个时间点，为什么这些事情都与科技有关。

事实上，早在 2024 年 7 月举行的党的二十届三中全会上，"科技"就已经成为一个核心词汇。我仔细看了下，三中全会审议通过的《中共中央关于进一步全面深化改革、推进中国式现代化的决定》（以下简称《决定》）中，超过 30% 的篇幅都围绕科技展开，超过 70% 的改革都与科技相关。

《决定》开篇就非常鲜明地指出，"……面对新一轮科技革命和产业变革……"如此高层级的文件强调，我们正处在第四次科技革命和产业革命的关键时期，正处在未来科技大爆发的前夜，必须抓住机遇，不能坐等错失。科技创新被定义为经济发展的核心推手，我们要通过革命性的技术突破"催生新产业、新模式、新动能，发展以高技术、高效能、高质量为特征的生产力"。

面对百年变局，中国最终选定了未来的关键词，这个关键词就是前文反复提到的"科技"。**对中国而言，2024 年，甚至未来五年、十年的主旋律都将是硬科技与大变革，它们将重新定义国家的发展主航道，影响无数企业和个人。**

这背后关乎国家的两大根本利益——安全和发展。

对内，数十年高速发展积累的问题一一显现，比如土地财政依赖性问题、地方债问题、产业低端化问题、消费不足问题等，改革进入"深水区"，旧的发展模式必须改变，因为旧有的锅装不下 14 亿人的饭。

对外，大国博弈和地缘政治愈发白热化，没有科技自主权就没法突破限制。而新一轮科技革命和产业革命即将到来，各大国在最关键的革命性技术领域都还没有实质性或者说压倒性的突破，都有机会奋力一搏。

而科技，就是同时解决对内和对外问题，且兼顾安全与发展的关键——

对内，中国要有更大的新发展，就必须通过科技创新来提高全要素生产率，给整个社会带来新的"增量蛋糕"。而对外，要在大国博弈中取得胜利，也必须依靠科技创新来实现自立自强，跟上第四次科技革命的历史潮流。

这已经不是科技"好不好用""有没有用"的问题了，而是一个绑定国家前途命运、关系民族兴衰、关乎大国浮沉的问题。为此，我国提出了以科技为引擎的"新质生产力"的解决方案。

这个时候，另一个关键就来了——科技的发展并不是孤立的，要发展科技，就要机制创新，要培养人才，要资本投入，要科技体制改革，要教育支持，要科技交流，要产业配套，等等。它是一个系统性综合的结果。

配套系统

回顾过去几年的情况，我们就会看到，我国高层发起了一系列的系统性改革。

第一，是制度体制方面的改革。

科技部在五年内经历了两次重组，其总体思路是提升科技创新的重要性，使科技部门变成在战略纵深推进科技创新的角色。

组建中央科技委和地方科技委，在中央将科技事务提升到更高层级，在地方上则罕见地让各省的两个一把手（省委书记和省长）共同担任本省科技委的"双主任"，市级同样如此。这意味着地方上任何有关科技的问题都能直通"一把手"，任何困难都将由地方领导人出面解决，科技发展成为地方"一把手"工程。

另外，中央深改委审议通过《科技体制改革三年攻坚方案（2021—2023）》，争取通过全面的改革，捋顺从中央到基层、从政府到市场、从企业到人员的科技体制，从制度上推动科技创新。

第二，是教育科研方面的改革。

推动高考改革、高校改革和高等学校专业改革，人才培养逐渐向理工科倾斜。

同时，推进科研改革，优化科研项目管理，推动产学研一体化，设立全国科研成果转化落地平台，改革院士制度，改善青年科技人才环境，建立创新研究评价体系。

加大科研投入，大幅增加对重点大学和科研单位的资金支持，增加科研机构和人员，设立科学基金。

第三，是金融配套方面的改革。

全力发展一级创投市场和 PE（Private Equity，私募股权）/VC（Venture Capital，风险投资），设立国家集成电路产业投资基金，引导各地政府设立产业投资基金。

改革北交所[1]，发布新"国九条"，即《国务院关于加强监管防范风险推动资本市场高质量发展的若干意见》，为科技企业IPO（Initial Public Offering，首次公开募股）亮绿灯，通过资本市场促进科技树的生长。

设立科技再贷款和科技积分制，推行银行试错、容错机制，从央行到地方银行全力支持科创企业的融资。

发行超长期特别国债，专门投向重大战略和重大保障领域。

你看，投资、股权、债权、财政全部向科技创新倾斜，保障科技创新能得到充足的资金支持。毕竟，发展科技是很"烧钱"的。

第四，是区域产业方面的改革。

有限的科技资源不再"撒胡椒面"，而是优先给到重点区域，让经济大省挑起科技大梁。

大力推动供应链国产化进程，电信、电子、汽车等高端制造和科技产业努力实现国产化目标，以创造对国内科技成果的终端需求。

将大批国家实验室、国家实验中心落户东部地区，引导相关产业及其上下游企业聚集，形成规模化的产业集群，发挥协同效应。

除了上述提到的措施，相关的举措还有很多，这里就不一一列举了。总之，与以往的经济改革不同，这一轮改革聚焦于科技，科技不仅是改革的目标，更是推动改革的新动能。

教育、金融、人才、产业的结合不一定能直接造就科技强国，但缺少这些要素，肯定无法实现科技强国的目标。科技强国的背

---

1. 即北京证券交易所。

后，必然是教育强国、金融强国、人才强国和产业强国，是一整个配套系统。因此，现在和未来的很多改革也将围绕这些要素展开。

▪ 投身、投入、投资

我认为这是一个巨大的信号，也是我们在未来很长一段时间内理解众多政策出发点的关键所在。

2024年10月，《中华人民共和国民营经济促进法（草案征求意见稿）》向社会公开征求意见，其中大篇幅提到，要为民营企业参与国家重大项目和科技创新创造机会。

这里你需要关注一个新概念，"新型举国体制"。简单来说，过去的"举国体制"说的是国家集中所有力量和资源去干好一件事，比如20世纪50年代到70年代的"两弹一星"，集中力量和资源来研发原子弹、氢弹和人造卫星。而"新型举国体制"的意思是，把集中力量办大事的制度优势、超大规模的市场优势，与市场在资源配置中的决定性作用结合起来，强化国家战略科技力量。

此前，搞活民营经济主要强调促进经济发展和增加就业，而此次草案新增了一个重要目标，那就是把民营经济拉到国家的科技战车上。支持民营企业参与国家科技攻关项目，鼓励有能力的民营企业牵头承担重大技术攻关任务，向民营企业开放国家重大科研基础设施等，都是"新型举国体制"的具体体现。

国家命运和个人前途从来都是深度绑定的。很多时候，国运即我运。

中国将科技创新视为关键战略，这必然意味着，身在中国的我们将随之进入一个新的历史财富周期。

我认为，过去二十多年间，中国的社会体系下有过三波造富浪潮。

第一波是外贸。2001年中国加入世界贸易组织后，外资大量涌入，外贸出口迅速增长，外贸成了此后十年最挣钱的行业。而它的本质是全球一体化浪潮下，全球产业链重组所带来的结构性成本机遇。

第二波是房地产。2008年美国次贷危机发生后，中国开始注重内需，推动房地产和大基建，全国各地的高楼大厦和基础设施拔地而起。"搞房地产""搞基建"，甚至是"炒房"，成为新的造富代名词。这一趋势一直延续到2021年前后。它的本质是中国城镇化和工业化进程下，土地财政带来的债务繁荣。

第三波是移动互联网。国内创业者将硅谷创业模式复制到中国，依托智能手机和移动互联网的大势将互联网产业推向高潮。而它的本质是在移动化浪潮下，模式的创新和复制，也是中国人口红利的体现。

当然，并不是其他领域不能造富，而是能够普遍、批量化造富的领域，只有这三个。然而，它们必须具备的关键条件，眼下正在式微——

随着西方国家普遍转向贸易保护主义，高关税日益蔓延，外贸面临着很大的不确定性；

房地产行业爆雷的影响持续存在，房地产造富已然远遁；

互联网则面临流量见顶、不断内卷的现实，增长空间受到限制。

未来，只有新质生产力领域，尤其是核心的科技领域，才有可能批量制造新一代企业家和富裕人群。当前的国家利益决定了我们必须发展科技，必须对科技领域大力投入。而它的本质是，在二次工业化的进程中，传统产业向新型产业的转型必须依靠科技的催化。

既然科技会是未来五年，甚至是十年的时代红利，那么我给你的建议只有六个字——投身、投入、投资。投身于理工科，投入于科技企业，投资于科技产业。虽然每个人的情况各不相同，但让自己向科技浓度高的领域靠拢总不会错。

预测 NO.29

留在城市的摩天工厂会帮助你留住优质人才

预测人：李忠

华高莱斯国际地产顾问（北京）有限公司
董事长兼总经理

(城市经济)

李忠预测，"工业上楼"这种新型建筑形态把工业留在了城区，让城市留住了繁华。这种繁华所带来的优质生活力能吸引优秀劳动力，并终将提升优质生产力。

在经济下行期，发展新质生产力显得尤为重要。而作为发展新质生产力的重要举措，在许多城市，特别是在经济发达的城市，如雨后春笋般地冒出一类叫作摩天工厂（又称工业上楼）的新型建筑形态。2015 年，深圳宝安区的全至科技创新园率先以这一形态亮相。不久后，北京经济技术开发区的天空之境·产业广场也拔地而起。到 2025 年，无锡、苏州等地将陆续落成更多这种类型的项目。

北京天空之境·产业广场于 2022 年封顶

关于这种摩天工厂的建筑式样和产业内容，通俗地说，**就是把传统上横向摆开的工业厂房竖向地摆起来。这样一方面可以大幅节省土地，另一方面也带来了一个重要优势：你的上下游企业就在你的上下楼，产业链就在园里，大大降低了物流成本和交易成本**。正因如此，无须国家号召，各个经济发达地区的城市便纷纷开始相互借鉴、推广这种模式。

在此，我们不对摩天工厂这种建筑形态做具体讨论，尽管我本人是建筑学出身。我更想和你探讨的是，为什么这种建筑形式会在今天的中国，尤其是在那些经济最发达的城市涌现。

让我们通过三个问题来进一步分析：摩天工厂出现在什么时间、什么地点，以及能容纳怎样的人群。

▪ 摩天工厂出现在什么时间

摩天工厂出现的时间，或者说时机，与一个叫作"工业用地红线"的规划名词高度相关。如果你也是搞城市经济工作的，看到这里可能会颇不以为然——严守工业用地红线，实施"退二进三"，这些早已不是新名词了！可是，在今天这个时间节点上，对全国各大经济发达的城市而言，"严守工业用地红线"的内涵跟二三十年前是正好相反的。

以前的"退二进三"，是要缩减城市里的工业生产规模和工业用地指标，并大力发展第三产业。而现在，像上海、深圳这样的大城市开始致力于保住工业用地的下限，而非上限。换句话说，它们

在努力保障城市里的工业用地规模及工业在经济规模中所占的比重，甚至还要打造"工业强市"。

从控工业用地的上限到保工业用地的下限，这二三十年间到底发生了什么呢？

首先是工业的形态变了。过去我们提到工业，脑海中浮现的往往是大机床、大锅炉、冒着浓烟的大烟囱。而现在呢？我们马上会想到 3D 打印、灯塔工厂和工业机器人。正所谓时移势易，变法宜矣。

在我上大学时，"功能分区"几乎是不言自明的规划原则，其思想源自讨论于 20 世纪 30 年代，成文于 20 世纪 40 年代的《雅典宪章》。这份由国际建筑协会制定的关于城市规划的纲领性文件，强调了"城市工作区与居住区的适度分离"。对过去以大烟囱为标志的大工业来说，这样的规划原则无疑是正确的，更何况其表述里还有常常被我们忽略的"适度"二字。

但在今天，如果有一家 3D 打印膝关节的精密工厂开在你家楼上，它的存在感可能还没有你家隔壁吵架的两口子来得强。如此一来，即便工厂和你挨得很近，你依然会觉得它和你"适度分离"。

一言以蔽之，在工业生产由过去的高污染、高排放、低效益逐步进化为今天的低污染、低排放、高效益的时代背景下，让工业留在城市里是完全没有问题的。只是，"可行性"并不等于"必然性"，"工业可以留在城市"和"城市想要留住工业"是两码事——前者是一个实然问题，而后者是一个应然问题，是一种意愿。

那么，城市有没有意愿留住工业呢？不但有，而且很有，非常有！

在向罗振宇兄交完这篇文章的第二天一早，我就要飞到一个叫阆中的城市给当地市委的理论中心组讲课。这个城市提出的发展目标之一，也是要做工业强市。相信很多所谓的专家听到这样的提法，会马上发问："像阆中这样的历史名城[1]，只要发展旅游业就好了，为什么还要发展工业呢？"

这类论调预设了一个基本前提，即发展工业和发展旅游业只能二选一。但你看过我前面的论述就知道了，这绝对不是一个科学的结论。阆中是有古城，但又不是只有古城，谁也不会笨到在古城里或者古城边上盖工厂吧？这就好像洛阳和成都，哪一个不是著名的旅游城市，可哪一个又不是工业重镇呢？

对于已经有一定旅游知名度的城市来说，继续发展工业的动力无非两个字：经济！如果说得更明晰一点，工业的税收贡献能力通常远高于包括旅游业在内的服务业。对绝大多数中小城市来说，第二产业往往比第三产业更赚钱。

即便我们把目光投向大城市或特大城市，它们要是想更好地发展第三产业，或者说想发展更好的第三产业，也必须保证有相当规模和质量的第二产业。因为所谓的第三产业，无非就是生产性服务业和生活性服务业，二者中更赚钱的肯定是前者。如果把"生产"都退光了，那你还去服务谁？你又怎么可能学会如何为人家服务？

我称之为"皮之不存，毛将焉附"。要知道，第二产业中的生

---

1. 阆中拥有 2300 多年的历史。保存完好的古城格局、丰富的三国遗迹、悠久的科举传统及独特的风水布局，使其成为中国传统文化的重要代表。

产与消费，人与人是可以不见面的；而第三产业中的生产与消费，大多需要人和人的互动。

因此，在这个时间节点上，大多数中国城市既有可能，也有必要把工业留在城区。而在这样的时代背景下，工业用地红线才得以确立，摩天工厂才会拔地而起。

▪ 摩天工厂出现在什么地点，能容纳怎样的人群

下面我们来讨论地点问题：究竟是把工厂建得更远一点，还是更高一点？

这其实是一个方程式关系。在同等综合费用的前提下，一名企业主面临两种选择："在城区，少买点土地，盖更高的楼，让工业上楼"vs"在郊区，多买点土地，盖更低的楼，正如我们以往看到的那样"。

我们很容易想见，前者的操作难度要比后者高得多，因为有许多大荷载的工业生产是不太可能上楼的。所以截止到 2024 年，摩天工厂在工厂中也还是少数。

只是，既然所有人都知道前者的操作难度更大，为什么还是有越来越多的企业主倾向于在城区建摩天工厂呢？

这从表面上看是一个关于地点的问题，实际上却是一个跟人群相关的问题。也就是说，这篇文章一开始提出的"摩天工厂出现在什么地点"与"能容纳怎样的人群"是相辅相成的。答案很简单：新质生产力的工业如果将工厂盖得更远而不是更高，就极有可能面

临"楼盖好了，机器装全了，但招不到人了"的风险——企业想争取的那些高质量人才，不跟你玩儿了！

忘掉电视剧《外来妹》描绘的那个时代吧。我这个20世纪60年代末出生的大叔在这么多年里和一代又一代、越来越年轻的同事相处，终于发现了他们和我们"60后"有三点本质的不同：

· 我们是到有工作的地方讨生活，而他们是到生活好的地方找工作；
· 他们要奋斗，但不要艰苦奋斗；
· 爱好是他们的刚需，事业只是补充。

可以说，正是因为有这三点不同，才会有今天的那些摩天工厂。

岔开来说一句，这里所说的"他们"是指Z世代（Generation Z），也就是在1997年到2012年出生的人。很多老板觉得，经济好的时候Z世代不好管，正所谓"'00后'整顿职场"。可现如今经济明显下行，许多年轻人也确实开始消费降级，于是老板们转而认为，年轻人终于可以踏实下来，变回《外来妹》里的那个赵小云[1]了。

结果事实完全不是这样的——年轻一代降级的是衣食住行这些刚性物质消费，爱好类的精神消费反而在升级。这一点，看看现在

---

1. 《外来妹》的主人公，从一个普通打工妹成为一个乡镇企业的负责人。

的"汉服热"和《黑神话·悟空》的火热就知道了。

很多我的同龄人可能不知道，也不愿意承认：一个人到底是富人还是穷人，往往不是由他们现在所拥有的财富决定的，而是由他们成长的环境塑造的。像我这样穷人家长大的孩子，即便现在有了点钱，生活上还是一个"有了钱的穷人"。而我们的下一代，他们生活在一个相对富足的环境中，就算遇到消费降级，也还是一个"缺了钱的富人"。

这些"富人"身上体现出来的消费观很特别：宁可饭吃得差一点，也要喝一杯优质的咖啡；宁可少买一件衣服，也要多打一局游戏；为了买一辆价值 10 万元的自行车，可以一整年节衣缩食，还开心得不行……

如果我的同龄人问我，他们到底图什么，我只能这么告诉对方：因为人家比咱们有追求。

一代人有一代人的追求，就其代际追求的变化而言，也是符合马斯洛需求层次理论的。

说回我们的主题。**对不同代际的人而言，城市始终充满着吸引力，只是吸引力的类型有一些差异——对于我这代人而言，是生产或者叫生存；对他们而言，则是生活。对我这代人而言，是乐业带动安居；对他们而言，则是安居带动乐业。**

著名社会学家乔尔·科特金（Joel Kotkin）在《新地理》里把这个问题讨论得很透彻。从这本书的副标题"数字经济如何重塑美国地貌"可以看出，科特金是想对比在工业文明和科技文明这两个不同的时期，美国在地理意义上的变化。比如，有钱的城市还是不是同一类？

答案很明确：不再是同一类了。在工业文明时期，美国最富的城市集中在东北五大湖区，如匹兹堡、底特律等；现在我们知道，美国最富裕的州，第一是加利福尼亚州，第二是得克萨斯州，第三是纽约州，第四名居然是原来并不怎么发达的佛罗里达州。

发现它们的相同之处了吗？除了"老钱"纽约州，其他三个州都是南方州，阳光灿烂，相对来说更加宜居。所以这几十年来，大批美国北方寒冷地区的人口流向了"阳光城市带"。其实在中国也有类似的情况——工业基础扎实、名校众多的东三省，发展为什么始终受限？还是因为"太冷了"。

说到底，发展新质生产力就是要发展知识经济，而知识经济的本质就是知识分子经济。相较于产业工人，尤其是低端产业工人，知识分子，特别是高级知识分子，最大的优势在于其生产资料并不依赖于被老板控制的机器，而是掌握在自己"便携"的大脑中。

因此，在工业文明时期，工人往往随着工厂迁移，工厂建在哪儿，他们就必须去哪儿找工作。而在科技文明时期，公司常常随着人才迁移——哪里有技术人员，老板就去哪里开公司。看看硅谷与斯坦福大学的关系，你就能明白这一点。

我自己将科特金的理论概括成了三句话：哪里更宜居，知识分子就在哪里居住；知识分子在哪里居住，人类的智慧就在哪里聚集；人类的智慧在哪里聚集，人类的财富最终就会在哪里汇聚。

城市发展的真正动力表现为安居带动乐业，这就是所谓的新地理模式。

对我国而言，在宏观层面，新地理模式最显著的体现便是那几个迅速崛起的南方城市。上海、深圳不用说，还有杭州和成都——好吃、好玩、有人、有趣，吸引了大量年轻人前来。他们不是因为一份工作而爱上这座城市，而是先爱上了这座城市，准确地说，是爱上了这座城市所体现的生活状态。

感兴趣的话，你可以观察一下"成都咖啡现象"。单从咖啡馆数量的增速而言，成都已经是全国第一了；就咖啡馆的总量而言，成都也已经是仅次于上海、北京的第三名。而咖啡现象背后所体现的，就是很多城市所追求的青年友好——少喊一些口号，多解决一些问题，年轻人就能体会到你的好意。

从宏观地理说到"咖啡地理"这样的微观层面，我们已经不难理解摩天工厂出现的现实意义了。如果你想找到 Z 世代的人才，就必须留在相对繁华的城区。如果你执意要把企业搬到寂寥无人的市郊，那么对不起，要去您一个人去，反正对那些自带手艺的年轻人来说，此处不留爷，自有留爷处！

对于中国这样一个正在推进产业升级的国家来说，"手艺型人才"或许比"知识型人才"更重要。这方面你可以看看"太仓现象"：被称为"德企之乡"的太仓对企业最大的吸引力之一，就是那里有一座叫苏州健雄职业技术学院的优质职业院校，其为企业源源不断地输送"手艺型人才"。

还是那句话，要想吸引他们，光有新质生产力是不够的，还要有优质的生活力。我在考察第一家摩天工厂——深圳的全至科技创新园时看到，紧挨着摩天工厂的就是青年公寓，员工可以就近上班、生活、享受一杯好咖啡。

如果你告诉今天的年轻人这几天活儿比较多,让他们稍微加点班,只要你给加班费,倒也不是不可以商量;但如果你告诉他们,由于堆货的需要,楼下那家咖啡馆必须得关掉,那你可以看一看他们会是什么反应。

说到底,工业上楼从表面上看只是优质生产力的提升,但经由一整套的分析可以发现,它其实是把工业留在了城区,让城市留住了繁华。而我认为,这种繁华所形成的优质生活力能吸引优秀劳动力,并终将提升优质生产力。

预测 NO.30

我们能生产出价廉物美的低碳商品

预测人：马一峰

能源领域咨询专家，为中海油、中石化、中石油等企业提供产业咨询服务

(能源)

马一峰预测，凭借我国产业多样化的优势，一条完整的"绿色低碳供应链"正在成型。V2G、氢能商用车和风光制氢氨醇都是这条供应链的一部分，而它会给各行各业带来全新的竞争力。

作为一名深耕能源领域的从业者，我想和你分享的这个趋势跟能源有关，但又不止于能源。

如果你是新能源汽车车主，那么除了常规的给车充电，你还可以尝试把车电池里的电反向输送给电网。据一些已经参与反向供电的车主反馈，每小时的收益可达60元。按此收益水平计算，在一辆新能源汽车的使用周期内，理想情况下车主可通过这种方式赚取5~6万元，而这不仅可以抵消用电成本，甚至还能赚上一笔。

这种汽车和电网双向充放电的模式叫作V2G（Vehicle to Grid），已在我国多个城市推广，北京、上海、广州、深圳、杭州、无锡、合肥、成都、青岛等地已率先建成一批试点项目。2024年9月，国家发展改革委网站发布通知，四部门[1]将合力扩大V2G项目规模，

---

1. 分别是国家发展和改革委员会、国家能源局、工业和信息化部及市场监管总局。

并将不少于 50 个 V2G 项目列入本次试点范围。

看到这里，还在开燃油车的车主估计要狠狠地羡慕一番了。

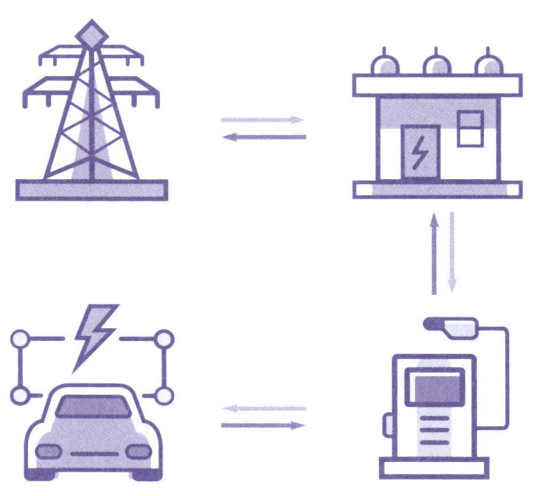

V2G 充电系统

从个体层面来看，V2G 能给新能源汽车车主带来一笔不菲的收入；而从宏观的层面来看，它还解决了我国发展新能源的一大难题。

要知道，以太阳能和风能为主的新能源发电非常不稳定，阴雨天时太阳能发电的效率就会大幅下降，风力小或无风的天气下风力发电的效率也会大大下降。随着新能源占比的提高，电网的稳定性也变得更加脆弱，这令电网企业——包括国家电网和南方电网——头疼不已。

最直接有效的应对方法是建设储能系统。当风力和太阳能发电多、电量用不完时，先将电存在储能设施里，等到发电不足时再释放，以此保障供电的稳定性。不过，因为储能设施的建设成本很高，所以这件事说来容易做起来难。

正因如此，电网公司将目光投向了新能源汽车——这些汽车的电池不就是现成的储能装置吗？而且国家电网和南方电网旗下经营着大量的汽车充电桩，V2G要想实施也是可行的。利用电网设施和充放电价格差来调动社会上大量的新能源汽车车主参与V2G，既解决了储能的难题，又可以让车主获得收益，可以说是一个双赢的方案。

按目前的新能源汽车增长速度，到2030年，我国新能源汽车保有量有望达到1亿辆。假设在这些汽车当中，每天有1/3的车辆参与V2G，按照每辆车充放10度电计算，每天的充放电总量可以达到3亿度。**而到2040年，我国新能源汽车数量可能增至3亿辆，按每辆车电池容量为65度电算，那么每天在路上"跑"着的电就有200亿度，这和我国一天的用电量可以说相差不多了。**

到这里你看到了，汽车储能的潜力极高。如果把新能源汽车这一移动、分布式的"电力蓄水池"充分利用起来，就可以极大地提升社会资源的利用效率。

· 怎么推动能源领域的高难度项目

其实除中国以外，欧洲、美国、日本也探索过V2G技术，但在这些区域和国家始终未能推广起来。因为要实现这一点，需要满足诸多苛刻的条件，包括但不限于有成熟的电池技术、完善的充电桩基建及高效的电网调度能力。

在这些挑战面前，为什么我们能做到，甚至计划进一步扩大规模去做呢？答案你可能已经想到了：中国拥有丰富且复杂的产业体系，同时具备电池、充电桩基建、电网系统等多个相关产业的协同能力，这让我们有能力去推进 V2G 这种高难度的项目。当然，我们的国情和属性也决定了我们可以这么干，并且能干成。

凭借这些优势，我们在能源领域已成功推进了不少高难度的项目。除了 V2G，现今发展势头良好的氢能商用车也是一个典型案例。

目前氢能车的主要应用方向是货车、大客车等。2024 年，我国的氢能商用车数量已接近 2 万辆、加氢站约 400 座，数量位居全球第一，产业化已初具规模。

无独有偶，最早力推氢能汽车发展的并非中国，为什么如今领先的却是我们呢？是因为我们的氢能技术更先进吗？我认为，最关键的原因其实是我国的工业体系丰富，为氢能汽车产业发展提供了大量廉价的工业副产氢。这些氢气是工业生产的副产物，对一些工厂而言甚至只是废气，但将这些副产氢供给附近跑固定线路的氢能商用车，就能显著降低它们的用氢成本，使得氢能商用车的全周期运行成本有可能低于燃油商用车。

另一个典型案例风光制氢氨醇也是如此。

自 2023 年下半年以来，我国风光制氢氨醇项目的产业化发展突飞猛进，项目一个接一个地落地，且规模庞大，动辄就是数十亿、上百亿元的投资。据不完全统计，2024 年在建或已公布的风光制氢氨醇项目总投资已超过 3000 亿元。

风光制氢氨醇，顾名思义，就是利用风能和太阳能发电，电解水制氢，再以氢、氮、二氧化碳为原料，制成氨或者甲醇。我国做这件事，一开始是为了解决西部大型风光基地的电力外送难题。因为风光发电不稳定，很难通过特高压输电线将电力完全输送出去，所以科研人员就想到，将那些送不走的电用于电解水制氢，这样能把不稳定的风光能源变成稳定的氢化学能，方便存储和运输。

但氢能的储运也不简单：要么将氢气冷却至 -253 摄氏度，使其液化储运，这样成本极高；要么在高压下储运，而高压加上氢气本身易燃易爆的特性，存在很大的安全隐患。怎么办？

将氢进一步制成甲醇、氨之类的氢基燃料，就是个好办法。以甲醇为例，它在常温常压下是液体，储运比纯氢容易很多，也不存在那么高的风险。甲醇有个非常有趣的名字，叫"液态阳光"，它作为燃料，可以应用于船舶、商用车、工程机械、农用机械等领域，帮助船运、基建、农业等行业实现低碳转型。

此外，氨和甲醇还是非常重要的基础化工原料：氨是生产化肥的主要原料，甲醇则可以用于制造塑料、橡胶、纤维等。过去，化工企业生产氨和甲醇主要以煤炭、天然气等为原料，生产过程中会排放大量二氧化碳。现在，生产这些基础原料不仅能避免大量二氧化碳的排放，还可以吸收二氧化碳，这对传统化工业而言可以说是一次颠覆。

在国际上，风光制氢氨醇的应用几乎还处在起步阶段，而我国之所以能在这个领域率先实现快速发展，还是得益于我国产业的丰富性。以二氧化碳来源为例，我国工业企业遍布全国，尤其是在风光资源丰富的地区，往往很容易找到排放二氧化碳的企业。将这些企业排放的二氧化碳收集起来作为原料，运输距离短、成本低，为风光制氢氨醇项目带来了显著的成本优势。

你可能会问，甲醇作为燃料燃烧后会释放二氧化碳，这最终不还是会排放吗？其实，如果算一笔总账，你会发现我们整体的碳排放确实减少了。因为在这个过程中，二氧化碳被循环利用了一次，增加了产值，而总排放量并没有显著增加。

▪ 绿色低碳供应链

凭借我国产业多样化的优势，一条完整的"绿色低碳供应链"正在成型。前面提到的V2G、氢能商用车和风光制氢氨醇，都是这条供应链的一部分。接下来你会看到，它给各行各业带来的全新的竞争力。

衡量一件商品有没有竞争力，过去可能看价格、质量，现如今又多了一个新要素——低碳。近几年，多个国家和地区相继推出与碳排放相关的贸易保护政策，如欧盟的《电池与废电池法规》、欧盟碳边境调节机制（Carbon Border Adjustment Mechanism, CBAM）、美国的《清洁竞争法案》（Clean Competition Act, CCA）、加拿大碳边境调节机制（Border Carbon Adjustments for Canada, BCA）等，建立了新的贸易壁垒。我国的出口商品若不具备低碳属性，将面临竞争力下降的挑战。

怎么应对这个挑战呢？我认为关键在于建立绿色低碳供应链，将普通商品转变为低碳商品。具体拆解一下，这需要我们有绿色运力体系、绿色原材料生产体系和绿色制造体系，实现物流运输、原料生产和制造过程的全链条低碳化。细心的你可能已经发现了，前面提到的 V2G 和氢能商用车正是绿色运输的范例，而风光制氢氨醇则是绿色原料生产的典范。

至于之前没有提及的绿色制造方面，我们也取得了显著进展。这方面可以关注一个前沿案例——鄂尔多斯的零碳产业园。不同于一般的产业园，这里的能源实现了 100% 零碳化，生产的电池、光伏和氢能设备等是真正意义上的"绿色制造"，在全球范围内处于领先地位。当然，这个产业园的零碳化依赖于我国丰富的风光资源、电网与电站的基础设施、物联网和数字化技术、余热利用和储能技术等多项能力的集成。

基于这种集成能力，我国正准备开展一个更宏大的计划，要将绿电用于钢铁、水泥、电解铝等大宗原材料的生产，打造绿色低碳的原材料体系。

你能想象吗？生产 1 吨电解铝需要耗费 13500 度电，而钢铁、水泥和电解铝三大行业的碳排放占我国 2023 年总排放的 30% 左右。可见，其想要完成绿色转型的难度非常大。

但从前面那些案例来看，相信你能感受到，我们是有希望做成这件事的。事实上，国家已率先为有色金属中的电解铝设定了目标：到 2025 年，可再生能源的利用占比需达到 25% 以上，其中最低的山东要达到 21%，而四川、云南等省份则要达到 70% 以上。

另外，在人工智能领域，我们也在探索绿色低碳化。发展人工智能需要大量算力，而算力是个能耗大户，可能会带来极高的碳排放。为此，我国在 2022 年启动了"东数西算"工程，将算力中心规划在新能源丰富的西部地区，实现算力与新能源的协同发展。国家数据局的数据显示，到 2024 年，10 个国家数据中心的绿电使用占比已超过全国平均水平，部分先进数据中心的绿电使用率达到 80% 左右。

这一套由绿色运力、绿色化工、绿色制造力、绿色大宗商品原料和绿色算力构成的组合拳，不仅可以打破碳贸易壁垒，还能提升产业竞争力——如果你的商品在质量更好、价格更低的同时，还能做到更低碳，那别人还能拿什么跟你竞争？

在这个过程中，我还看到了人民币国际化的机遇。过去，美元通过与石油等能源绑定，成为世界性货币。但随着绿色、高质量的中国制造竞争力增强，商品与人民币的绑定将推进人民币的国际化。也就是说，我们在绿色环保方面的竞争力，有可能延伸为贸易竞争力、金融竞争力，最终转化为货币竞争力。这其中蕴藏着一个跨时代的机会。

谈到未来产业的竞争，大家可能更多地关注人工智能、芯片、自动驾驶等领域。但在我看来，即使中国在芯片、通信和数字化领域都取得了突破，如果在绿色革命上落后，仍然难以成为最顶尖的国家。

好在回头一望，我们已经在这个方向上走出去很远了。

预测
NO.31

"逆全球化"并没有真的发生

预测人：施展

政治学学者，上海外国语大学全球文明史
研究所教授

(政治)

施展预测，所谓的"逆全球化"更多地表现为政治层面的现象；
而在经济层面，以企业为载体的全球化将不断深化。

最近几年，越来越多的人在担忧"逆全球化"的问题。证据是越来越多的国家在筑起关税壁垒，同时在拉一系列新的"小群"，WTO 所主张的全球自由贸易秩序被切割得支离破碎，WTO 本身也差不多陷入半瘫痪状态。

然而，在我看来，"逆全球化"基本上是个伪命题。因为人们在关注各种新拉小群的时候，没有注意到近年来的一个重要变化：世界上的政治空间与经济空间不再重合了，这导致以前适用的不少解释框架，在今天可能不再适用了。

要解释这个问题，我们可以从一些可能让人意外的数据切入。

2018 年，美国挑起贸易摩擦。很多人担心中国的出口可能会因此遭受重创，毕竟历史上贸易摩擦曾多次引发类似的情况。然而，现实很出人意料。

中美贸易摩擦发生的前一年，也就是 2017 年，中国的出口额约为 2.26 万亿美元。2018 年，这一数字非但没有下降，反而增长至 2.48 万亿美元，随后几年仍保持一路上涨的势头，并在 2022 年达到 3.54 万亿美元的峰值。尽管 2023 年出口额回落至 3.38 万亿美元，但较 2017 年仍增长了约 49.6%。

这些年里中美之间的汇率也有不小的变化，如果将出口额以人民币计价，增长则更为显著：2017 年约为 15.3 万亿元，2018 年 16.4 万亿元，2022 年 23.74 万亿元，2023 年 23.77 万亿元，相比 2017 年增长了约 55%。

这是中国出口额的数据，再来看全球贸易出口的整体趋势。

2017 年，全球贸易出口额为 17.83 万亿美元，2018 年增至 19.65 万亿美元。尽管疫情曾导致全球贸易出口额下滑，但到 2021 年就又回升到了 22.43 万亿美元，2022 年更达到 25.04 万亿美元的峰值。2023 年虽有所回落，降至 23.9 万亿美元，但相比 2017 年依然增长了约 34%。

但你要知道，2018 年以来，尤其是疫情爆发后，全球范围内的贸易摩擦频发。不仅中美之间，许多其他国家之间也在设置新的关税壁垒来阻拦他国产品，这看上去跟 1929 年经济大危机之后的状态颇有相似之处。

近百年前的那场大危机中，各国竞相加征关税，导致全球贸易规模萎缩了大约三分之二。各国都只能龟缩在自己的小市场里，共同经济利益急剧减少。吊诡的是，最终将世界拉出危机的，竟是一场更大的灾难——第二次世界大战。通过战争的彻底洗牌，世界经济在战后迎来快速增长，但这种增长本质上是在跌入巨大深渊之后重新爬升的过程。

因此，有人担心当下的全球化会逆转，甚至可能因此走上可怕的战争之路。虽然洗牌后也许能重新增长，但那种增长的代价实在是太大了。然而，当我们逐年看过 2017 年以来的全球贸易数据后会发现，虽然增长速度没有中国的出口额那么夸张，但显然不是一种大萎缩的态势，与百年前的情况有着本质的不同。

- **经济空间 vs 政治空间**

本文一开始提到的，世界上的政治空间与经济空间不再重合了，这或许可以解释上述这些与直觉不太相符的现象。再来看两组数据的对比就容易理解了。

20 世纪 90 年代，中国市场经济刚刚起步时，世界各国的贸易结构中，70% 以上是制成品贸易，只有不到 30% 是中间品贸易。这意味着绝大多数产品的生产过程是在单个国家内部完成的。然而到 2018 年，也就是中美贸易摩擦开始的那一年，数据正好反过来了：各国贸易结构中 70% 以上成了中间品贸易，仅有不到 30% 是制成品贸易。换句话说，绝大多数产品的生产需要跨越多个国家完成。

生产一个产品，从配件到成品的整个生产过程所涵盖的物理空间，我称之为经济空间；一个国家所占据的物理空间，我称之为政治空间。从前面两组数据的对比可以看到，三十多年前，经济空间和政治空间还是大致重合的，而现在它们已经高度不重合了。

在两种空间重合的情况下，贸易摩擦确实可能会直接冲击各国的出口，从而导致全球贸易萎缩；但当二者重合的部分越来越小时，贸易摩擦则是更多地使生产过程的空间布局和贸易过程变得更复杂，但它反而有可能间接刺激全球贸易的增长。

比如，在中美贸易摩擦的初期，很多人看到中国对美出口大幅下降、越南对美出口大幅上升，便误以为越南正在取代中国成为"世界工厂"。但当时很少有人注意到的是，中国对越南的出口在大幅上涨。

这是因为原本在中国生产制成品的工厂受制于关税壁垒，无法直接向美国出口，只好迁移到越南进行生产；而为这些下游工厂供货的上游中间品供应链仍留在中国，于是中国对越南的出口迅速增长。这一过程中，越南成为中国产品出口美国的梯子，这就是生产过程的空间布局变得更复杂，贸易过程也变得更复杂的表现。

与此同时，越南经济受益于这一变化，其国内消费力增强，对其他国家的产品的需求也随之增加，进一步激活了全球贸易。再进一步分析，虽然越南对美国出口规模大幅上升，但是其中又有相当部分是由出海到越南的中国企业实现的。这些出口额在被计入越南 GDP（国内生产总值）的同时，也被计入了中国的 GNP（国民生产总值）。

当政治空间与经济空间高度重叠时，GDP 和 GNP 的差异可能不显著；但在二者逐渐分离的情况下，这种差异会越来越显著。不同国家的 GDP 与 GNP 也会越发交错，各国的利益纠缠也会越发复杂。

我们还可以切换视角，看看西方国家政治与经济空间相分离的状况。

2024 年，全球最大的化工巨头巴斯夫（BASF）关闭了其在德国本土的 13 家工厂，并表示未来不排除关闭更多德国本土的工厂。与此同时，德国最大的汽车制造商大众集团也刚刚关闭 3 家本土工厂，这成为大众集团成立以来首次在德国关闭工厂。

然而，这并不意味着巴斯夫和大众集团在收缩业务。事实上，巴斯夫正在推进总额高达 260 亿欧元的海外投资计划，其中美国收获了一个 100 多亿欧元的项目，中国广东的湛江收获了另一个 100 亿欧元的项目。同样，大众集团也在全球范围内加大投资力度，计划向美国电动车企睿维安（Rivian）投资 50 亿美元建立合资企业，并在中国安徽的合肥投资 25 亿欧元，用于建设生产、研发和创新中心。

巴斯夫和大众集团并不是孤例。一项针对德国汽车行业配套企业的抽样调查显示，仅有 1% 的企业计划继续在德国本土投资，而 17% 的企业已经计划将部分生产迁往国外，另有超过 25% 的企业正在考虑这么做。而更广泛的行业调查显示，有 37% 的德国工业企业考虑减少在本土的生产，或将生产线转移到国外。

这些公司的决策有很现实的理由。俄乌冲突之后，能源价格飙涨，德国企业深受其痛。人口老龄化、高福利等长期性问题也加剧了企业的成本压力。为了生存和发展，它们不得不"用脚投票"，留在本土的部分聚焦于技术、品牌等有比较优势的方面，生产环节则放到别的地方去。

这一趋势可能会持续较长时间。若干年后，很可能会出现一种看似分裂的景象：德国本土经济低迷，但德国的公司却在各种辗转腾挪之后重新焕发生机。公司与国家开始发生空间分离，从而也开始发生命运分离，形成"穷庙富和尚"的局面。

事实上，这种情况在美国早就发生过。过去三十年间，美国许多工业大公司将大量生产环节外包至海外，导致曾经的工业重镇——美国中西部地区沦为"铁锈地带"，而这些大公司本身的日子过得并不差。由于美国是个大洲级的国家，除了中部的传统工业，东西海岸还有高端服务业和创新产业支撑，所以从整个国家的角度来说，经济并不困难。但是显然，这个过程中美国经济的分配还是遇到了一些问题。而德国作为一个中等规模的国家，其经济体量和结构不像美国有如此之多的转圜余地，因此"穷庙富和尚"的情况会更加突出。

▪ "中介国"所创造的空间

从更广泛的视角来看，各国都正在经历政治空间与经济空间日益不重叠，或者说日益分离的过程。经济空间是由企业主导的，政治空间则是由国家主导的。各国企业可以为了效率与利润的最大化而辗转腾挪，但各国政府却要考虑本国人民，常常需要通过采取加税等措施来保护本国经济。而这样的措施有可能会抬高本国成本，迫使本国企业出海；也可能会吸引看中此处市场的别国企业来投资，其效果是复杂的，难以一概而论。但是，贸易壁垒、新拉小群等现象很可能会使政治空间与经济空间的不重叠或者说分离进一步加深，全球的生产布局和贸易过程会变得更加复杂，而全球贸易总额反倒有可能持续增长。

更加有趣的是，如果我们观察那些新拉的小群，就会发现有些国家是同时跨着几个群的。比如，越南、马来西亚都是 CPTPP（全面与进步跨太平洋伙伴关系协定）国家，对这个小群的其他国家，如日本、加拿大、澳大利亚等有着很好的贸易条件；同时，它们又是 RCEP（区域全面经济伙伴关系协定）国家，与中国也保持着自由贸易的关系。

我把这些"跨群"的国家称为"中介国"，因为它们可以通过中介身份在两边套利。相应地，中介国也就成了那些需要躲避关税壁垒的企业的理想去处，它们可以通过各种新的生产布局、国际层面的法律安排、会计安排等，巧妙地绕开壁垒，并且也实现两边套利的效果。

现实中，只要新拉小群的现象存在，中介国就一定会存在。小群的"群主"是想要形成一个封闭性的小圈子，但既然是小圈子，就一定得有其他国家参与。而这些"其他国家"中的小国会发现，以前全球是个统一的大群时，自己作为小国可能处在一种不利的位置；可是有了若干分裂性的小群之后，自己的地位反倒提升了，因为两边套利的机会出现了。自己不去抓住，群里的其他小国可能就会去抓住；那好，与其如此，莫不如自己率先行动。

这是种内在于人性的囚徒困境几乎无法避免。相应地，只要中介国存在，即便在政治空间与经济空间分离的情况下，企业也还是会有辗转腾挪的空间。

至此我们发现，所谓的"逆全球化"更多地表现为政治层面的现象；而在经济层面，以企业为载体的全球化正在不断深化。第二次世界大战之后一直到 20 世纪末，因为政治空间与经济空间大致重合，全球化主要是靠国家来推动的，企业相对而言处于被动地位。而今天，因为政治空间与经济空间日益分离，国家开始逆全球化，企业反倒在政治的挤压下，能够更加主动地去承载全球化。

前面所说的还都是制造业，如果把视野转向互联网行业——它天然就是一种政治空间与经济空间不重叠的产业——我们就会发现，它所承载的全球化更加显著。

之所以我要花很大精力来讲制造业，是因为它是最具空间聚集效应的行业。如果连制造业都呈现出政治空间与经济空间不重叠的特征，那就意味着全球化的形态正在经历一种前所未有的深刻变化。这提醒我们，如果仍然用过去的经验往新的现象上套，试图用旧有理论来解释新的事实，不仅可能会误判局势，还可能模糊掉我们真正需要关注和回应的问题。

> 预测
> NO.32

中国将进入全球化企业涌现的高峰期

预测人：林雪萍

全球产业观察家，上海交通大学中国质量发展研究院客座研究员，《供应链攻防战》作者

出海

林雪萍预测，许多中国企业的海外收入占比正逐步接近甚至超越 50% 的关键分水岭。收入结构的改变，将深刻重塑企业的全球布局。随着更多的中国企业迈过这道分水岭，全球制造的格局也会随之发生深远改变。

在印度尼西亚（以下简称印尼）爪哇岛的雅加达市区，拥挤的街道上到处可见播放着《甜蜜蜜》的蜜雪冰城、店面明亮的名创优品，飞驰而过的乳白色五菱小型电动汽车，将一个接一个的 OPPO 手机门店甩在了后面。大量披戴面纱的妇女走在街头，神色从容地穿行其中。

这些来自中国的品牌，正悄无声息地涌入这个全球第四大人口国家。"爪哇岛"这个曾让人感觉远在天涯海角的地名，因融入了如此多的中国元素，如今正变得离我们"越来越近"。

在印尼手机市场，包括小米和 OPPO 在内的中国品牌占据了前六名中的五席。上汽通用五菱也成功在日系车占主导地位的汽车市场撕开了一道口子——其自 2017 年起在印尼建厂，如今在电动汽车市场的占有率达到了一半以上。

时间似乎站在中国品牌商这一边。仅用六年时间，蜜雪冰城就在印尼开出了 2300 家门店。作为对比，进入印尼市场十多年的星巴克的门店只有400多家。同样地，落地不到十年的蒙牛旗下的艾雪冰激凌，已经超过经营多年的和路雪，成为印尼冰激凌市场的第一品牌。

这背后是一批在国际市场开疆拓土的中国企业。管理者、工程师、设计师等各类人才频繁往返于中国与印尼之间，推动着这些企业的全球布局与业务增长。有些企业成立仅六年，便迅速崭露头角；有的已有超过六十年的历史，凭借长期积累在全球市场上留下了不可忽视的印记。

印尼只是中国制造涌入东南亚市场的一个缩影。在越南北部，电子消费品制造业已成为当地经济的重要支柱。来自中国的企业，包括专注精密制造的立讯精密、歌尔股份，以及在产业链上游从事电路控制板生产的深圳和而泰，挤满了这里的工业园区。

立讯精密（中）在越南北江省的光州工业园区

至于越南的另一大支柱产业纺织品和服装制造业，总部位于上海的天虹纺织在越南建立了大型纺织工业园区，该园区不仅可以满足自身的生产需求，还为上下游数十家企业提供园区服务，其中包括知名牛仔服生产商常州黑牡丹等。这些纺织品企业的产品大多出口欧美市场，同时也逐步开拓越南本地市场。

在越南的家电市场，中国品牌的表现同样抢眼。海尔旗下的品牌 AQUA 已在越南洗衣机市场超越三星，位居第一；冰箱业务也紧随其后，排名第二。

这是中国制造在越南的情况，我们再将视线转向印度。在印度总理莫迪的家乡古吉拉特邦，上汽集团合资生产的名爵汽车（MG）正逐步打开市场，成为印度消费者日益认可的品牌。MG 以高性价比和符合本地需求的产品，冲击着由日本合资品牌马鲁蒂铃木（Maruti Suzuki）和印度本土汽车品牌塔塔（Tata Motors）所长期主导的市场格局。尽管印度政府对中国投资态度谨慎，但产业界对中国供应链的需求强烈，推动着中国企业在这一潜力巨大的市场中小心翼翼地拓展业务。

再来看欧洲。在德国西部的亚琛市，一家汽车电驱企业吸引了来自亚琛大学的教授和技术专家加入。这家公司由上海的初创企业臻驱科技控股，其员工主要是德国本地人，公司与当地社区和产业形成了深度链接。更值得一提的是，德国著名工业家族企业舍弗勒集团不仅是臻驱科技的战略投资者，还帮助其产品进入德国大众和印度塔塔汽车的供应链，为其全球化布局提供了重要助力。

这些中国企业正在以多种形式在全球范围内站稳脚跟，与本地社区深度融合。他们不仅在世界各地建立工厂和研发中心，还通过产品本地化和品牌国际化进一步提升了影响力。推动海外收入增长，正逐渐成为中国企业发展的又一大核心目标。过去，跨国公司依赖中国价值链生产产品；而如今，越来越多的中国企业开始利用全球价值链，为世界市场提供更优质的产品。

• 50%海外收入占比：关键分水岭

时代正在悄然发生逆转。2024年上半年，中国5300多家上市公司中，海外整体收入占比已达11%。近四分之一的上市公司海外收入占比超过20%。以风头正劲的电动汽车企业比亚迪为例，其2024年上半年营收达到3011.27亿元，其中约30%来自海外市场。**海外收入占比就像一把灵敏的标尺，衡量着中国制造在全球版图上的价值分布。随着海外市场占比的提升，中国企业如同乘坐观光电梯，看到了更加广阔的世界。**那些曾经在脑海中浮现的城市，不再只是旅游胜地，而是蕴藏着真金白银的商业帝国。企业家心中装有多少张国家地图，他们的商业触角就能延伸到多少个市场。

以盲盒为特色的潮玩公司泡泡玛特，已在国内年轻群体中拥有广泛知名度，而其全球扩张的步伐也在不断加速。在曼谷，泡泡玛特的明星IP形象LABUBU被泰国国家旅游局授予"神奇泰国体验官"的称号，这是泰国国家旅游局首次为潮玩IP形象授予官方荣誉。这种文化输出正在异国他乡展现出独特的吸引力，不仅赢得了市场的青睐，也为企业开拓全球市场注入了更多动力。在纽约和伦敦，泡泡玛特正逐步确立与迪士尼对标的"IP+娱乐"的全球定位。将更强的公司作为竞争对手，就能激发出更大的全球梦想。

海外收入占比的不断攀升，正在成为中国企业出海的重要内生动力，驱动它们迈向更广阔的国际市场。以工程机械制造商为例，徐工机械、广西柳工机械和中联重科的海外收入基本都接近企业整体营收的一半。更加激进的三一重工，2024 年上半年的海外收入占比超过 62%。同时，它的海外收入毛利率也由 2022 年中期的 24.42% 快速提升至 2024 年中期的 31.57%，增长超过 7%，而同期国内收入毛利率仅提升了 2%。一些企业更是直接将海外市场视为主战场。例如，提供手机浏览 PDF 文件阅读器的深圳万兴，自有财务记录以来，超过 70% 的收入均来自海外市场。而艾雪冰激凌这样的公司则根本是"生而全球化"，它的商业版图直接铺设在印尼、越南、菲律宾和巴西等地，俨然成为一家绕着赤道一圈销售冰激凌的企业。

无论企业规模是十亿元级、百亿元级，还是千亿元级，**许多中国企业的海外收入占比正逐步接近甚至超越 50% 的关键分水岭。跨越这一比例线后，企业的经营行为往往会发生显著变化。具体来说，它的产品研发、服务模式、组织架构及战略定位都需要因为更高程度的国际化而进行系统性调整。**这道分水岭深刻地重塑了企业的全球布局，当然，随着更多的中国企业迈过这道分水岭，全球制造的格局也会随之发生深远改变。

▪ 中国企业全球化的三段进程

自中国加入 WTO 以来，中国企业与全球价值链的融合不断深化。在这二十多年间，一些关键时间节点清晰展现了中国企业多样的成长机制。

从 2001 年入世到 2015 年，是中国企业与全球跨国公司逐步接轨的阶段。无论是作为"制造大基地"，还是作为"消费大市场"，中国在这一时期以"主场"的姿态迎接全球化的洪流。在这一过程中，中国制造展现出积极学习的姿态，迅速向跨国公司看齐。2005 年，在徐工机械险些被国外资本收购的时候，联想成功收购了 IBM 的 PC 业务。中国企业与跨国资本、跨国企业在交谊舞般的进退交叉互动中，尝试着各种各样的连接的可能性。与此同时，跨国公司成熟的管理模式与创新的商业模式，也不断拓宽了中国企业的思维边界。

大约从 2015 年开始，中国制造在电动化、智能化和网联化的道路上飞速成长，而这一时期的中国企业也在全球舞台上展现出了更大的自信。2016 年，海尔收购了 GE 家电，美的收购了德国机器人公司库卡。即便面对欧洲和美国的反倾销、反补贴关税打压，中国的光伏产业依然逆势发展，迎来井喷式增长。到了 2023 年，中国光伏和电动汽车、动力电池作为"出口新三样"，成为全球市场上的亮眼名片。

进入 2024 年，中国企业呈现出大规模出海的态势。中国正试图在本土之外的海外市场同步推进全球化进程，从"从主场国际化"走向"客场全球化"。以安徽的万朗磁塑为例，这个冰箱门密封条领域的"隐形冠军"，在年营收仅为 30 亿元的情况下，还可以在海外开出十几家工厂——无论是在泰国、越南，还是在墨西哥，都能找到它的身影。在公司的战略框架中，每一个国家和地区都被视为"出海同类项"。面对文化差异和当地经营风险，万朗磁塑已而对国内拉链行业的"隐形冠军"——浙江台州的伟星股份来说，它在孟加拉国和越南的工厂，只是它全球化布局的一个外在表象。因为更为重要的是，伟星股份已经能够满足优衣库、耐克、Zara等国际品牌对拉链的苛刻要求。要知道，想进入优衣库的供应商体系，需要董事长亲自圈点，而伟星股份不仅成功打入，还在被YKK[1]垄断多年的日本拉链市场撕开了一道口子。而这道口子还在别的地方持续扩大——奢侈羽绒服品牌盟可睐（Moncler）也开始使用伟星股份的拉链。伟星股份凭借着对材料知识和工艺技术的深刻掌握，进入了全球最苛刻的价值链体系。

同样代表着中国供应链技术突破的企业，还有深圳的十方运动科技。这家主营电助力自行车的企业已成功打入荷兰和德国市场。欧洲传统的电助力自行车普遍采用德国博世（Bosch）中置电机的传动方式，而得益于中国在电机、力矩传感器、电驱技术方面的持续进步，中国生产的电助力自行车能够灵活组合零部件，摆脱集中式布局的限制。这不仅显著降低了车辆重量，还极大地提升了骑行的灵活性。从某种角度来看，许多欧洲国家自行车行业从传统自行车向电助力自行车的转变，类似于汽车行业的"油改电"，展现了一种"机械电动化"的设计思路。而中国新一代自行车工程师则更进一步，采用了"原生电动化"的设计理念。当然，这一切背后依靠的正是中国零部件产业的崛起。**当中国制造从零部件的突破走向**

---

1. 全球领先的拉链制造商，总部位于日本。

系统性突破，从单点技术升级走向技术合成时，中国企业也完成了从"复制原物种"到"创建新物种"的"基因突变"。

中国企业的成长不再只是规模的扩张，而是源自内核实力的全面提升。这一转变推动中国企业加速迈入新的发展阶段。越来越多的中国本土企业在海外市场的竞争中，逐步演化为跨国公司，并开始重新定义中国在全球产业分工和价值链中的地位。

无论是技术驱动、洞察力驱动，还是设计驱动，面向未来的中国正在涌现出一批全球化企业。优秀企业是时代的产物，而它们的崛起并非个别现象，而是一场群体性的浪潮。那些备受瞩目的明星公司，不过是这股浪潮中最闪耀的代表——它们被时代选中，成为预报未来的使者。

海外即窗外，窗外是满天星空。中国企业正在汇聚新的能量，一股来自全球化雄心的能量。转向窗外，就能感受到扑面而至的海风。

2025 年，远处闪烁的行星轨迹，呈现出一条清晰的分界线。

预测 NO.33

我们正在经历从制造到服务的消费升级和产业转型

预测人：张斌

中国社会科学院世界经济与政治研究所副所长、研究员

宏观经济

张斌预测，数亿个家庭追求生活品质升级的强大力量，将驱动中国的产业形态、就业形态、城市形态、经济增长速度和人们的价值观等发生巨大的变化。

作为一名宏观经济研究者，我经常被朋友们问到这样的问题：要不要换点外汇？买房合适吗？买什么股票好？未来经济走势如何？哪些产业发展潜力大？孩子选择什么职业更有前途？……

遗憾的是，这些问题我一个也回答不好。但我希望可以通过分享一些观察和思考，为大家理解这些问题提供一些参考。

回顾20世纪80年代，中国改革开放初期，当时城市里日子过得还算好的普通人，一个月的工资大约在30～60元。一斤大米的价格大概是1.5毛钱，而一台小型黑白电视的价格是300元。折算一下，当时城市里的人一个月的工资可以买200～400斤大米，而攒5～10个月的工资才能买得起一台电视。

经过四十多年的改革开放，现在即使是城市中低收入群体，一个月的工资也普遍在3000元以上。以我小区的保安大哥为例，他的月收入是4000元。如今，一斤普通大米的价格是2.3元，这意味着以他每个月的薪水可以买到1700多斤大米。如果不讲究品牌和配置的话，用这笔钱应该可以把电视甚至各种厨房小家电买齐了。

如果用食品和家电这些生活必需品来衡量收入，可以看到过去几十年，我们的收入水平增长显著。即使是中低收入群体，也基本实现了"衣食无忧"。越来越多的家庭如今只需10%～20%的收入，就可以满足对食品的基本生活需要。

那么，剩下的收入呢？越来越多的家庭开始将更多的钱花在食品和家电之外的地方，例如医疗保健、教育、文化娱乐、体育活动、旅游，当然还有各式各样的个人爱好。

不要小看这个变化，这是数亿个家庭追求生活品质升级的强大力量。在这股力量的驱动下，中国的产业形态、就业形态、城市形态、经济增长速度和人们的价值观等都发生了巨大的变化。今天和未来的社会与此前将大不相同。

▪ 从制造到服务的消费升级和产业转型

中国家庭消费结构的转变大约发生在2012年前后。在此之前，家庭支出增长最快的是家用电器、手机和汽车等制造业产品，而医疗保健、教育和体育、文娱类消费则相对靠后。2012年之后，制造业产品的消费增速显著放缓，医疗保健、教育和体育、文娱类消费开始领跑，不断更新换代的手机的销售表现当然也很亮眼。

这种变化表明，中国家庭正在经历一场从制造到服务的消费升级。即使是普通家庭，提升生活品质的主要手段也逐渐从购买制造业产品转向增加服务类消费。如今，只有那些功能更创新、设计更时尚的制造业产品仍然受到青睐，而整体制造业产品的消费增长已趋于饱和。

当需求方发生从制造到服务的消费升级以后，生产方也必然要做出相适应的调整。对家庭而言，是从制造业产品到服务的消费升级；对企业而言，则是从制造到服务的产业转型。

这一转型带来的直接表现是：对制造业产品需求增速放缓，行业竞争更加激烈。只有那些技术含量更高、设计更出色的制造企业才能占据市场，而缺乏竞争力的小微企业则逐步被淘汰。于是我们看到，过去十年中大量小微制造企业退出市场，而更注重科技创新和产品设计的企业则占据了更高的市场份额。

那么，企业怎么才能提升技术含量和设计水平呢？

对一家企业而言，真正的功夫不在制造业的车间，而在它的融资机制、组织管理体系、企业文化，当然还有研发部门。制造业升级靠的其实是服务，也有人喜欢称之为"生产性服务业"。

农业的现代化靠的是工业化，工业的产业升级靠的是众多生产性服务业。在世界范围内也是这样的——尖端的工业产业或者工业产业里附加值最高的那一部分，往往在那些服务业高度发达的经济体中。

消费升级也为生活服务业带来了巨大的发展空间，但不是所有的服务业都能搭上这趟快车。传统的劳动密集型服务业，如基础住宿、餐饮、批发和零售等，难以满足消费升级的需要，其增长空间还是比较有限。只有那些附加了更多科技、更多信任，且更温暖贴心、更个性化的服务才会迎来更快的发展。因为只有它们才能带来更好的消费体验，才算消费升级。

服务业的升级普遍发生在传统服务业产业。比如，沃尔玛会员店、胖东来和新式街边连锁店正在取代传统零售业态。一些新的服务形态也应运而生，比如依托于互联网科技，新的购物方式、新的学习场景、新的医疗等新兴服务业赛道迎来了快速成长。

▪ 人力资本得到更高回报

无论是生产性服务业，还是体现消费升级的生活服务业，其背后都离不开更多的科技含量、更多的信任与关怀，或者更深层次的艺术和审美体验。而这些价值的创造，依赖的并非普通的劳动，而是拥有更高人力资本含量的劳动。

人力资本赋予了普通劳动新的内容。它可以是各种各样的专业知识，也可以是独特的技能和经验。普通劳动在劳动力市场上通常缺乏溢价，甚至随着机器的广泛应用，其价值可能会进一步下降。而人力资本则能带来更高的市场溢价，因为只有人力资本提供的服务才能满足全社会都在追求的产业升级或者消费升级。

改革开放初期曾流传过这样一句话："搞导弹的不如卖茶叶蛋的。"这句话背后的逻辑是，当时商业资源稀缺，能抓住商业机会的人更容易成功。之后，金融行业成为众多人向往的领域，因为那个阶段稀缺的事物变成了资本。现在或者未来，掌握了更多人力资本的人是时代宠儿，因为在新的时代更稀缺的是人力资本。

与工业那种相对单一和标准化的方式相比，生产性服务业和生活服务业更多样化和个性化，提供了更多发挥特长的赛道、更多的创业和就业机会。人力资本可以有很多的体现方式。不喜欢数理化，没关系。数理化和社会科学都不喜欢，只要坚持做到有一技之长，也还有很多别的路可走，也可以卓尔不群。

中国目前还有很多服务业的创业机会和就业机会没有充分释放出来。我们需要很多改革措施让更多市场力量发挥作用。与此同时，市场也在千方百计地在各种管制措施约束的夹缝中找机会，抓住了机会就可能是人生转折点。得到 App 上一些做知识服务的老师就是很好的例子。

▪ 大城市的胜利

大城市与中小城市的主要差异体现在大城市有更大的规模、更高的密度和更多的异质性。这些特征共同作用，使大城市比中小城市更有利于知识的传播与积累，更有利于知识的消费。在人力资本和人力资本密集型产业成为时代宠儿的背景下，城市发展的命运也因此迎来了改变。

大城市带来了更多可供学习的知识。如果你是一名创业者，大城市不仅能让你在繁华的商业区观察到最新的消费潮流，还能让你在背街小巷感受到传统文化的积淀。这些都可能是你开设自己生意的养分。如果你是一名艺术家，大城市不仅有更多的博物馆、艺术展览和演出供你欣赏，多不胜数的广告牌和街头艺术也可能给你带来启发。

大城市的快节奏生活使得人们更有动力去学习和提升自己。生活在这里的人们，每天面对的都是各种差异和可能性。无论富裕或者贫穷，总有新的差异和可能性摆在那里，总会有努力的新目标。多样性会激发竞争——无论是出于对美好生活的向往，还是出于羡慕和嫉妒，你都不得不早早起床，努力实现新目标。

大城市还为知识找到了更广阔的市场，创造了新的生活方式。尽管大学城也在教授、传播知识，但它们始终无法替代大城市的作用。大城市在创造和传播知识、技能的同时，也在大量消费知识、技能，以及各种富含人力资本的产品和服务。比如，一位技艺超群的怀石料理师傅，在中小城市可能很难找到与其技艺相匹配的工作，但在大城市，他的才能会得到充分认可和高额回报。

在城市竞争中，大城市更容易脱颖而出，获胜的密码是城市功能转型。例如，纽约、东京和香港，最初依托制造业和国际贸易兴起，但如今都已成功转型为以服务业为核心、人才高度集聚的国际大都市。也有一些城市转型失败，比如美国铁锈地带的一些城市。大城市兴起的同时，很多中小城市面临着产业凋敝和人口流出，有些中小城市甚至会慢慢消失。这一幕也正在中国发生。

▪ 从物质价值观到后物质价值观

政治学教授英格尔哈特（Ronald Inglehart）曾提出过一个非常有趣的世界价值观调查。他将人们的价值观分为两类。

一类是物质文明价值观，这类价值观更强调经济增长、物价稳定、维持秩序、强大国防等，主要满足人们对安全和基本生活保障的诉求。

另一类是后物质文明价值观，这类价值观更注重个体的权利、更多的工作话语权、更人性化的社会、美丽城市和乡村等，满足了人们对受到尊重、实现个人价值的诉求。

英格尔哈特教授发现，当收入水平较低时，社会普遍倾向于物质文明价值观；而当收入水平达到一定高度后，后物质文明价值观会逐渐占据主流。同时，他还指出，人的价值观通常在幼年时期形成，并在成长过程中保持稳定。也就是说，一个人在小时候若经历过物质匮乏，即便成年以后大富大贵，他认可的更大概率还是物质文明价值观。

为什么要说这些呢？

中国不同年代的人价值观存在显著差异。在我们的"50后""60后""70后""80后"里面，遵循物质文明价值观的人占比多一些。然而，到了"90后"及更年轻的一代人，他们当中认可后物质文明价值观的人占比会更高。当收入不高的保安大哥也可以并不费力地维持家庭的基本生计时，他的下一代将更有机会将关注点转向追求个体权利、更高品质的生活和自我实现。这种价值观的代际转变，正推动越来越多家庭接受后物质文明价值观。

当后物质文明价值观在全体人口中变得更加普遍时，我们的社会也会受到潜移默化的影响。政府职能如何重新定位？企业如何更好地满足消费者需求和履行社会职责？个人如何与他人相处？……解答这些问题，都需要我们顺应价值观的变化，顺应潮流，顺从民意。

预测
NO.34

AI 会改变
科学研究范式

预测人：卓克

科技观察家，得到《科技参考》《科学思维课》
等课程主理人

AI

卓克预测，AI 会导致数学、物理、化学、生物这四大基础学科的研究范式同时发生转变，而这种转变会引发人类所有次级学科研究范式，乃至更加实用的产品研发范式的转变。

这篇文章，我想从诺贝尔奖公布评选结果的一个小插曲说起。2024 年，北京时间 10 月 8 日晚，诺贝尔物理学奖揭晓。许多科研机构在微博和微信上直播宣布仪式，解读奖项的嘉宾都是来自名校和科研院所的教授、研究员。

可奖项公布后，极其尴尬的场面发生了——

专家们不仅从未听说过获奖者的姓名，甚至也不明白为什么 2024 年的诺贝尔物理学奖颁发给了神经网络和机器学习领域的研究者。哪怕利用镜头切换到颁奖现场的几分钟时间，用手机抓紧查了一下，他们也没有找到神经网络、机器学习跟物理学有什么联系，最后只能补充道："机器学习通常被认为属于计算机科学和统计学领域，不是传统意义上的物理学分支。"

这并不是因为专家们水平不够，因为连两位获奖者都感到非常困惑。杰弗里·辛顿（Geoffrey Hinton）在接到电话后惊得目瞪口呆，问对方："我怎么可能获得物理学奖？你是在恶搞吗？"另一位获奖人约翰·霍普菲尔德（John Hopfield）也表示非常诧异，因为他上一次在物理实验室工作都是 45 年前的事情了。这两个人从 20 世纪 80 年代初以来就一直专注于人工智能领域的研究，哪怕将他们的研究范围扩大、再扩大，最多也只能算是计算机科学，怎么会得到诺贝尔物理学奖呢？

第二天，北京时间 10 月 9 日，诺贝尔化学奖授予了为蛋白质结构预测做出重要贡献的两个团队：一个是谷歌旗下大名鼎鼎的 DeepMind 团队，他们开发了 AlphaFold 算法；另一个是与 DeepMind 激烈竞争的大卫·贝克（David Baker）团队，他们来自华盛顿大学，开发了 RoseTTAFold 算法。而这两种算法都是利用深度神经网络和机器学习做出来的。也就是说，2024 年的诺贝尔化学奖也颁给了 AI。

虽说诺贝尔化学奖经常被人调侃成"理综奖"，尤其是最近 20 年，超过半数的诺贝尔化学奖实际颁发给了生物学、医学和物理学领域的科学家，获奖的纯化学家的占比连一半都不到。但谁也没想到，AI 团队也分到了诺贝尔化学奖！

连续两个科学类诺贝尔奖颁发给 AI 后，段子就满天飞了。有人说，等着吧，过两年诺贝尔文学奖就要颁发给 ChatGPT 了；还有人说，今年的诺贝尔经济学奖会颁给黄仁勋和山姆·奥特曼（Sam Altman）。

黄仁勋是英伟达（NVIDIA）的创立者兼 CEO。最近几年，英伟达的计算卡一直被疯抢，官方定价约 3.5 万美元的 H100 供不应求，在开售一年以后依然需要加价才能买到，实际成交价曾高达 4.6 万美元一张。要训练一个性能和 GPT-4 类似的大模型，大约需要 2 万张 H100 连续工作 2 个月。而今天，GPT-4 的性能已经没有任何亮点了，性能和它相仿或者略微超过它的大模型至少有十几个。想要在 AI 领域取得领先，首先要训练出一个性能堪比 GPT-5 的大模型，而这样的训练大约需要几十万张 H100。目前参与 AI 领域头部竞争的企业至少有 10 家，仅这些企业就代表了 3000 亿美元规模的真实需求。山姆·奥特曼作为 ChatGPT 之父，算是引领计算卡抢购热潮的人。他们两个人的获奖理由也很充分。

▪ 科学研究范式的转变

看到这里，你可能会觉得：AI 崛起不是 2023 年的热点吗？2024 年怎么还当它是热点？炒冷饭吗？

不是的。因为这次是一个一百多年来最客观、保守的机构——诺贝尔委员会——对 AI 的评价。这两个奖项的颁布释放了一个强烈的信号：科学研究范式的转变开始了！AI 不是一波或者几波热潮，而是未来世界本身。

科学研究范式的转变在历史上发生过很多次。

从牛顿开始，物理学研究就强烈依赖一种新的数学工具——微积分——的辅助。到了 1905 年，因为牛顿力学体系那种连续的、任何参数都能测得准的世界观在微观世界被量子力学完全取代了，所以物理学界又发生了一次科学研究的范式转变。

而在生物学界，20 世纪 50 年代 DNA 双螺旋结构的发现被视为科学研究范式最大的转变。此后，一切重大发现都与遗传信息分不开了。

科学研究范式发生转变的影响往往不局限在某一个学科内，还会波及各种应用学科。

比如，没有物理学量子力学那一次变革，就不可能有后来的芯片、激光、医学影像技术、太阳能发电和电子显微镜，甚至也不可能有食品科学中检测一份样品是否混有微量有毒有害物质所用到的光谱仪。

再比如，生物学结合遗传信息使研究范式发生转变，形成分子生物学后，考古学和人类学也发生了翻天覆地的变化。今天我们可以结合 1915 年最后修订的一版玉牒（即皇族族谱）和现存的部分清代皇室后裔信息，分析出爱新觉罗家族男性后代大约还有 5 万人。这个结论的得出在 20 世纪 50 年代之前是根本无法想象的。

除此之外，生物学发生的这次研究范式转变，还给医学中病因的检测、药学中靶向药物的研发、农业和畜牧业中的育种、环境科学中对生态系统健康度的评估，以及法医学中证据的确认奠定了理论基础。

那么，AI 的影响级别会有多大呢？

答案是，超过微积分的发明，超过 DNA 的发现，超过量子力学的出现。因为 AI 会导致数学、物理、化学、生物这四大基础学科的研究范式同时发生转变，而这种研究范式的转变会引发人类所有次级学科研究范式，乃至更加实用的产品研发范式的转变。

为什么这么说呢？我们可以将 AI 和电子计算机进行对比。

在电子计算机出现前，科学研究 = 纯理论 + 纯实验。提出一个理论，用理论预测一种现象，在实验室看理论预测得对不对。

随着电子计算机的发明，新的研究范式快速崛起，包括气象学、粒子物理、核聚变、材料学、流体力学、经济学、流行病学和地球科学在内的诸多领域的实验，很多都是在计算机上模拟出来的。

也就是说，电子计算机让科学研究从"纯理论 + 纯实验"变成了"纯理论 + 纯实验 + 计算模拟"。跟纯理论相比，计算模拟属于一种数值实验；而跟真正的实验相比，它又可以被看作一种理论。通过引入这个新变量，从前需要一两个月才能完成的实验，现在一天就可以模拟几次；从前科学家是从几个实验结果里总结规律，现在则是从几千个实验结果里总结规律。

计算模拟除了让实验次数增加了两三个数量级，还让实验的成本大幅降低。比如，核聚变实验中的氚是极其稀有、昂贵的，价格约为每克 3 万美元。而在一个大型托卡马克装置进行一次真实的氘 - 氚反应，至少需要几十克氚。再加上电力成本、人员费用和数百亿美元设备的折旧费，一次真实的实验至少需要花费大几百万美元。但有了电子计算机以后，研究人员可以模拟氘和氚在托卡马克装置里的聚变反应，成本仅为计算设备的一次性投入。

这就是 AI 之前的那次研究范式转变带来的影响。如今，科学研究范式已经从"纯理论 + 纯实验 + 计算模拟"进一步转变为"纯理论 + 纯实验 + 计算模拟 +AI"，这个过程中最显著的变化是，**从海量实验数据中寻找规律的工作原先是由科学家完成的，现在则可以通过神经网络和机器学习实现。**

以希格斯粒子的发现为例，在物理学界，标准模型（Standard Model）不仅能够解释除引力外的一切相互作用，还成功预言了大量物理现象。在标准模型中一共有 61 种粒子，包括我们熟悉的光子、电子，也包括我们不熟悉的 6 种夸克、8 种胶子等。但在 2012 年之前，标准模型中的 61 种粒子人们只找到了 60 种，唯独希格斯粒子没有找到。而这种粒子参与的相互作用是物质质量的起源，所以非常重要。

为了找到希格斯粒子，科学家使用大型对撞机（Large Hadron Collider），让粒子在大型对撞机上持续碰撞。瑞士日内瓦的大型对撞机每秒会进行大约 4000 万次碰撞，每次碰撞会产生 1MB 左右的数据。那么，像这样的大型对撞机要持续碰撞多久才能发现希格斯粒子呢？答案是，需要一刻不停地连续工作几个月。

可以想见，在这几个月会产生海量的数据，哪怕我们先把碰撞数据保存，之后再慢慢处理也不行，因为一次实验产生的数据量比当年全球生产的所有硬盘的总空间还要大。

很多人意识到，寻找希格斯粒子的关键在于对数据及时进行筛选。于是，欧洲核子研究组织的科学家们利用 AI 设计了一个触发系统，它使用卷积神经网络和循环神经网络算法，能快速过滤敏感事件，将事件数量从每秒 4000 万个锐减到每秒 1000 个，仅为初始数据量的四万分之一。而当数据速率降低到可管理水平后，科学家就有可能对其进行分析，并基于分析后的数据找到希格斯粒子。

从这个例子可以看到，过去需要人类思考和寻找规律的工作，现在可以交给神经网络处理了，并且它的处理速度至少是人类的几万倍。这使得复杂事物中最隐秘的规律，会以比过去高几万倍的效率被 AI 揭示出来。

这就是 AI 对基础学科研究范式的转变。

▪ AI算法的广泛应用

今天，当人们谈起 AI 时，往往会将其与聊天机器人画等号。虽然聊天机器人是离我们生活最近的 AI 的应用，但它只是 AI 里很狭窄的一种应用，通常只使用 Transformer 算法。除了 Transformer 算法，还有大量神经网络和机器学习算法被广泛应用。

典型的神经网络算法包括：

卷积神经网络（CNN）；
循环神经网络（RNN）；
长短期记忆网络（LSTM）；
生成对抗网络（GAN）；
变分自编码器（VAE）；
深度信念网络（DBN）；
多层感知机（MLP）；
强化学习（RL）；
自组织映射（SOM）。

更广范围的机器学习算法还有：

支持向量机（SVM）；
决策树（DT）；
随机森林（Random Forest）；
贝叶斯分类器（BC）；

K 均值聚类（K-Means）；

梯度提升机（Gradient Boosting Machine）；

隐马尔可夫模型（Hidden Markov Model）；

Q 学习（Q-Learning）；

K 临近算法（KNN）；

主成分分析（PCA）。

这些算法当中，有些已经在科研中用了好几年，有些才刚刚出现。可以肯定的是，与神经网络和机器学习相关的算法会渗透到各个学科的研究中。用上这些算法的学科，其发现规律的速度要比没有用上的快得多，成果产出自然也多得多。

我们可以再看一个例子。1962 年的诺贝尔化学奖授予了两位科学家——约翰·肯德鲁（John Kendrew）和马克斯·佩鲁茨（Max Perutz）。前者成功分析出肌红蛋白的空间三维结构，后者则分析出了血红蛋白的空间三维结构。在那个年代，能弄清一个重要蛋白质的三维结构就足以获得诺贝尔奖了。

2024 年，类似的工作——给出氨基酸序列，求解蛋白质的空间结构——也得到了诺贝尔奖化学委员会的认可。只是，这些蛋白质是由 AI 算法分析出来的。分析出了多少种蛋白质的空间结构呢？总共 2.14 亿种，差不多是目前地球上可以稳定存在的所有蛋白质的种数，平均分析速度达到每秒 9 种。

比求解蛋白质空间结构更重要的是它的反问题，也就是科学家已经知道他们需要什么三维结构的蛋白质了，然后求解什么样的氨基酸序列"拉起小手"后会自动折叠成那个样子。这个解题过程叫蛋白质设计。每解决一个反问题，都有可能催生一款能带来十几亿美元利润的新药。而当人们将 AI 算法应用在这一领域后，解题的难度可能会下降几万倍。

在这方面，中国科学家已经做出了一些成功的尝试。

中国科学技术大学生命科学与医学部的刘海燕教授团队发表在《自然》杂志上的论文《用于蛋白质设计的以主链为中心的神经网络能量函数》，就是神经网络应用在蛋白质设计方面的一小步突破。

还有，合肥微尺度物质科学国家研究中心的罗毅、江俊及其团队研发了一套机器化学家，并给它取名为"小来"。小来可以快速阅读大量文献，建立自己的数据库，然后将有潜力的材料组合用于实验。像这样的实验可以以极微量的试剂，以 7×24 小时的方式进行。2023 年，小来在利用火星陨石上的物质制备催化剂方面取得了重要进展，这种催化剂可以只利用火星上的原材料制造氧气。人类不是要移民火星吗？首先就要制造大量的水和氧气。由于火星太过遥远，从地球往那儿运输原材料的成本过高，因而一切生存必需品都必须依赖火星自身的资源，这使得解决氧气供应问题显得尤为重要。

通过前文的讨论，我们对 AI 带来的科学研究范式的转变有了一些非常务实的看法。

首先，AI 会被科学家们"用得飞起"；其次，工程师们会基于那些从前无法想象的规律，制造出神奇的药物、特性夸张的材料、便利性和舒适度超一流的产品；最后，这些事物会以更难以预料的方式改变我们每个人的生活。

  至于具体会带来怎样的改变，由于变化幅度过于巨大，今天谁都无法准确预测，但至少可以肯定的是，这种改变不会小于有电和没有电这两个世界之间的差别。

预测 NO.35

从"以治病为中心"
转向"以健康为中心"

预测人：冯雪

阜外医院生活方式医学中心常务副主任

医学

冯雪预测，生活方式医学技术不仅能帮助逆转疾病，还能促进身体状态的调整与修复。通过改变生活方式，血糖、血压、血脂、体重等指标将逐步改善。然而，这一切的前提是，你需要做点什么。

前不久，我接诊了一位中年男性患者。他是某央企的高管，事业正值巅峰，但头发稀疏，身材略显臃肿，挺着一个"将军肚"。当他走进诊室时，门框在他身形的映衬下显得有些狭窄。他一进门便直截了当地问："冯医生，我的糖尿病能治好吗？"

这话要是搁在十年前，大多数医生会觉得不用搭理他，他异想天开呢。五年前，虽然会有所犹豫，但大多数医生还是会告诉患者，糖尿病是无法治愈的，需要终生服药。但如今情况有了变化——大多数医生会慎重地说，虽然大部分情况下无法治愈，但也不是完全没有可能。

今天，我们将糖尿病的完全缓解定义为，在不依赖任何降糖药物的情况下，血糖能够维持在正常水平超过三个月。这个状态，也正是这位患者所理解的"治好了"。而既然医学上对这一状态已有清晰明确的定义，就说明这种情况并不少见。

研究结果也证明了这一点。英国一项大型多中心研究发现，对于刚被诊断为糖尿病的超重或肥胖患者，经过十二个月的强化生活方式干预和体重管理，24% 的患者体重减轻了 15 公斤或更多，46% 的患者实现了糖尿病逆转，不再需要服用降糖药物——这一比例接近一半。

- **治疗慢性病，解铃还须系铃人**

进入 21 世纪，人类面临的主要健康威胁逐渐从传染性疾病转向非传染性疾病。后者不仅决定了我们的整体寿命，还直接影响着"健康寿命"，即我们在世时的生活质量和健康状态。非传染性疾病，又被称为慢性病，顾名思义，它们是进程缓慢且难以根治的疾病，一旦患上，就像是粘在身上的强力胶，怎么也甩不掉。

在过去的很长一段时间里，人类科技应对这些慢性病的手段，基本上局限于控制病情：血压高了就降压，血糖高了就降糖，血脂高了就降脂，肿瘤来了切掉，血管堵塞了就找个支架撑起来……但这些方法显然治标不治本，它们只能延缓疾病的进程，却无法根治疾病。这也成为医学界的共识，至少我在 2000 年学医时，教科书上仍然白纸黑字地写着："慢性病无法治愈，需终生服药。"

然而，经过短短二十多年的发展，生活方式医学干预的研究成果为我们带来了新的希望。这一学科能够对现代医学产生如此深远的影响，源于其简洁而深刻的底层逻辑——"解铃还须系铃人"。

现代疾病谱的变化，正是我们的身体在迅速适应前所未有的生活方式转变过程中所产生的结果：物质的极大丰富、超加工食品的泛滥、劳动和睡眠时间的减少，以及压力的增加……如果要从根源上解决这些问题，显然需要从改善生活方式入手。从这个角度来看，生活方式医学的有效推广和应用，可能会显著提升人类的健康水平，甚至延长人类的预期寿命。

但看到这里，你可能会有一个疑问：为什么医学以前没有关注这些根源性的问题呢？我简单解释一下。

第一，疾病发生时，首要任务是救急，而非追溯病因。例如，心梗发作时，医学的主要力量集中在如何迅速恢复心脏供血，而非找寻心梗的根源。所以，临床医生的很多思维是被急症、重症牵着鼻子走的，命都救不过来，哪有心思多想疾病的来源？

第二，验证疾病产生的原因要比我们想象的更为漫长。要验证慢性病与生活方式之间的因果关系，看似简单的一句话，实际上在医学上耗费了整整一代人的时间。这是因为我们需要通过对大量个体进行长期的队列研究，持续跟踪他们的健康状况、发病过程乃至死亡情况，才能明确疾病的具体成因。

第三，即便确认了病因，医学的干预能力依然有限。这种局限性主要体现在医疗服务的覆盖范围上：临床医生把大部分时间、精力花在了那些已经发病，特别是病情较重的患者身上，而对尚未发病或仅处于早期风险阶段的人，医生的干预机会相对较少。此外，生活方式的改变更多发生在家里，而不是住院的三五天，医生即使想干预，也鞭长莫及。

• 生活方式医学的特点

今天，当生活方式医学逐渐走进越来越多人的生活时，我们需要特别关注的是什么呢？

首先，在治疗的执行层面，你自己是第一责任人。

生活方式医学的效果依赖于你自身的生活改变。想只靠医生开的药片，或者干脆来个手术，而自己不做努力是不太可能了。但好消息是，大量研究已经证明，通过调整饮食结构、增加体育活动、改善睡眠质量、减少压力等方式，不仅能够有效预防，还能治疗甚至逆转包括心血管疾病、糖尿病、肥胖等慢性病。

比如，采用仅含 10% 脂肪的饮食结构，配合有氧运动、压力管理训练、戒烟干预，以及团体社会心理支持等措施，实验组中的冠状动脉直径狭窄情况在一年后改善了 4.5%，五年后改善了 7.9%。这表明，强化生活方式干预能够有效逆转冠状动脉粥样硬化的进程。

再如，对于糖尿病前期患者，生活方式干预的效果甚至优于一线降糖药物二甲双胍的效果。通过低能量饮食和运动控制，实验组糖尿病的发病率降低了 58%。

又如，每天多走 500 步，后续发生心血管事件的概率就能降低 11%。

这样的证据不胜枚举，而且每年都在不断增加。可以看到，生活方式干预的效果显著，不仅有助于逆转疾病，还能帮助身体状态得到调整和修复。通过改变生活方式，血糖、血压、血脂、体重等指标都会逐步改善。但前提是，你需要做点什么。

其次，生活方式医学对不同疾病的底层逻辑是相同的，但对不同患者的干预处方是高度个性化的。

所谓底层逻辑一致，说的是生活方式医学的核心是一种非药物、非手术的行为干预技术，无论面对什么样的疾病，它都以人为本，强调个体行为改变的重要性。

美国心脏协会曾用"生命八要素"来总结与人健康相关的问题，这八要素分别是体重、血糖、血脂、血压、饮食、运动、睡眠和吸烟。最初，这八要素主要用于评估个体患心脑血管疾病的风险，但很快人们便发现，它同样适用于呼吸系统疾病、肾脏疾病、代谢性疾病及肿瘤等多个领域，进一步验证了生活方式干预对慢性病的普遍适用性。无论针对哪种疾病，生活方式医学的治疗始终围绕这八要素展开，通过关注并调整这些要素来改善健康状况。

然而，当提到健康生活方式时，很多人往往认为只要管住嘴、迈开腿、少吃多动就能解决问题。但"处方的高度个性化"则提醒我们，生活方式医学并非一成不变的，它需要根据每个人的独特背景量身定制。例如，尽管张三和李四都是高血压患者，他们甚至可能在服用相同的降压药，但他们的生活方式处方很可能完全不同。因为文化背景、受教育水平、经济状况和家庭环境等的差异，使每个人的行为模式各不相同，难以用一种统一的方法进行干预——张三可能需要调整饮食习惯，减少对高盐食物的摄入；而李四可能需要增加运动量来改善心肺功能。因此，生活方式医学比以往任何一门医学都更具个性化特点。

最后，生活方式医学的实施，不仅依赖于个人毅力，更依赖于"润物无声"的支持与引导。

当长期熬夜、暴饮暴食、缺乏运动等不良习惯成为某种惯性时，要打破这种惯性，确实需要很强的意志力和自我约束能力，否则很容易因为缺乏足够的动力或无法长期坚持而放弃。所以，生活方式医学的核心任务，就是帮助人们完成渐进式的行为改变：从设定小目标开始，持续监测进展，逐渐建立新的习惯，并最终实现长期的生活方式改变。我认为，渐进式的行为改变的关键在于准确性和个性化。

准确性说的是，**生活方式医学能带来更精准的评估、更明确的指导处方和更清晰的导向结果**。其中，更精准的评估得益于现代科技，尤其是智能可穿戴设备的应用。

斯坦福大学医学院一项基于 Apple Watch（苹果手表）的心脏研究结果显示，在超过 40 万名参与调研的人中，有 0.52% 的人存在不规则脉搏。其中，通过远程心电监测设备（心电贴）确认的房颤病例占 34%，其中有 57% 的人因此联系医生，避免了潜在的重大健康风险。这种"润物无声"的提醒，能够帮助我们更早发现健康问题，并及时采取行动。

可穿戴设备的功能不仅局限于发现问题，它们还能帮助医生更有效地管理诊后患者。例如，一名 62 岁患有高血压的女性曾因失代偿性心力衰竭和新发心房颤动伴快速心室反应就诊于急诊科。经过评估和治疗后，她顺利出院，并收到了一套远程监测工具包，包括血压袖带、体重秤、脉搏血氧仪、移动健康应用程序及预测分析软件。这些工具旨在帮助她与护理团队保持远程联系并持续监测她的健康数据。

在出院的第二周，远程监测护士注意到患者的体重增加了 2.3

公斤，随即联系她并指导她使用工具包中的设备进行自我测量。患者报告血压升高，平均值为 152/84 mmHg，静息脉搏和血氧饱和度无明显变化。同时，患者提到出现了小腿水肿及劳力性呼吸困难加重的情况，还偶尔感到心悸。

基于这些信息，医生迅速调整了治疗方案，并给她邮寄了动态心电图监护仪用于进一步评估心悸的原因。经过 90 天的持续监测，患者的症状明显改善：体重和血压逐渐恢复稳定，动态心电图监测显示窦性心律伴偶发室性早搏，但未再出现心房颤动，无须再次入院。此外，她每天监测体重和血压，逐步形成了更健康的生活习惯。

通过远程医疗与可穿戴设备提供的精准数据和个性化交互，患者不仅能更好地掌控自己的病情，还能逐渐调整生活方式。这种模式将治疗与自我管理相结合，为慢性病患者提供了更科学、更高效的健康管理路径。

此外，更明确的指导处方来自多学科协作的个性化方案。生活方式医学团队通常由内外科医生、营养师、运动康复师、睡眠医生、心理医生、中医医生和个案管理师等多个专业领域的人员组成，当然，患者自己也是团队的一员。

改变生活方式从来不是简单地接受医生一句"清淡饮食，不要熬夜"的建议就能实现的。在营养学上，"清淡饮食"的具体定义都未明确，自然无法真正起效。而生活方式医学会通过深入了解患者的饮食习惯和行为模式，开具精准的医学营养处方；通过体适能评估和心肺运动实验，为患者量身定制运动方案；通过心理医生的动机访谈，识别和满足患者的心理需求；同时还要结合可穿戴设备采集的健康数据，动态监测患者的健康状况。基于这些信息，患者将获得个性化的饮食建议、运动计划及压力管理策略。这些个性化方案远远超越传统医疗的"标准化"建议，更贴合每位患者的实际需求。

更重要的是，生活方式医学并非一蹴而就的改变，而是一个持续调整的过程。在监测和反馈的基础上，逐步帮助患者形成更加健康的生活方式。最终让"润物无声"的可穿戴设备与多学科协作制定的行为矫正方案相结合，为患者提供更清晰的导向结果。

生活方式医学带来的好消息

那么，生活方式医学给每个人的健康带来了什么样的深远影响？

第一，它能缓解疾病和延缓衰老。

根据中国慢性病前瞻性研究项目（CKB）的调查：生活方式因素（如吸烟、向心性肥胖、红肉摄入）可能通过表观遗传途径，加速衰老过程，增加冠心病的患病风险。而一项随机对照实验表明，8周的特定饮食和生活方式干预，结合益生菌和植物营养素补充，可以逆转健康成年男性的"DNA甲基化时钟"。也就是说，改变生活方式，可以逆转表观遗传衰老。

有人可能会问：我还年轻，为什么要如此小心谨慎地生活？"因为衰老本身就是一种疾病，它会导致身体机能的退化，降低我们的生活质量，许多不快乐的情绪可能也源于身体器官的衰老。通过生活方式医学对抗衰老，也许会让你的生活过得不那么舒坦，有时得饿一饿，有时得冻一冻，但它们都是对抗衰老的秘诀所在。

第二，它推动医学从"以疾病为中心"向"以健康为中心"转变。

传统观念中，人们通常是在生病后才求助于医生，寄希望于药物或手术来恢复健康。如果去医院看病，医生给出的建议仅仅是"回家注意饮食，戒烟戒酒，少熬夜"，很多患者可能会觉得挂号费花得"不值"。

生活方式医学的重点在于，维持健康的生活方式，其实就可以大幅降低患病风险，甚至逆转现有的疾病了。与传统的"被动式"治疗不同，生活方式医学以预防为导向，将健康的掌控权交还给个体。你将开始主动关注自己的生活习惯，而不是等到生病后才去反思到底是应该吃药还是戒酒。

第三，它使得医疗市场向健康生活市场转型。

生活方式医学的终极目标是让每个人都能获得伴随一生的生活方式处方。想要实现这个目标，不仅依赖于数字科技和智慧医疗的快速发展，更需要公众健康意识的全面提升。

需求是驱动一个行业发展的根本动力，随着中国人口老龄化的加速与慢性病年轻化趋势的显现，人们对健康生活方式的需求不断扩大，这股需求正在推动医疗市场向健康生活市场转型。

今天，小到我们的每日家用，大到对家庭环境的改造，无一不以健康为首要前提。就连社交媒体平台，如小红书、视频号的商品宣传也都在告诉你，这种食物"无添加""配方干净"。而这些都是医疗生活化、生活方式医学家庭化的最好体现。

我所在的机构承接了中科院一项关于健康生活方式医学产业的调查，结果显示，尽管整体消费疲软，但健康食品、健康饮料、健康日化、健康电子产品和健康建材等领域依然保持了坚挺的增长势头；同时，资本领域对消费医疗和健康消费品的投资也显著增加，显示出强劲的发展潜力。

生活方式医学，未来已来。

预测
NO.36

中国正在抢占深海科技竞争的制高点

预测人：田丽艳

中国科学院深海科学与工程研究所研究员

(海洋科学)

田丽艳预测，我国自主设计建造的首艘大洋钻探船"梦想"号将钻向海底更深处，在国际大洋钻探中发挥更重要的作用。

你好，我是中国科学院深海科学与工程研究所的田丽艳。我想通过这篇文章，与你分享来自海洋科学领域的好消息。

2024年5月，中国海洋学会联合中国海洋湖沼学会、中国航海学会、中国指挥与控制学会和中国大洋矿产资源研究开发协会，评选出了2023年中国十大海洋科技进展，其中有一条特别引人注目——我国首艘大洋钻探船正式命名并试航。

这是我国自主设计建造的第一艘大洋钻探船，从2017年开始筹建，2021年11月开工建造，2022年12月实现船舶主船体贯通，2023年12月18日正式命名为"梦想"号并试航。2024年4月，"梦想"号进入调试和内装阶段。而就在我写完这篇文章没过多久，2024年11月17日，"梦想"号在广州正式入列。

尤其值得关注的是它的性能："梦想"号总重约33000吨，总

"梦想"号在广州正式入列

长 179.8 米，型宽 32.8 米，续航能力高达 15000 海里[1]，能在海上连续工作 120 天，即便在 16 级台风的恶劣天气下也能安全运行。而且，它可以在全球任何海域展开作业，具备深达 11000 米的钻探能力。

看到这里，你可能觉得：现在中国已经是最具世界影响力的造船大国了，这不就是又造了一艘大船吗？有什么特别的呢？

"梦想"号可不是一艘普通的船。作为大洋钻探船，它专门在海洋深处进行科学钻探和研究。它的核心技术是钻探系统，可以在高温、高压的海底环境稳定工作。前面提到，它可以钻入水下 11000 米（含水深），是截至 2024 年全球唯一具有此钻探能力的科考船，这是一项非常了不起的成就。

说到这里，不得不提一下地球科学领域的最大挑战——钻穿莫霍面。

我们知道，地球由地壳、地幔和地核三部分组成，其中，莫霍

---

1. 1 海里 ≈1.852 千米。

面是划分地壳与地幔的界面。由于这一界面是南斯拉夫地震学家莫霍洛维奇于 1909 年发现的，因此以他的名字命名为"莫霍洛维奇不连续面"，简称"莫霍面"。

那么，为什么要钻穿莫霍面呢？

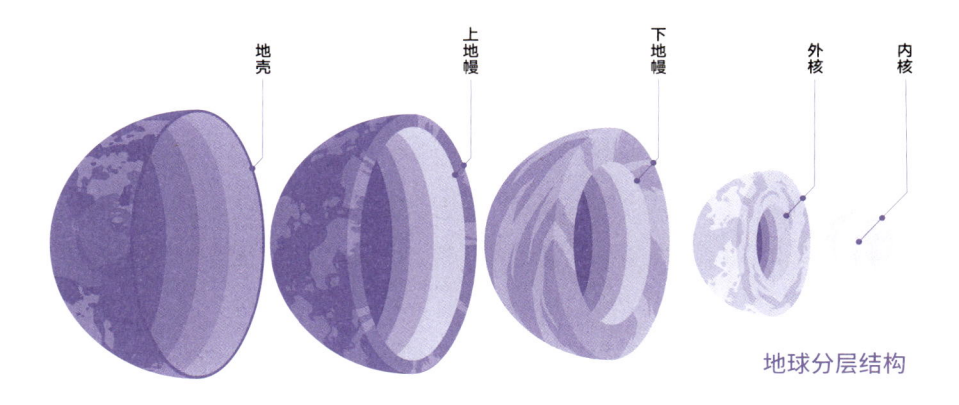

地球分层结构

在太阳系中，地球拥有其他星球所没有的"生理机制"，比如表面有液态水和生命，有活跃的板块运动。遗憾的是，我们对地球内部的运行机制仍知之甚少。如果能钻穿莫霍面，深入地球内部，科学家就能更好地探究地球内部运行的细节，从而解决一些重要的地球科学领域的难题。

因此，早在 20 世纪 50 年代，科学家们便梦想着打一口超深的钻井，钻穿地球地壳和地幔边界的莫霍面，看看原位的地幔究竟长什么样。又因为海洋的地壳平均厚度只有 7 千米，而陆地的地壳平均厚度是 35 千米，海洋的地壳明显较薄，很多科学家选择在海底进行钻探，从海底"入地"。

六十多年过去了，这一梦想至今仍未实现。但深海钻探技术还是为我们认识地球提供了全新的视角。例如，科学家通过钻孔获得的沉积物和岩石样品，不仅验证了地球的板块构造理论，还发现了海底的"深部生物圈"，也就是在海底以下数百米的沉积物甚至洋壳顶部的岩石中生存着一些微生物，它们通过化能合成作用，将无机物转化为有机质，而不依赖光合作用生存。这一发现大大扩展了我们对生命的理解，对于破解地球生命的起源问题意义重大。

可以说，深海钻探是我们揭开地球奥秘的重要途径之一。**谁拥有大洋钻探船，谁就能站在深海科技竞争的制高点。**

但问题是，从船上向几千米深的海底打钻、取岩芯，对深海探测技术和钻探技术的要求极高。此前，国际上只有美国的"朱迪斯·决心"号（以下简称"决心"号）、日本的"地球"号和欧洲的"特定任务平台"能够执行深海大洋钻探任务。中国没有独立的钻探船，想进行这方面的科学研究，只能搭乘别人的。

而到 2024 年年底，"决心"号将退役；"地球"号由于吨位大，主要活动局限在日本附近；"特定任务平台"要根据不同的科学目标临时租船来执行航次。

在这种情况下，"梦想"号的建成与运行，意味着中国也有了海洋领域的"航空母舰"，可以继续承载全球科学家"打穿莫霍面，进入上地幔"的梦想。同时，这也意味着中国具备了自主组织国际大洋钻探航次的实力，有望从大洋钻探的参与者转变为主导者，进入深海研究的前沿与核心。

曾经，能够登上美国的"决心"号参加大洋钻探计划，是每个从事海洋科学的科研工作者的奋斗目标。作为国际大洋发现计划（International Ocean Discovery Program, IODP）的成员国，中国每年只有8~9名科学家能够登上"决心"号。或者说,"决心"号每个航次的科学家团队大约由26人组成,其中只有2人来自中国。可以想象,这个申请的过程也是披荆斩棘。

幸运的是,我曾在2017年参加在南海执行的IODP 368航次,在"决心"号上工作了两个月。2022年,我再次参与了在南大西洋执行的IODP 390航次,但当时受到疫情影响未能登船,而是作为岸上科学家全程线上参与了工作。

这两次参与大洋钻探航次,不仅让我获得了科学研究所需的样品,也让我积累了参与国际大科学计划的宝贵经历。"决心"号就像一所流动的国际学校,每个航次都有来自多个国家、多个专业(沉积学、岩石学、古生物学、古地磁学、地球物理、构造地质、地球化学等)的科学家。在船上,大家没有身份的区别,无论是资深教授还是在读研究生,每个人都扮演着不可或缺的角色。我们每天一起交流,开拓彼此的思路,为实现共同的航次目标而努力。

这段经历还激发了我从事科普工作的兴趣。科学研究的最终目的是让大众更好地了解我们生活的自然环境。因此,IODP的每个航次都有专门的科普教育专员,他们负责处理来自全球各地学校的实时连线申请,并安排科普直播活动。在"决心"号上,网络资源优先分配给这些科普直播。直播期间,网络管理人员会在必要时切断其他设备的网络连接,以确保直播质量。不同时间,在船上的不同实验室里,常常能看到科普教育专员或客串主持的科学家手持iPad,向来自世界各地、不同年龄段的学生介绍大洋钻探的目的、此次航次的任务,以及科学家在船上的工作和生活。通过这种特殊的"远程课堂",我们将地球科学的魅力带给孩子们。

正因如此,从"决心"号到今天的"梦想"号,它们不仅仅是一艘船,而是代表了一种崇尚科学和探索未知的精神。

▪ "梦想"号作为装备保障

"梦想"号的诞生,提升了我国在"深海进入、深海探测、深海开发"方面的能力,标志着中国在大洋钻探领域的进步和贡献,这无疑是值得每个中国人自豪的。然而,回到日常生活,这对普通人究竟有什么意义呢?

这里必须进一步说明:"梦想"号除了可以满足海洋领域全学科研究的要求,还将为深海能源资源勘探与开发工作,包括新区和新层系的油气勘探、天然气水合物试采和产业化、深海结核和稀土开发、天然氢气的勘探和评价等提供重要的装备保障。

下面我以天然气水合物为例简单介绍一下。

你可能知道,天然气水合物是天然气分子(甲烷含量超过

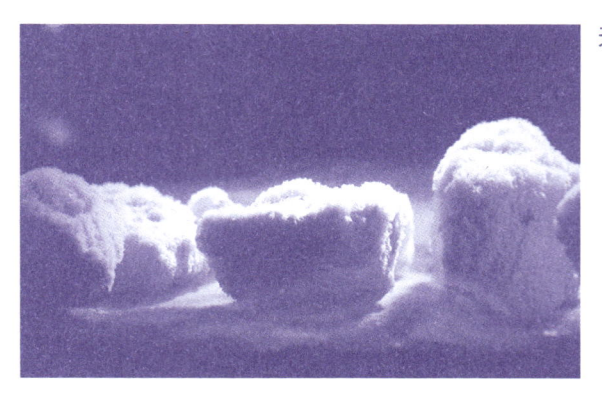

天然气水合物

90%）和水分子在高压、低温条件下形成的结晶化合物。纯净的天然气水合物是白色的固体，外貌极似冰雪，遇火就能燃烧，于是被形象地称为"可燃冰"。

1971年，美国科学家罗伯特·斯托尔（Robert Stoll）等人正是通过大洋钻探，在岩芯中首次发现了天然气水合物的实物标本，并正式提出了"天然气水合物"的概念。

据初步统计，全球天然气水合物资源量达20万亿吨油当量[1]，约为全球煤炭、石油和天然气等化石燃料总资源量的2倍。即使只有15%的天然气水合物资源能实现商业化生产，按照目前的能源消耗水平，它们也足够人类使用200年，显示出巨大的资源潜力。

此外，天然气水合物燃烧后，除了会产生少量的二氧化碳和水，几乎不产生其他残渣或废弃物，是非常标准的清洁能源。在当今社会，能源供应已经成为支撑经济发展的重要基础，对清洁能源的开发利用也成为全球共识。未来，能源结构将向着洁净能源占比增加的方向转化，煤炭和石油所占的能源份额将逐渐减少。**而天然气水合物是最有可能替代煤炭和石油的新型能源。**

中国的天然气水合物资源勘查始于20世纪90年代。我国海域的天然气水合物资源量约为800亿吨油当量，主要集中在南海和东海沿岸。

2017年11月3日，中国政府正式批准将天然气水合物列为新

---

1. 油当量英文为 ton of oil equivalent，缩略词为 toe，是一个能量单位，等于燃烧1吨油所释放的能量。

矿种，成为第 173 个矿种。2017 年 5 月和 2020 年 3 月，中国两次在南海神狐海域实施天然气水合物试采，并取得圆满成功。从试采的生产周期和产量上看，我国已达到世界领先水平。但是坦白说，开采的量还是太少，远远没有达到商业化开采的要求。

此外，在钻采过程中，井筒附近的水合物稳定条件会遭到一定程度的破坏，严重时可能会诱发井涌、井喷，产生甲烷泄露等问题。

因此，从理论上讲，我们需要继续研究天然气水合物形成的地质条件，搞清楚它的分布特征，并划分资源等级和开采层次；从技术上讲，大规模开采过程中涉及的工程和技术问题，以及可能导致的各种地质灾害和环境污染问题，也需要我们解决。而"梦想"号的投入使用，让我们拥有了钻入海底的能力，为这些问题的解决提供了可能的工具。

也就是说，"梦想"号可以作为天然气水合物钻采船，无论从理论还是技术层面，都将为天然气水合物资源的勘探和开采提供保障，对实现中国天然气水合物的商业化生产，实现中国的新能源转型具有重要意义。

最后，我想补充一点。

同济大学汪品先院士在新作《科学与文化》中提到，"打造一种海陆兼顾的文明，是我们的使命"。

然而，截至 2024 年 6 月，全国本科高校共 1308 所，其中只有 7 所海洋类大学，即以海洋为主要研究对象和特色的高等院校，也就是中国海洋大学（我的母校，2024 年迎来百年校庆）、上海海洋大学、大连海洋大学、广东海洋大学、浙江海洋大学、江苏海洋大学、海南热带海洋学院。另外，深圳海洋大学正在建设中，预计一期工程将于 2026 年年底全面建成投入使用。

我期待有更多的人愿意走近海洋、认识海洋、了解海洋，愿意投入研究海洋、开发海洋、保护海洋的队伍！

预测 NO.37

中国或将率先实现机器人技术突破

预测人：李丰

峰瑞资本创始合伙人

机器人

李丰预测，因为技术带来的溢出效应，中国在智能机器人领域率先取得突破的可能性更大。并且在同等技术难度下，未来中国生产的智能机器人有机会比其他国家生产的至少便宜五倍。

罗振宇老师问我，有没有发现一些看似微不足道但未来可能孕育出产业级机会的趋势或现象。说来也巧，我确实注意到了一个。

　　2024年3月，一家名为"逐际动力"的中国创业公司发布了一段双足人形机器人的测试视频。在视频中，一个蠢萌的人形小机器人在山野间行走，穿越碎石坡和沟渠等复杂地形。由于地形变化多端，机器人走得颇为艰难，甚至在跨越沟渠时差点摔倒。然而，通过慢放镜头可以清楚地看到，它无须外力帮助，仅仅依靠自身的调节能力，便能重新找到平衡并继续前行。

　　这段视频一经发布，便引发了广泛讨论。有网友甚至打趣道："这个机器人什么时候能替代国足？"

　　虽然这款机器人看起来仍未达到，甚至远远落后于你对机器人的想象，但作为这一领域的投资人，我想告诉你，这段看似普通的机器人野外行走视频，实际上标志着机器人技术研发的一次跨越式突破。

双足机器人在狭窄的沟渠中高动态行走

首先，这是一款双足机器人。你之前可能看过很多四足机器人，别看只是少了两个脚，但在平衡控制上的难度提高了好几个数量级。你就想，我们人类重心不稳的时候尚且要靠手来维持平衡，只有两条腿的机器人，一旦一只脚踩空，要想恢复平衡该有多难？

在这种情况下，机器人必须迅速感知重心变化，并将信息传递至决策系统。决策系统则需要即时制定调整策略，并以指令的形式将策略发送至各关节的驱动装置（如电机），从而完成姿态调整。这其中存在两个技术难点：一是机器人要在极短的时间内完成从感知、决策到执行的全流程；二是机器人各关节的驱动装置需实现分布式控制，以满足快速响应和高精度调整的要求。

其次，这款机器人的脚部设计是点足，也就是没有脚掌的结构。这种设计是逐际动力为了测试算法性能而特意选择的。没有脚掌的机器人，类似于踩着高跷的人。试想一下，踩着高跷行走于山林间是一件多么困难的事情，而这款机器人在这样的条件下依然能够稳定行走，这表明其运动能力已经达到甚至在某些方面超越了人类。

最后，这款机器人需要应对未知的复杂地形。这意味着它必须具备快速判断和识别环境的能力。地面软硬不一，落叶经常遮挡视线，坡度和高度差难以识别……这对机器人的抗干扰能力和硬件的稳定性提出了极高的要求。

双足机器人在野外复杂地形中下坡

尽管早在 2015 年，人形机器人就已经能够在室内行走，波士顿动力的人形机器人 Atlas 几年前甚至在实验室环境中完成了翻跟头等复杂动作，但这些都局限于特定场景。逐际动力这款机器人的发布，标志着机器人终于可以在野外环境下进行独立判断和行走了，这在全球范围内也是头一回。

所以，虽然这款机器人的功能看似很简单，但它向我们传递了一个重要信号：机器人在真实物理世界应用的技术开关被摸到了。未来机器人大规模投入应用，并催生出产业级的机会，就只是时间问题了。

▪ 溢出效应：以高铁为例

与其继续告诉你这款机器人的技术有多先进，我更想和你探讨一个问题：为什么在这一领域，中国公司能够率先取得突破？要知道，除了研发出双足人形机器人的逐际动力，中国还有禾赛科技、速腾聚创等与机器人相关的企业相继上市，并屡获成功。这背后究竟蕴藏着什么深层次原因？

我认为是技术的溢出效应。

所谓技术的溢出效应，是指某个领域的技术不仅推动本产业的发展，还会扩散到其他产业，带来更广泛的影响。例如，现代工业中很多新型材料技术，最早都源于航空航天领域火箭材料的研发。这意味着，**一个国家的制造业底盘越大，可溢出的技术就会越多，下一个阶段高端产业能享受到的技术积淀也就会越多。而在这种情况下，高端产业实现新突破的可能性就越大。**

基于这一逻辑，我们有理由相信：中国在智能机器人领域率先取得突破的可能性更大。并且在同等技术难度下，未来中国生产的智能机器人有机会比其他国家生产的至少便宜五倍。

我之所以敢这么说，是因为类似的事情曾经发生过，而且不止一次地发生过。高铁就是一个典型的例子。

你可能知道，高铁的发展始于日本，兴于欧洲，盛于中国。为什么短短20来年时间，中国的高铁技术能遥遥领先于全球？

原因当然有很多，如政府的大力支持、市场需求的驱动。但从技术角度来看，最关键的一点是我国制造业底盘足够大，产生了技术的溢出效应。

中国高铁在速度上取得的突破，主要得益于无砟轨道和无缝钢轨铺设技术的应用。你一看到这两个名词应该就能猜到，这和作为

"基建狂魔"的中国，过去在高速公路建设过程中对桥梁、隧道等基础设施技术的长期积累息息相关。

此外，高铁作为一项复杂的系统工程，光零部件就有数万个，背后还涉及通信信号、牵引供电、轨道建造和高速制动等数十个领域的技术集成。我想你能感受到：这一串专有名词背后，需要有一个庞大的工业体系来支撑。以"复兴号"为例，只有中国这样拥有强大工业基础和制造能力的国家，才能集结超过 2 万名来自不同领域的科研与工程技术人员共同研发，在高铁上实现突破性的创新，遥遥领先于全球。

▪ 溢出效应：以新能源汽车为例

这是高铁的发展。那么，高铁技术的溢出效应又带动了什么产业的发展呢？

答案是新能源汽车产业。新能源汽车与传统燃油车的核心区别之一在于动力系统：油车靠内燃机驱动，而新能源汽车则完全由电动机驱动。电动机的高效运行离不开一个关键组件——大功率 IGBT（绝缘栅双极型晶体管）。具体的技术细节不必深究，你只需知道，IGBT 素有高铁"心脏"之称，是高铁动力系统的核心技术。换句话说，高铁能够以高速平稳运行，正是得益于这项技术。而经过进一步的研发和改进，这项技术已被成功应用于新能源汽车，为其电动机提供驱动支持。

除了可靠的驱动系统，新能源汽车还需要先进的电控技术，用于控制各个电力设备的高效运行。这也真是巧了，中国高铁的发展又为这一领域提供了重要的技术积累。由于我国人口众多、需求量巨大，为了满足高铁的大规模运营需求，列车通常由多节车厢组成。不同于传统火车的"火车跑得快全靠车头带"，中国高铁采用动力分散式系统，有的车厢带动力，有的车厢不带动力，这种独特的动力布局要求在配电和输电控制上采取更为精密且复杂的策略，这也极大地推动了中国电控技术的发展，使其发展速度领先于其他国家。

此外，新能源汽车的自动驾驶技术需要高精度传感器来探测周围的环境与路况。我不说你应该也猜到了——传感器跟电控技术、IGBT一样，也被用在中国高铁上，并且伴随高铁技术的不断进步而持续演进。

高铁之所以能够以超过250千米/小时的速度穿梭于平原与山川，并经受住极寒与高温的严苛考验，离不开轴温传感器、速度传感器、压力传感器等多种传感器的全程守护。而这些守护高铁的传感器经过改进和调整后，也可以用在新能源汽车上。

发现了吗？过去中国在高铁上取得突破的关键技术，全都溢出到下一个产业，助推了新能源汽车的飞速发展。

你可能还记得，2018年引进特斯拉时，几乎没有人认为国产新能源汽车能与之匹敌。当时特斯拉的技术是一骑绝尘得好，以至于有人担心这是在"引狼入室"。

然而，仅仅过去四五年，特斯拉不再被视为技术上的"独孤求败"。在20万~30万元的价格区间内，中国新能源汽车市场上已有了非常丰富的选择。而且我们能明显感受到，国内新能源汽车正在智能化方向上"卷"得越来越激烈，而芯片、传感器、算力芯片及 AI 应用也必将在这一轮智能新能源汽车的迭代中发展成熟。

比如，比亚迪的仰望系列已经采用了全新的电力控制方法，实现了四个电机分布式动力输出和控制。这种技术能够实时调控动力的分布和输出，与前面提到的机器人对每个关节进行精确控制用到的是同一种技术。

再比如，鸿蒙智行在 2024 年 8 月发布的华为 ADS3.0"端到端"类人智驾，基于多种传感器对环境与路况的感知，外加人工智能技术的赋能，实现从物体识别到场景理解的全流程能力，使得汽车能够像人类一样实时判断路况并动态调整路线，从而提供更加自主的智能驾驶体验。

我举个简单的例子，让你可以更好地理解这种"端到端"技术。

过去如果想让机器人帮忙倒一杯咖啡，需要预先输入大量精确的数据，如咖啡杯的位置、颜色、大小，机器人的行走速度，拿起杯子的加速度、角速度，以及咖啡的量，等等。只有将每一个细节都准确地输入模型中，机器人才能根据参数驱动电机、减速器等机械装置并完成动作。哪怕少一个数据，甚至只是杯子的纹理对不上，机器人都有可能会判断失误，导致杯子掉落。因此，这样的任务只能在绝对精确的实验室环境下完成。

但如果新能源汽车领域的"端到端"技术可以溢出到机器人领域，那就意味着未来机器人可能不需要依赖如此精细的预设数据了——只需为机器人输入一个初始任务目标，它就可以通过深度学习，根据环境的动态变化自主判断并完成任务。让机器人在你家里为你倒一杯咖啡，将不是梦。

到这里，再让我们回顾一下技术溢出效应所带来的一系列影响。

高铁的发展带来的 IGBT 技术突破及相关的电机电控技术，在新能源汽车领域持续演进，让我们的新能源汽车具备了可靠的驱动和控制系统。

新能源汽车的智能化发展所推动的"端到端"技术，在机器人领域持续演进，让我们的机器人可以自主识别环境、实时做出智能决策。

这正是中国的优势所在：我们有庞大的制造业基础，不断推动技术的溢出效应，带动一些看似毫不相关的产业实现高速发展。同时，庞大的消费市场为我们提供了充分的机会去接触真实用户，并在与用户的互动中完成产品测试和技术迭代。这种独特的生态让我们的发展速度显著快于其他国家。就拿逐际动力创始人张巍的话来说，在国外，采购一个电机要一两个月才能寄到，如果不合适换一个，还要再等一两个月。但在中国，这就是上午买、下午到的事儿。

历史已经多次证明，凭借足够强大的制造业基础和足够大的需求市场，**不管多么先进的科技产品，中国都有能力快速把它"卷"成很多人都可负担使用的工具。20 年前的高铁已经证明了这件事，今天的新能源汽车正在证明这件事，而未来的智能机器人也将证明这件事。**

预测 NO.38

事实依旧是传播的"硬通货"

预测人：李鸿谷

三联生活传媒有限公司总经理，《三联生活周刊》主编

新闻

李鸿谷预测，从报纸、杂志到手机、互联网，再到 AI 驱动的媒介转型，不仅让事实的珍贵与稀缺性愈发凸显，也揭示了生产事实的高难度与高成本。事实的生产，需要具备强大专业能力的机构来支撑，只有这样才能满足公众对真实信息的需求。

2001年，《三联生活周刊》正式以周刊的形式每周出版。那个时候，我们记者日常采访，经常需要向对方介绍"我们是谁"：

"一二三的三，联合的联，《三联生活周刊》。"
"你们的上级是谁？"（这也是常常被问到的问题）
"我们是三联书店办的杂志。"
"三联，哦，你们是书店！那你们跟四联理发店有关系吗？"
"有关系有关系，我们是兄弟单位！"
……

二十多年后，陌生人对我们的好奇心发生了转变："啊！你们还活着？你们还在做新闻！"是的，《三联生活周刊》仍然活着，大家的疑问也从未消失："你们这个行业，还有吗？"

行业生存与否的宏大问题，其实是由那些微不足道的小事情逐渐累积起来的。

2024年春节，有一则事件在网络上迅速传播开来。自媒体创作者"猫一杯"发布了一条"失物招领"的视频，声称在法国巴黎的厕所捡到了一个叫"秦朗"的中国一年级小学生遗忘的寒假作业本。

看似微不足道的小事件，瞬间点燃了大众的情绪——国家早已明令禁止给小学生布置寒假作业，结果远在巴黎这样的地方，还会有中国小学生的作业本。全国各地的小学纷纷开始自查是否有一个叫"秦朗"的学生，愤怒的情绪迅速蔓延。但不久后，事情出现了反转——这条消息被证实为蓄意制造的假新闻。

反转，已经成为互联网常态。你的情绪刚被拉满，结果不出两天就告诉你，事情根本不是你想的那样。这种受骗感，成了我们新的"网感"体验！

好玩的是，这些反转消息往往有一个共同点：越是让人一开始就信以为真的，越有可能是假的！于是，我们不禁开始怀疑：这个世界还有什么是可以相信的？

还是做个"吃瓜"群众吧！可是，互联网上那些热搜的"瓜"，很多也是"假瓜"。

艺人婚变事件像连续剧一样跌宕起伏，"大瓜小瓜落玉盘"的，除了汪小菲和大S，可能就是歌手王力宏了——他的故事里有艺人身份、明星情感、财务纠纷、豪门恩怨等种种爆点，是集各种娱乐元素于一体的优质高端"瓜"！特别是女主角还是美国哥伦比亚大学社会学硕士，小作文写得极为精彩，充满愤怒与哀怨，交织着爱恨情仇，不仅情节完整、细节丰富，还每一轮控诉都像一出戏剧，结构严谨，高潮迭起，从故事的创造性而言，达到了一个至今无人超越的高峰。

但是，如果你耐心"把剧追完"，最后看到法院的判决结果，恐怕会大吃一惊：竟然是王力宏赢了！女主角发布的所有控诉几乎都"查无实据"，她用一种近乎虚构的"非虚构"方式，让大家全程入戏，赢得了最广泛的同情。这个反转，实在让人猝不及防。

唉，吃个瓜都能吃到"假瓜"！

我们还能不能相信"新闻"，还敢不敢相信"新闻"？这是当下许多人真实的困惑，也是亟待解决的问题之一。随着手机的普及与互联网的发展，我们不再看报纸、杂志，也不看电视了，传统意义上由报纸、杂志和电视等传播介质构建起来的新闻定义和认知，正因为手机，更因为互联网，开始发生改变。

如今，手机差不多是长在我们身体上的一个器官了；未来，特别是随着AI的广泛应用，我们人类或许将成为手机的一个"器官"。这种媒介与人关系的根本性变化，是我们对新闻产生困惑的深层原因。那些关于"《三联生活周刊》还活着"的感叹，也是对这一现实转变的真实反应。

对此，我们无须感到悲观。相反，我们更需要对手机，特别是互联网，拥有更清晰的认知和更深入的理解。

在互联网传播时代，人人都能发布消息，手机就是大家的"扩音器"。互联网的内容生产主体已经从主流媒体和机构媒体转向了自媒体。目前，互联网上90%以上的内容都由用户和自媒体生成，这意味着互联网上的内容供给商已经完成了一轮"更新"："用户"既是内容的生产者，也是内容的消费者，形成了一种封闭的供应链。

从生产者的角度来看，中国有超过10亿手机用户，每个人都可以随时发布信息。如此海量的内容，哪些能被看见？哪些能被传播？而且，如果内容没有流量，它就缺乏商业价值。在这个竞争激烈的战场上，自媒体如何创作内容，才能立足并生存下来呢？

目前来看，他们创作的内容（尤其是主流的短视频）有两大主要特征。

第一，片段化。10秒钟左右的内容成为基础单元，因为只有如此短小的内容，才能快速制作和发布。

第二，极端化。在如此短暂的时间内，能够抓住用户注意力的唯一方式就是极端化的表达。

过去对报纸或电视缺乏内容的批评，有一个词叫"标题党"。而现在，"标题党"才是互联网时代的生存之道。甚至一些官方媒体在运营微信公众号时，也曾迎合这种趋势，其标题常常是"刚刚""吓尿了"……仅靠煽动情绪，几乎没有事实，还美其名曰标题越短，事情越大。

在这种表达模式之下，大家自然越来越难看到传统印象里的新闻，事实含量在新闻里被极大地稀释了，即使有事实，由于内容的片段化表达，往往也很容易造成误导。例如，郑钦文在巴黎奥运会夺得女子网球单打项目的金牌，最广为传播的一条消息竟是"父亲豪赌2000万，培养了一个郑钦文！"可是，一个奥运冠军的成长，怎么可能简单地用"2000万培养"来概括呢?这大概是用脚想出来的结论吧!

如前所述,在激烈的流量竞争中,手机上呈现的内容往往是片段化的。这种传播模式放大了一个过去未必被重视的功能——情绪价值。在阅读完一篇文章后,平台通常会贴心地提供一系列情绪符号供你选择:"你喜欢这条资讯吗?"无论是带来愉悦、爽感,还是略带伤感,互联网内容的核心价值往往是驱动情绪,而非满足你对事实的需求。

在这种模式下,最能引爆流量的内容,并不是你以为的娱乐八卦,而是那些能够激发愤怒的消息。如果你感到很生气,想发泄,想跟人吵架,你就是在给这些内容提供参与讨论度。比如"江歌案"里江歌妈妈的消息,尽管已经过去 8 年,在网络上依然维持着极高的热度,"挺江派"和"灭江派"的争论每天都在上演。为什么会这样?这跟互联网的算法有关,手机应用需要你在网上停留更长时间,而各种算法的测试表明,只有具有冲突性的消息才能吸引更多的人把更长的时间泡在网上。此情此景下,那些高科技公司将自己的愿景定义为"不作恶"。这个标准看上去很低位,实际上却难以企及。

互联网内容的发布,遵循其独特的传播特性,比如视频优先、片段化与极端化表达优先。这背后有两大关键机制,深刻影响着所有手机用户。

其一是算法推荐。你喜欢的内容,平台会不断推送给你。这一机制从技术角度而言是进步的,实现了从"人找内容"到"内容找人"的转换。然而，我们也为这种进步付出了代价——我们越来越局限在自己的信息茧房里，接触到的信息越来越单一。

其二是热搜排行。表面上看，这是一种平衡机制，可以帮助用户跳出算法推荐导致的信息茧房，看到更多、更广泛的消息。但实际上，热搜往往是片段化和极端化信息的温床。为了吸引用户的注意力，这类内容更容易被推上热搜，从而激化冲突，制造争议。

一切正在重新被改写与定义中。

时代的发展从不因旧人的哭声停下脚步，根本没有时间停留！

从解释《三联生活周刊》是什么开始，到深入新闻事件现场采访，经历了二十多年的变化，像我这样的老记者也有一些自己的观察。公允地说，传播技术的变革是新闻与内容生产进化的前提。从电报到广播、电视，再到互联网，以及如今改变未来的人工智能，这一过程不可逆转。我们幸或者不幸，只是恰好处在风起云涌的巨变当口而已。所谓的风口，"把猪吹上天"只是一种想象，真实情况往往是彻骨之寒。

值此转换之际，传统概念里的"新闻"及生产"新闻"的人，原本隐藏不深、已被习以为常的空洞与无用暴露无遗。这些过剩产量被互联网"技术化"地处理了，节省了巨大的决策成本。有趣的是，这种新旧产量转换的残酷被演绎成了一出夸张的喜剧，甚至有人毫不留情地说：千万千万！不要报新闻系！

从正在被淘汰的旧产量角度看，这当然醍醐灌顶。但是，互联网不是传播技术的变革吗？技术之下，传播什么？

在我看来，互联网时代，空洞的"新闻"的壳开始蜕去，而

"新闻"里面的事实，正在归来！这不完全是来自未来的，而是现在正在发生的好消息。

一个显而易见的迹象是，那些不断反转的消息本身，反映的是互联网信息自我净化的过程。在足够长的时间轴上，事实会逐渐显现，真相终将水落石出。

我注意到，那个"巴黎厕所里的中国小学生作业"事件，它最后的结论来自蓝底白字的警方公告——这是公安调查后得到的最终的事实，它希望为所有的争吵画上句号。类似地，歌手王力宏的婚变案最终也通过法院的正式判决有了定论。现在，越来越多的舆情事件结束时，都有一张蓝底白字的公告，这表明无论是政府还是互联网平台公司，对事实的甄别与供给能力正在加强，事实供给也逐渐变得更加充分与确凿。

为什么事实如此重要？从我们的祖先看到坠落的果实铺满地面，所以从树上跳下来吃果实，最终演化成人类开始，到发现种植小麦、水稻不仅能果腹，还能提高繁殖与生存能力，再到认识到我们居住的地球并不是宇宙的中心，事实就像阳光、空气、水一样，是人类最基本的需求。无论传播技术如何变化，事实的传播始终是传播的本质，也是推动传播进步的核心力量。

在互联网的传播环境中，事实才是最稀缺的"硬通货"。当然，经此互联网的传播介质转变，不经意也彰显了它的珍贵与昂贵——事实需要具有真正强大能力的机构来生产。

预 测
NO.39

AI 加速融入物理世界，这是属于每个人的机会

预测人：张鹏

智谱 CEO

AI

张鹏预测，每当一种新技术或新工具出现时，原有的路径、周期和方法都会被彻底重构。这意味着，无论你身处哪个行业、现在的工作做得怎么样，你都拥有一次弯道超车的机会。而这次机会，现在正公平地摆在每一家企业、每一个人面前。

2024 年 7 月初，我去了上海参加世界人工智能大会（WAIC）。

像这样的大会，我其实每年都会去逛逛，所以我还清晰地记得，在 2023 年的世界人工智能大会上，"大模型"这三个字几乎占据了每个展台的核心位置。无论是技术展示还是宣传文案，似乎所有展商都以"大模型"作为卖点。媒体报道的重点也围绕大模型展开，铺天盖地全是相关内容。然而 2024 年，情况变得有点不太一样了——讲大模型的展商明显少了，大家更多的是讲自己用 AI 做了哪些具体的事。

比如，有一家专注于医美行业的公司推出了一款用 AI 诊断皮肤状况的设备。设备外形像一个大大的蛋，一侧开口，人可以把脸伸进设备里。设备内部配备了多个高清摄像头，为人脸拍照，然后用 AI 分析皮肤状况。分析完成后，系统会根据每个人的皮肤特点生成个性化的保养建议，包括推荐适合的护肤品类型等。

为什么要设计成蛋的形状呢，直接用带拍照功能的化妆镜不行吗？这家公司的老板告诉我，之所以这么设计，是为了避免周围环境光线的变化影响数据分析。用蛋做一个外罩可以屏蔽外部光线干扰，而里面的灯光是可控制的，所以就能确保每次拍摄和分析的精准度和一致性。

还有一家厂商的产品也很有意思。他们开发了一款名为"LOOI"的桌面小机器人，它可以通过磁吸的方式和你闲置的智能手机连接在一起。手机屏幕作为显示面板，可以展现小机器人生动的动画表情。LOOI 内置的 ChatGPT 不仅使其具备自然语言对话能力，它能够理解并以语音回应你；还使其具备自我学习能力，它能够记住你的面孔，并通过丰富的表情向你表达情感。我们完全可以想象，未来生活中会有越来越多像这样的陪伴型的宠物小机器人。

在世界人工智能大会上，我还看到了许多类似的项目。可以说，AI 应用已经在一些非常细分和小众的领域逐步落地。这让我深刻感受到，自 2022 年 11 月 30 日 ChatGPT 发布以来，我们所期盼的真正属于每个人的变革，正在悄然到来。

你可能会疑惑，相较于过去那些高大上的大模型，这些看似零散、不成规模的尝试，为什么会让我得出这样的结论呢？

因为这些来自不同领域的小尝试表明，AI 正在加速融入物理世界，而 AI 融入的速度将直接决定它对现实世界的影响深度与广度。我想特别强调的是，这不仅给本领域的从业者带来了新机遇，也为所有人提供了前所未有的挑战与转型机会。也就是说，对于每个非 AI 领域的从业者而言，眼前是一道关键分水岭——越过它，就可以从过去只能看看热闹的旁观者角色，变成利用 AI 技术推动变革的实践者。

• 所有人被AI拉回了同一条起跑线

我先以 AI 与教育行业的融合给你举个例子。我们都知道，好的教育要给予个体更多的关注，但如果老师人数远远少于学生人数，这件事就很难实现。但现在，AI 扮演起了助教的角色，替老师分担了大量的工作——清华大学研发的学生智能助手已全面向所有本科新生开放。该智能助手不仅能够帮助学生快速适应校园生活，还能根据每位学生的独特学术兴趣和发展目标，提供有针对性的选课建议。想象一下，如果这种技术得以普及，把"师生比"拉到 1∶1，这将给教育带来多大的改变？

再以 AI 和金融行业的融合为例。银行在做信贷评估的时候，通常会有一个专员评估客户的财务状况、信用评级和还款能力，这个过程既耗时又复杂。现在，有些银行通过引入 AI 来快速筛选数据、计算风险模型，大大加快了贷款审批流程。不仅如此，AI 还能根据每位客户的具体情况提供深入分析，辅助工作人员做决策。这样一来，同样是银行，其工作效率可以提升一个量级。

你可能觉得，教育和金融行业具备较高的资金投入、认知水平和数字化程度，因此 AI 的应用落地自然更快。但接下来我要举一个例子，它可能更能让你感受到这一轮变化的真正意义。

这个案例发生在一家传统制造企业。企业老板专程找到我，希望我所在的智谱可以帮助他们运行一个大模型，以模拟"产能爬坡"测试。

什么是"产能爬坡"呢？简单来说，制造业在生产过程中有两个核心目标：一是提高产能，二是提高良品率。这意味着企业既要尽可能多地生产产品，又要确保更多的产品符合质量标准。过去，为了实现这两个目标，企业主要依靠人工经验的积累和归纳来发现规律。例如，成立专门的质检组，通过增加质检环节，一步步控制变量，以找出导致不良品的原因。基于这些发现，推断出影响生产的核心要素并逐渐优化，从而提升产能和良品率。这一过程就被称为"产能爬坡"。

对任何一家制造企业来说，产能爬坡都是非常关键却又让老板头疼的环节。生产过程涉及多种复杂因素，可能是设备问题、流程问题，也可能是人员操作问题。要找出真正的问题并逐步提高生产能力，往往需要漫长的记录、测试和经验总结。而人的经验很多时候又是一个黑箱，可能记错了，可能关键变量遗漏了，任何很小的原因都有可能导致优化方向出错，带来越改越错的结果。

但如果引入 AI 大模型呢？AI 在参数记忆方面远胜于人类，且能够对生产过程中的变量进行更加细致的拆解和模拟。通过记录和分析每一次改善的结果，AI 可以对生产流程进行快速优化。在产能爬坡中，AI 不仅能实现更细颗粒度、更高精度的优化，还能显著加快整个过程。

因此，这家制造企业的老板明确向我表示，愿意投入大量资金研发并运行这个大模型。因为对他们而言，产能爬坡周期每缩短一个月，所带来的规模化生产收益就可能是大模型研发成本的数倍甚至数十倍。

当你看到 AI 的应用不再局限于虚拟领域，而是向传统行业加速渗透时，也许会对我前面提到的观点有更深的体会："AI 的崛起不仅是 AI 从业者的机会，更是所有行业从业者的机会。"事实上，不仅是

AI 公司需要重新排座次，就连制造业这样曾经看似与 AI 相距甚远的行业，也可能因为智能化改造的提速而被迫重新调整格局。

过去有一句话很流行："数字化时代来了，所有的行业都值得重干一遍。"而它在今天仍然成立——AI 技术真正进入物理世界后，所有行业都将迎来重构的契机。可以说，这种变革的力量如同"水漫金山"，没有人能够置身事外。

更有趣的是，就连数字化过程本身，也因为 AI 的介入发生了质的变化。过去十几年，企业为了实现数字化，不得不耗费大量时间和人力，首先将纸质资料转化为电子资料。而现在，借助 AI 完成数字化的第一步——在线化，无论在速度还是精度上，都远超人工。

你会发现，每当一种新技术或新工具出现时，原有的路径、周期和方法都会被彻底重构。这意味着无论你身处哪个行业、现在的工作做得怎么样，你都拥有一次弯道超车的机会。而这次机会，公平地摆在每一家企业、每一个人面前。

▪ 这可能是我们首次跟与自己智识差不多的物种对话

我可以肯定的是，AI 带来的这个机会与以往互联网和数字化浪潮带来的机会很不一样，因为它的进化速度足够快。你只要想想，在 2023 年，ChatGPT 3.5 的能力还只相当于中学生的水平，而到 2024 年，某些顶尖的大模型已经可以达到博士生的水准了。AI 在短短一年里实现的飞跃，相当于人类从中学走到博士所需的十几年。

也正是因为这一点，2023 年大多数 AI 技术的进步还集中在语言模型方面，但到 2024 年，AI 在图像、视觉和语音处理方面的能力也取得了飞速提升。这些能力的提升彼此叠加，赋予了 AI 从虚拟世界"侵入"现实世界的能力——过去的 AI 或许只存在于你的手机或计算机中，而现在，它已经出现在你的汽车、音箱、穿戴设备、鼠标、眼镜、项链、指环，甚至化妆镜中。在这么短的时间里，AI 就从虚拟世界跨入了现实世界，而且它的一只脚已在现实世界牢牢站稳。

所以，很多人问我，AI 发展的"伟大时刻"究竟是什么？在我看来，ChatGPT 的发布当然意义非凡，但真正让我觉得伟大的一刻，是它在极短时间内用户突破了 1 亿人。这不仅标志着 AI 从实验室的技术走向大众生活，更意味着它开始与物理世界深度融合，彻底改变我们的生产和生活方式。

在人类数百万年的历史中，我们从未与一个拥有类似智能水平的"存在"对话过，而 AI 正在让这种历史性的场景变为现实。试想，当我们拥有一个智能水平接近人类、却不受体力和精力限制的"助手"时，会发生什么？我相信，这个助手可以帮我们解决许多悬而未决的难题：从消除饥饿、改善健康，到推动基础科学研究，甚至探索宇宙的未知领域，这些可能性令人充满期待。

所以我认为，AI 这一波浪潮，往大了说，也许将开启人类的下一个千年。这不仅是技术的跃迁，更是文明进程的全新篇章。

那个时候会发生什么变化？我很期待。

预测
NO.40

中国的大航海时代正在到来

预测人：刘润

著名商业顾问，润米咨询董事长

出海

刘润预测，越来越多的中国企业会用全球的资源生产产品，来服务全球的需求。

这两年，很多人都在讲出海。

"出海"这件事不知道对你来说怎么样，对我来说真的很难。

2012年，我第一次去南极。行程漫长，先从上海飞到迪拜，再转飞里约热内卢，接着飞布宜诺斯艾利斯，最后到达世界尽头的乌斯怀亚，整整花了两天两夜。我带着一个28英寸的大箱子，终于把最重要的物资安全带到了船上，然后"出海"前往南极。对我来说最重要的物资，是20包方便面。

2016年，我去中东。我箱子里最重要的物资变成了大米、榨菜和一口可以煮粥的锅。锅对我来说，就是侠客的剑，厨子的刀。我出海的"宿命"，就是"背锅"。我心里一直有一个疑惑：没有湘菜、川菜、淮扬菜、火锅、烧烤、小龙虾，在海外的中国人真的可以"活"下来吗？所以，出海干吗，家里不好吗？

可是有些时候，家里再好，远赴他乡也是一种必须。

很久以前，有一个国家，它的经济陷入困境，企业面临巨大的挑战。关于这段历史，有诗为证。

对美摩擦频起争，地产泡沫忽成空；
内需渐缓难复兴，老龄少子叹长风。

没错，这个国家就是日本。

20世纪80年代，日本和美国的贸易摩擦逐步升级，并最终促成了1985年《广场协议》的签订。此后，日元大幅升值，"日本制造"价格飞涨，出口因此遭受重创。然后，日本政府下猛药刺激经济，这又引发了房地产市场的迅速膨胀，泡沫随之积累。到了90年代，泡沫破灭，日本国民和企业背负了沉重的债务负担。与此同时，老龄化和少子化问题愈发严重，日本经济由此陷入了被称为"失去的三十年"的漫长低迷期。

马克·吐温曾说过一句广为流传的话："历史不会重复，但会押韵。"说得真好。在面对重大的挑战和困境时，与其"原地焦虑"，不如抬起头，回顾历史，看看三十年前踩到相同"韵脚"的日本是如何应对难题的。

▪ "黑字还流计划"：从商品出口到企业出海

日本应对的方式之一就是"出海"，他们当时称之为"黑字还流计划"。

我靠出口，在国外赚了100块钱。拿回日本的话，因为经济不太好，每年可能只能产生 2 块钱的收益。那我为什么不把那 100 块留在海外，投资到中国、新加坡、越南等增长更快的市场呢？等这 100 块在海外增值，变成 103 块、105 块，甚至 110 块的时候再带回日本，不是更划算吗？

以前做账的时候，赚钱的项目用黑笔记录，亏损的项目用红笔记录。所以这种让"黑字"先在海外继续增值，再带回国内的策略，就叫"黑字还流计划"。

这一计划激励了大量日本企业加大对海外的投资力度。1994 年，日本的海外收入只占日本 GDP 的 3% 左右。随着他们在世界各地建设工厂、雇用当地员工、生产当地需要的东西、服务当地的顾客，到了 2022 年，日本的海外收入占 GDP 的比重增加到了 10%。

不仅如此，许多日本跨国企业的海外收入甚至远远超过了国内收入。2022 年，松下的海外收入占比达到 56.83%，索尼为 72.14%，而本田更是高达 88.54%。

出海，是增速放缓这个难题的解题思路。那我们能不能也从商品出口转为企业出海，来解决增长放缓的问题呢？

当然可以。但是出海这件事，并不简单。

▪ "出海"真正的难点是"登陆"

在我看来，出海既是解题思路，又是难题本身。因为当我们在讲"出"这个字时，真正关注的点依旧是我们自己。

什么意思呢？

你跟爸妈说"我出门了",他们可能会说:"路上注意安全,晚上早点回来。"他们可能不在意你去哪儿,他们关心的是你。但如果你说"我去奶奶家",他们可能会说:"看看奶奶的钙片吃完了没有,帮我把这桶油带过去,多陪奶奶聊聊天。"这时,他们关注的就是奶奶了。如果你说"我去同学家"呢?他们可能会说:"记得跟叔叔阿姨问好。"他们关心的又变成你同学的家长了。

出门的重点是你自己,而进门的重点是对方。出海也是一样的——出海真正难的地方不是"出海",而是"登陆"。

当你在迪拜登陆,在美国登陆,或者在墨西哥登陆,你面对的是不同的人、不同的文化,甚至是不同的价值观。你需要做的,是先把船稳稳停好,然后设法融入他们的生活。

只有融入,你才能慢慢搞清楚:他们一天吃几顿饭?几点睡觉?喜欢看什么电影?最愿意把钱花在哪里?……在此基础上,你才能为他们提供只有他们才需要的"不同的"产品。

2023年,我去了不少国家调研:沙特阿拉伯(以下简称"沙特")、阿联酋、日本、美国,还有墨西哥。我找到了在这些国家待了很长时间的中国企业,向企业里的人请教他们是如何"登陆"的。他们见到中国来的"亲人"特别热情,掏心掏肺地跟我说了好多好多。我特别感谢他们的真诚和信任。而他们的千言万语,总结成一句话就是:**所谓的全球化,就是在每个国家的本地化。**

• 我们以为的对错，可能只是不同

而要想做到"本地化"，第一步就是了解这里的"土壤"。

比如沙特。很多人觉得沙特就是富得流油。确实，他们有石油。而且"皇天不负有钱人"，2024年年初在当地又发现了金矿。但想去沙特发展，光知道这些还不够。

你要知道，沙特禁酒。"感情深，一口闷""不喝就是不给我面子"在这里根本行不通。

你还要知道，不少沙特人做事"较真"。白纸黑字，说到做到。如果螺丝的规格和写在合同里的不一样，你说"我给你换个更好的"，对不起，这也算违约。

迪拜就更不同了。很多人觉得迪拜人也都是"石油土豪"，"头顶一块布，全球我最富"。其实，迪拜的石油储量很少，只占阿联酋的5%。它真正的支柱产业是旅游业。这也导致迪拜的文化与沙特截然不同。

迪拜是一座移民城市，300多万人口中，90%以上是外国人。底层劳动力多来自巴基斯坦和孟加拉国，公司里的中层大部分是印度人，高管则以欧美人为主。尽管外国人居多，但许多地方对"本地化率"有硬性要求，比如每25名员工中必须有1个本地人。

沙特和迪拜的"土壤"已经很不同了，但真正让我大开眼界的是墨西哥。

2024年9月，我们去墨西哥调研。刚落地，向导就反复提醒我们：注意安全。安全，是到墨西哥的第一课。

起初我们并没当回事，但不到一天，东西居然就被偷了。看监

控录像时，大家都目瞪口呆——小偷动作娴熟，一看就是老手。

我们问当地企业，墨西哥这么不安全吗？他们说，我们遇到的还是 To C（针对个人）的犯罪分子，口袋里放 20 美元，基本上就能消灾。To B（针对企业）的犯罪分子才是真的嚣张——他们常常守在仓库门口，卡车一出来就抢。为了安全，很多公司甚至要用装甲车押运大货。

"什么第一课，这分明是最后一课。"我一边感慨，一边默默打开手机，看看飞回国最早的航班机票要多少钱。

但前面说的只是墨西哥的一方面，它的另一面——对员工的保护——又很让人感动。

在墨西哥，员工下班后有"失联权"。要加班？一次最多 3 个小时，一周不能超过 3 次。老板要是敢"剥削"员工，就有可能面临 3~10 年的牢狱之灾。

还有，公司每年必须拿出 10% 的利润给员工分红。这不是绩效奖金，跟业绩没关系。每个员工最多能拿到 3 个月的工资。如果分不完，就留到明年继续分。

对了，公司的核心业务还不准外包。为啥要外包？你是不是想降低工资？这在墨西哥可不行。

听到这些，我又默默打开了手机，查起了墨西哥的工作签证好不好办。

在这趟调研接下来的几天，我们还注意到，当地贫富差距非常严重，一半以上的人口生活在贫困线以下。但即便如此，他们还是非常热情开朗，周五拿到工资，晚上就去狂欢，任何假期都能过成狂欢节，给人的感觉就像墨西哥辣椒一样。

你可能会问，他们不用买房吗？不用操心孩子上学吗？不怕老了没人管吗？不为将来发愁吗？当地人告诉我，在墨西哥人心中，有很多东西比钱更重要，比如家人，比如朋友，比如阳光。他们认为快乐不是来自金钱，而是来自内心的富足。所以墨西哥人脸上总是挂着没心没肺的笑容。

快乐不是目的，快乐是过程。听到这里，我哑口无言。我们以为的好坏对错，在其他文化和价值观下可能有完全不同的理解。

登陆一个国家，你需要先俯下身，捧起当地的"土壤"，仔细观察，看见不同，理解不同，接受不同。然后你才能心平气和地翻开一块又一块不同的"石头"，在底下找到"本地化"的机会。

▪ 本地化的故事：沙特

下面我要给你讲的是三个"本地化"的故事。第一个发生在前面提到的沙特。

沙特虽然有的是石油，但却极度缺水，所以地图上满眼都是沙漠。但如果把地图放大一些，就会发现一片片绿色的小圆点。

这些小圆点是农田。从 20 世纪 80 年代开始，沙特启动了一项令人惊叹的伟大工程——沙漠造田。图中的每一个圆点，其实都是一片农田。

不过，农田不应该是方的吗？为什么沙特的农田是圆的呢？

这是因为它们使用了一种"指针灌溉系统"，这个系统中间有一根长长的管子，从地下抽取水，通过一条像钟表指针一样的长臂

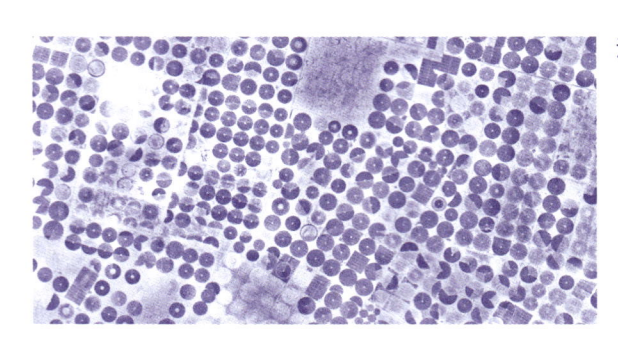

沙特沙漠中圆形的农田

旋转洒水。你完全可以想象，这种方式特别费水。所以你才会看到，图中那些圆形的农田有些只有一半是绿的——水不够用了，只能浇一半的地。

要用水，但又不能继续这样浪费水。这是沙特遇到的跟我们不同的难题，怎么办？

极飞科技的联合创始人龚槚钦说："用滴灌系统啊。"

滴灌系统的原理很简单：通过安装在植物根部附近的小滴头，将水缓慢、精准地输送到土壤中，直接滋润植物的根系。这样做比直接往地上洒水好多了，因为它不会让水白白蒸发掉。

然而，滴灌系统也有问题。要覆盖这么大一片农田，至少需要安装 100 个"水龙头"。更麻烦的是，还需要雇十几个人，24 小时轮班操作这些水阀，一会儿给这块地浇水，一会儿给那块地流水。用水是少了，但是用人多了。

龚槚钦继续补充道："智能化啊，'中国优势'发挥作用的时候到了。"

他们设计了一种智能阀门。凭借中国强大的供应链能力，即便增加了智能功能，这种阀门的成本依然只有国外老式电动阀门的三分之一。价格低，使用也很方便，一个人用手机就能远程控制100个阀门。结果，沙特滴灌系统的人工费用因为这个智能阀门直接削减到了原来的十分之一。

龚槚钦说，多少好答案，其实都在等待一个真正的难题。

沙特的沙漠农田，过去面临着"想省水却得多花钱"的真难题，而中国的智能阀门用技术实现了既省水又省钱，一举两得。

这就是"本地化"的核心——比出海更重要的，是登陆。问问别人有什么难题，可能在那些难题里面，有一些是以你的能力正好可以解决的。

▪ 本地化的故事：美国

第二个本地化的故事发生在美国硅谷，人工智能的浪潮正在那里熊熊燃烧。在烧什么？"烧"显卡、数据，还在疯狂地"烧"人才。

如今，AI领域的人才越"烧"越稀缺、越"烧"越贵。智联招聘2023年的数据显示，在中国一线城市雇一名软件工程师，一年得花15万～30万人民币。换成美元的话，差不多是2.1万～4.2万美元。虽说不算特别低，但相较国际市场，这仍然是非常有竞争力的价格。

但是美国呢？根据美国求职网站Glassdoor2023年的数据，一名软件工程师的年薪在11万～30万美元，纽约和硅谷地区软件工程师的薪资水平还要比这个更高。也就是说，在美国聘请一名软件工程师的成本可能是中国的好几倍。

对美国的科技企业来说，高昂的人才成本显然是个棘手的"难题"。但他们的难题，正是"出海"人的机会。

很快，一家叫 Brix 的 AI 跨境招聘平台出现了，创始人杨成纬说，既然中国软件工程师的薪资水平只有美国的三分之一，那为什么不用三分之一的成本在全球范围内招聘呢？

候选人需要远程办公？没问题。疫情期间，许多硅谷企业已经习惯了这种模式。疫情结束后，员工叫都叫不回来。这恰好为全球化招聘扫清了障碍。

不会写招聘启事？也不是问题。招聘方可以直接对着 AI "说"自己要什么样的人，然后他的话会被自动翻译成一份合格的招聘启事。

有了招聘启事，不知道发给谁？这更不是问题。Brix 给职场社交网站领英（LinkedIn）开发了一个插件。招聘方只要去领英上看谁符合要求，然后 Brix 就会把这个人的一级、二级、三级人脉圈里的所有人都研究一遍。物以类聚，人以群分。所有"相似度"高的候选人都可以被邀请来参加面试。

以前，服务业很难走出国门。中国的 Tony 老师（理发师）再便宜，也没法给硅谷的 Antony 剪头发。但是现在有了互联网和 AI，只要一根网线，中国的服务就能触达全世界。

▪ 本地化的故事：墨西哥

第三个本地化的故事发生在墨西哥。

2003 年之前，墨西哥对美国的出口总额比中国还高。这可能也是为什么 2001 年中国申请加入 WTO 时，墨西哥是最后一个投赞成票的国家。

然而，中国加入 WTO 后，迅速在 2003 年超越墨西哥，2007 年又超越加拿大，成为美国最大的"进口来源国"。这一地位持续到 2018 年，那一年，美国开始对从中国进口的商品加征关税。

此后，一些公司开始调整供应链布局，再加上 2020 年《美墨加协定》生效，美国对墨西哥的大部分商品免收关税，美国从中国进口的商品比重显著下降；到 2023 年，墨西哥再度超越中国，重新成为美国最大的"进口来源国"。

这是否意味着我们与美国的商业机会会越来越少，中国的产品会逐渐被墨西哥取代呢？

不一定。

这次去墨西哥调研，我的主要目的地不是首都墨西哥城，而是靠近美墨边境的小城蒙特雷。为什么去那里？因为有几百家中国企业在那里争分夺秒地建造了工厂。

比如，海信。我和海信的刘总交流时，他说："蒙特雷距离美墨边境只有不到 3 个小时的车程，在这座墨西哥最大的工业城市之一里，我们生产的商品只要符合《美墨加协定》的优惠条件，就可以以最快速度进入美国市场。"

他指着一款烤炉继续说："我们不是简单地把中国工厂复制到这

里，而是根据当地需求生产产品。这款烤炉就是海信美国和欧洲团队联合研发，专门为北美市场设计的，在蒙特雷制造后销往美国。"

这就是用全球的资源，服务全球的需求。

2023 年，海信的总收入约为 2000 亿元人民币，其中 42.6% 来自海外市场。今天的海信，已经是一家真正的全球化企业。

从沙特、美国和墨西哥的本地化故事可以看出，无论世界变得多么陌生，无论我们面临多大的挑战，总有一条新路通向未来，尽管在这条路上有九九八十一难。

坐在家里，只能揣测。去到现场，才有答案。

欢迎你加入中国的大航海时代。

预测
NO.41

世界正在拥抱中国科技

预测人：邝子平

启明创投创始主管合伙人

科技

邝子平预测，很多中国的科技产品会成为全球新兴市场的主流选择，甚至是首要选择。而在一些新兴尖端科学和成熟技术的领域，中国与世界科技强国的差距，已不再妨碍全球用户对中国科技产品的接受与认可。

2024年9月25日，一则企业合作信息让我感触良多。总部位于中国广州的自动驾驶科技公司文远知行和总部位于美国旧金山的全球最大的出行平台优步建立战略合作伙伴关系，双方计划在阿联酋首都阿布扎比联合推出无人驾驶出租车服务。我有两个感受。第一，全球化没死，一家中国公司和一家美国公司合作，在中东推出新服务，不正是全球化的一个鲜活例子吗？第二，中国的科技企业正在一步一个脚印地走向世界。

这一现象背后是中国人才的积累、市场的发展，以及多年来的持续努力，使中国的科技水平、产品质量和产品功能的竞争力显著提升，在多个领域已跻身全球引领者之列。

以汽车行业为例，日本汽车工业协会在2024年7月31日公布的数据显示，2024年上半年，日本汽车出口量为201万辆，同比略有下降；而同期中国汽车出口量增长了31%，达到279万辆，连续两年蝉联全球汽车出口首位。按全年趋势预测，中国很可能继续稳居全球汽车出口首位，并有望突破 500 万辆的出口规模。而日本自 2008 年"雷曼危机"前出口 672 万辆汽车以来，至 2024 年未能再突破 500 万辆的大关。此外，根据中国汽车工业协会公布的数据，中国申请的动力电池专利占全球的 74%；在 2023 年全球动力电池装机量排名前十的企业中，中国企业占据六席，市场份额超过 60%。

在生物医药领域，中国正从主要进行"引进许可"（license-in）的市场，逐步转变为"输出许可"（license-out）的重要来源国。美国一家生物医药上市企业 Summit Therapeutics 因为从中国的新药研发企业康方生物获得依沃西（PD-1/VEGF 双特异性抗体）在美国、加拿大、欧洲及日本的开发及商业化的许可授权，股价在 12 个月内大涨了超过 10 倍！如今，各大国际大药企来中国寻找新药合作或收购机会的热情越来越高。

一直有人将这一系列转变简单归因于中国产品的价格优势，甚至认为是依赖补贴政策的"全球倾销"，并断言中国科技产品走向世界的进程将受到地缘政治因素的制约，注定只能昙花一现。对此，我有不同的看法。

假如中国这一轮科技产品走向世界仅仅是国家战略的结果，是自上而下推动的举措，那么地缘政治因素的确可能起到关键性影响；**但作为一名风险投资人，我看到的更多是微观因素，是千千万万中国企业家、创业者、工程师、生物学家、产品设计师所提供的产品和服务水平、所展现的创新与创造的欲望，以及他们所构建出来的产品在全世界受欢迎的程度，这些才是最关键的因**

素，而这是地缘政治阻挡不住的。 以影石 Insta360 为例，这个品牌 80% 的产品销往海外市场，其全景相机产品在全球风靡，不是因为价格低廉，更不是因为政府推动，而是因为它细致捕捉到了用户需求，深受全球运动爱好者的喜爱。影石的产品以设计新颖、使用便捷、体验出色而著称。它的标签不是"价廉物美"的中国制造，而是"户外""动感"和"酷炫"，正是这些标签让它超越了国界。

制造业的全球化起步很快，但简单的制造加工能够沉淀下来的"价值"有限。相比之下，科技企业的全球化需要经历一个更长的过程才能被世界接受。然而，一旦被接受，它们的发展速度可能会迅速提升。我认为，未来中国科技企业的全球化将继续加速。

有人觉得这是国内市场竞争加剧、利润空间缩小倒逼出来的结果，但我认为它更像是过去三十年中国科技企业前仆后继打拼出来的成就，是水到渠成的，也是不可逆转的。一个来自中国苏州、仅有十人研发团队的新药项目，能够在一夜之间引起全世界的注意，为团队带来数十亿美元的授权收入，甚至颠覆一家市值数百亿美元的国际上市公司，关键在于这个团队的能力得到了国际市场的认可。而我认为，不论是生物医药领域，还是 AI 应用领域，这样的认可正变得越来越普遍。

当然，这种认可并不意味着中国的科技水平已经到达世界顶峰。无论是在一些新兴尖端科学领域，还是在一些成熟技术领域，中国和世界科技强国都还有很大的差距。我在这里要表达的是，这种差距已不再妨碍全球用户对中国科技产品的接受和认可了。

你的产品好，用户自然会认同。无论是短视频分享平台还是激光雷达，即便有政客的阻挠，用户仍会用最简单直接的方式告诉你："我喜欢你的产品，我愿意购买。"同理，当你的产品不被用户接受时，也不要过于纠结。这并非因为用户对中国科技产品有不分青红皂白的偏见，更可能是因为你的产品做得还不够好，还不能俘获用户的心。总而言之，如果你是这一代的中国创业者、工程师、产品经理、设计师，你已经非常幸福地站在了前人的肩膀上，整个世界都是你展现创意、智慧和才华的舞台。

放眼全球创新生态，中国科技企业在应用创新领域已展现出强大的优势。尽管大部分原创技术和科学发现仍然来自欧美等发达国家，**但中国科技企业的独特之处在于，它们能迅速在十亿消费者级别的市场上实现从技术到产品、从发明到应用的跨越。**而在国内市场取得的成功，还加速了中国科技企业的创新成果在全球范围内的扩散。在清洁能源、智能电动车、消费电子产品、移动应用、AI 应用等领域，许多来自中国的科技产品正在全球新兴市场中成为主流选择，甚至是首要选择。同时，中国科技企业和创业者也越来越乐意融入当地市场和经济。

在中国科技企业走向世界的路上，已经形成了多种发展模式。第一种，也是最常见的一种模式就是立足中国，放眼世界。在中国起家，把中国市场做好之后再腾出精力扩展全球市场，中国的大多数新能源车企都在走这条路。

第二种是企业根植于中国，充分利用中国强大的产业链优势，但品牌和市场主要面向海外。前文提到的影石 Insta360 就比较接近这个模式。

第三种是在中国创业，但因为市场主要在海外，所以研发可能部分留在国内，但总部会迁至更接近目标市场的地方。一些近期聚焦美国市场的 AI 应用企业正是如此。

不管中国的科技企业选取了哪种模式，我认为它们在更好地融入世界的同时，极大地丰富了中国的创新生态。所以，无论企业选择将总部设在中国深圳还是新加坡，只要产品能够赢得全球用户的喜爱，就会让世界对中国科技企业刮目相看。

最近几年，国内经济环境的挑战及全球范围内保护主义的抬头，都让很多人有些沮丧。但我坚定地认为全球化的大趋势不会改变，目前的局面只是暂时的，全球化正在向新的阶段调整，新的机会正在出现。那些轻易断言"全球化已死"、眼光只投向中国本土市场的企业，还有那些躺平的科技从业者和投资人，十年后一定会为错失机遇感到后悔。中国的科技企业已经具备了走向全世界的能力，中国的科技产品在过去的几年里正不声不响地赢得全球市场的认可，并且这样的趋势还会持续下去。新一代的中国科技企业全球化将会以多种面貌出现，其中许多将会是全新的面貌。我们的企业家，我们的科技人才，我们的科技投资人可以把眼光放得更宽一点，更好地拥抱和推动这一趋势的到来。

1
未来的我
会更好吗

2
未来的世界
会变糟吗

3
哪些机会
正在涌现

4
现在的我
该关注什么

预测
NO.42

"做自己",
是未来的出路

预测人：陈海贤

浙江大学心理学博士，知名心理咨询师，
家庭治疗师

自我发展

陈海贤预测，未来，我们不得不踏出一条属于自己的独特的道路。人们会更关注自我，也会更依赖自我。

前不久，我应邀去一家国内的互联网大厂做分享，那个场合很隆重，而且线上线下参加的人都很多，所以 HR 团队非常重视。我要分享的主题是"如何培养成长型思维"，主要讲我们可以从挫折中学到什么，获得怎样的成长。这个话题我在《了不起的我》里详细论述过，所以内容相对来说比较成熟。但在这次分享的准备过程中，HR 团队来来回回提了很多修改意见，有些意见我实在不太理解，以为他们是在吹毛求疵，差点就不想去了。直到最后一次跟这个团队沟通时，他们才委婉地对我说："陈老师，提这些修改意见，其实是因为现在我们的员工都很敏感。我们跟他们讲励志的内容都很小心，担心会被认为是洗脑说教。所以我们希望您能把这次分享里励志的部分尽可能淡化，让大家感觉不是我们要教他们什么，而是真的关心他们的成长，也许这样他们才会接受。"

在人们的刻板印象里，互联网大厂的管理者都是很强势的，对员工也要求严苛。然而，那次 HR 团队对员工感受的小心翼翼，给我留下了深刻的印象。要知道，和很多互联网大厂一样，这家企业过去一直以拼搏奋斗的企业文化为傲。但现在随着经济下行、行业动荡，员工和组织的关系变得前所未有的复杂，以往的管理方式和对员工的要求也开始变得不合时宜。

我在这件事背后看到的是年轻人对现实的不满、对规训的抗拒和对平等的要求。作为回应，组织也不得不做出相应的改变。尽管这个过程伴随着不适，但也蕴含着积极的种子。

我们面临的第一个转变，是年轻人不再渴望被激励，而是需要被理解。不少网络上的意见领袖，因为讲话有"爹味"而被群嘲；很多曾经受欢迎的励志言论，现在却遭到了年轻人的抵制。

为什么会这样？不是这些励志言论本身有什么问题，而是当挫折在现实中屡屡出现时，年轻人对励志背后的潜台词变得分外敏感。**要知道，励志既包含隐形的责备，也包含隐形的许诺**。隐形的责备是："你现在过得不好，是因为你还不够努力。"隐形的许诺则是："你要是照我说的做，就能得到成功和幸福。"现在，隐形的许诺既然无法实现，隐形的责备自然也该被拒绝。

这种心理变化也反映在人们对心理产品的需求上。

十年前，最受大众欢迎的心理学词汇是"拖延症"，最流行的心理学书籍是《自控力》《意志力》和《正能量》。

那时候，"拖延症"是人均心理问题。人们在为拖延焦虑的同时，还有一种"人定胜天"的乐观，认为"只要我不拖延，我就能改变很多事"。人们本能地把外在的要求内化为对自己的要求，将其变成了一种"应该"。当这种"应该"和自我的意愿发生矛盾时，人们也本能地把问题归咎于自己，认为问题在于自己拖延，而非外在要求不合理。

而现在，最流行的心理学词汇是"松弛感"，最流行的心理学书籍是《蛤蟆先生去看心理医生》《也许你该找个人聊聊》这样充满安慰和治愈、情感更细腻的作品。当自律的要求和自我关怀的需要产生冲突时，人们开始学习真正地关心自我，而不是一味地要求自己。在"就算努力也不一定成功"的背景下，人们开始寻求内心的平和、与自我的和解。

随之而来的问题是：在外在现实受限的情况下，该追求什么样的生活？外在的标准已不再适用，人们需要自己给自己一个答案。寻找这个答案的过程并不容易，可是，"反求诸己"是成长必经的道路，它建立在理解自己和接纳自己的基础上。

第二个转变，则是很多年轻人不再相信和依靠组织，而开始更相信和依靠自我。最近几年，中国社会从现代迈入了后现代，那些以往坚实的意义感逐渐被解构和消减。一些年轻人不再相信大公司提出的愿景、价值观和在此基础上构建的人生的意义感。他们开始从自我中寻找出路和答案。

2024 年，我接受了一个叫姜 Dora 的博主的采访，也顺便采访了一下她。她的故事恰好代表了现在很多年轻人的转变轨迹。姜 Dora 原来是一个互联网大厂的运营，一边工作，一边琢磨流量的秘密。当她在工作中遇到瓶颈时，她开始尝试做自己的自媒体（很荣幸，我的书《了不起的我》也在她的转变中起到了推动作用，帮她下定了这个决心）。凭借个人才华，以及长期接触互联网真实的用户所培养的网感，姜 Dora 很快就做出了爆款视频。这更坚定了她自己创业的决心。

如今，她离开了互联网大厂，经营着一个有百万粉丝的自媒体账号，主要做人物访谈。员工就两人：一个是她男朋友，一个是她妹妹。她男朋友同样是从互联网大厂出来的，把一些重要的技能带到了这个账号的运营之中。

姜 Dora 说，她并不相信组织所赋予的意义，所以她很早就知道有一天要出来做。现在虽然有很多流量方面的焦虑，但她挣的钱比在互联网大厂时多了不少。当然，最重要的是，能做自己喜欢做的事，也没有组织带来的内耗。

我见过很多像她这样的年轻人，他们不再将组织提供的升职加薪视为唯一目标，而开始追求成为"超级个体"。他们会更认真地考虑自己想要做什么，并付诸实践。互联网大厂成了真正意义上的"大学"：为个人提供其足够优秀的资历证明，就像大学为学生发放文凭；让个人积累"做自己"的经验，就像大学为学生提供专业教学。"做自己"，成了动荡时代的出路。

让我们对组织的概念做一点延展，从公司看到家庭。你会发现，年轻人对婚姻的态度背后，同样有着对组织的疑虑和对"做自己"的需求。很多年轻女性本身受过很好的教育，有很好的工作，自己也见多识广，不再热衷于扮演传统家庭里为家庭牺牲的相夫教子的角色。而男性也开始把"成家立业"视为社会规训的一部分。

对自我的重视，削弱了家庭的吸引力，而家庭对自我的束缚，也促使更多年轻人选择"做自己"。我们很难讲什么是因、什么是果。

这些转变对这个时代的影响是什么？

我认为是带来了一连串我们之前没有遇到过的新问题：

· 在"做自己"的时代，怎么处理自我的需求和组织的要求之间的关系？

· 组织以外，真的有那么大的空间能够容纳个人为自己工作吗？

· 如何在"做自己"和对归属感的需求之间找到平衡？

· 如何构建一种跟社会和他人的新关系，既能做自己，又不会过于自我？

· ……

问题总是让人焦虑。但我觉得，新问题要好过旧问题，就像选择直面变化的焦虑要好过选择死气沉沉的抑郁一样。焦虑的背后蕴藏着新的可能性。当人们认真思考这些问题时，他们会发现：反抗不是终点，它只是过程中的一环。人们最终会借由反抗建立新的规则，从而获得新的自我。正如存在主义心理学家罗洛·梅（Rollo May）在《人的自我寻求》里所说的："生活在一个焦虑时代的少数幸事之一是，我们不得不去认识自己。"

在未来，人们会更关注自我，也会更依赖自我。当现成的答案逐渐消失，我们不得不踏出一条属于自己的独特的道路。它会重构我们的消费观和择业观，也会重构我们和他人的关系。具体来说：

・在消费方面，人们会更看重商品的实质，而不再过分追求它的附加值。人们不再需要用外在的品牌来定义自我，而更追求内心的满足；而对自我的关注会促成体验经济的崛起，人们也许会更愿意为好的体验买单，哪怕这些体验只留存于自己的记忆中。

・在择业方面，人们会更倾向于寻找那种依靠自身能力的工作，倾向于在组织外发挥自己的才能；即使在组织中工作，人们也倾向于找不那么拼的工作，更注重生活和工作的平衡。

・在关系方面，人们更愿意保持更远的关系，不想跟别人捆绑，不想担负别人的人生；陌生人的社群会代替部分亲密关系，来消减人的孤独。

・……

还是在《人的自我寻求》这本书里，罗洛·梅说，"没有一个'完美整合的'社会能够替个体完成一切，替他们完成获得自我意识以及负责任地自己作出选择的能力这一任务"，因为这是自我的责任。

变动和不确定的时代给了我们更多的机会去理解这个人生使命。我们都会经历成长的危机，从熟悉迈向未知，直到我们的自我变得更加独立，直到我们在自由选择的爱和创造性的工作中，和他人建立新的关系。我相信，未来会有更多的人走上这条充满意义的成长之路。

预 测
NO.43

"参与感"教育会让你的孩子过得更快乐

预测人：馒头大师

本名张玮，作家，"馒头说"创办人

(教育)

馒头大师预测，孩子选择未来职业的自由度会前所未有地高，家长要做的是陪伴、引导和激发他们，而不是控制、指挥他们或替他们做决定。

先讲一个真实的段子。

上海有一所著名的双一流大学，其中有一个系的毕业生组织了一场同学聚会。参加聚会的三四十个人都已为人父母，孩子们大多在小学或初中阶段。觥筹交错间，大家对一些时事乃至国际问题总会发表一些不同的观点，有些甚至争得面红耳赤。但整场聚会下来，有一个观点却得到了所有人的一致认同：我们的孩子，应该考不上我们毕业的这所大学了。

乍看起来，这个段子给出的结论很简单：麻袋换草袋——一代不如一代。

但你仔细想想，若真如此，背后的逻辑是不通的："学霸"的孩子都考不上好大学了，好大学难道都把教室拆了种红薯了？当然不是，人家是"雕栏玉砌应犹在，只是朱颜改"，优秀的孩子越来越多，把你家的孩子挤下去了。

所以，不要以为你是"学霸"，你的孩子肯定也会是"学霸"。

在时代变化的背景下，基因遗传的作用几乎可以下降到忽略不计。

那么，问题到底出在哪里呢？我认为是孩子面对的日新月异的各种诱惑手段，与部分家长停滞不前的应对理念之间产生了矛盾。

除了"历史的温度"系列，我还写了一些给孩子的书，制作了一批给孩子的教育类音频产品[1]，所以在全国范围内有了一批小读者、小用户。每次签售会上，我都会遇到一些家长提问，所以对于前面说的孩子与家长之间的矛盾有一些感触。

比如，曾有一位家长问我："孩子现在不爱看书也就算了，怎么连四大名著都不看了？我们小时候可是看得如痴如醉啊！"

我回答说："你仔细想想，这其实很正常。"

阅读当然是件好事，但很多家长并没有意识到，阅读本身是有门槛的——无论是对成年人还是对孩子来说——不是所有人都能轻而易举进入那个瑰丽多彩的世界。

想想我们小时候：马赛克画面的任天堂"红白机"就算顶级的享受了，谁见过智能手机、平板电脑？哪有千奇百怪的短视频可以刷？学校里谁会讨论《王者荣耀》《原神》和"初音未来"？正因如此，我们"被迫"有大量的时间和动力去跨越那道阅读的"门槛"，沉浸到那个神奇的世界中去。

再看看现在的孩子：虽然阅读的门槛本身没有改变，但"迈

---

1. 图书包括"小学生自学大语文"系列、《写给孩子的论语课》和《让孩子像哲学家一样会思考》，音频教育类产品包括《馒头大语文伴读》《馒头伴读三字经》。

过"这道门槛的难度对他们来说却增加了许多,因为孩子们周围的诱惑实在太多了。在某种意义上,他们要跨越的不是阅读的门槛,而是抵抗诱惑的门槛。

对此,有些孩子会表现出极强的自律性,或者有非常明确的目标——相信我,"学霸"都是这样的。但更多的孩子是需要家长搡一下、托一把、推一程的。

我在给孩子写书、做音频课的过程中组建了多个家长社群,与全国三千多名家长有了接触。根据这些社群的反馈,我看到了一个积极的趋势:越来越多的家长开始反思自己的教育方式,逐渐理解并实践一种"参与感"教育。

▪ 什么是"参与感"

对家长来说,"参与感"其实并不容易把握。

像那种"丧偶式"教育,父亲或母亲完全撒手不管,当然毫无"参与感"可言。但有的父亲可能会说:我每个周末都当司机送孩子去参加各种辅导班;有的母亲可能会说,我每天陪孩子写作业直到他上床睡觉。像这样肯定算"参与"了吧?

说实话,还真不能算。我和你分享社群中几个家长的例子,他们的做法或许能帮你更好地理解"参与感"。

有一个妈妈提到,她家离女儿所在的学校大概步行半小时的路程,每天她都陪四年级的女儿步行上下学。"不少同事和朋友都对我说,你们真辛苦。但其实他们根本不知道,我们俩每天有多开心。"

去学校的路上,这个妈妈会用手机外放大语文伴读的音频课程,跟孩子边听边相互交流;回家途中,她则会和女儿一起讨论学校里的见闻和八卦。

这就是"参与感"。

还有一个爸爸跟孩子约定,只要完成作业,她每周就有一个小时的电子游戏时间。

他和孩子玩的《双人成行》(*It Takes Two*)是一款多人分屏合作的动作冒险游戏,我觉得也是一款可以名垂青史的亲子类游戏,父女两人乐在其中。《双人成行》通关后,女儿提出想玩《底特律:变人》(*Detroit: Become Human*),这款游戏探讨了"仿生人到底算不算人"等深刻问题,考虑到其中一些情节可能需要成年人引导,爸爸每次都陪在女儿旁边,和她讨论下一步的选择。

这样的游戏互动,不仅能增进父女之间的感情,还能提升女儿的知识和视野,并且逐渐培养起"契约精神"。

这也是"参与感"。

还有一个爸爸想培养儿子打网球,为此给儿子请了教练。而每次他都会额外购买一节课,让教练指导自己。

这个爸爸对网球其实兴趣不大,这么做主要是为了两三个月后能和儿子进行一些简单的隔网拉球练习,还有半年后可以作为孩子的搭档,"上阵父子兵",跟别人打双打比赛。

现在,儿子学网球将近两年,父亲早已不是儿子的对手,但儿子每次练球，他依然陪伴在场边。而孩子最初对网球的兴趣和动力，很大程度上就源于父亲的陪伴与一同下场练习。

这还是"参与感"。

看过"参与感"的几种表现形式后，你知道了，家长要做的是陪伴、引导和激发孩子，而不是控制、指挥孩子或替孩子做决定。在这个意义上，家长和孩子的关系其实有点像捧哏与逗哏：别看郭德纲在台上生龙活虎、火力全开，不让于谦和他同台试试？

实事求是地说，现在为人父母确实不容易，许多家长都深有体会，甚至有人调侃说："与其鸡娃，不如鸡自己。"

但我觉得，其实也不用那么悲壮——年过而立甚至不惑的家长，还要强打精神、咬紧牙关来"鸡"自己，一方面根本没有精力，另一方面收效也未必显著。更多的家长开始认识到，"参与"孩子的学习和生活，比一味地"鸡娃"要轻松、有效。

只是，如何"参与"及"参与"到什么程度，确实不好把握。有家长愿意陪孩子玩《双人成行》《底特律：变人》，就肯定也有家长视电子游戏为洪水猛兽。曾经有人向我抱怨说："我真恨透了那些开发游戏的人！希望他们全家都倒霉！"

市场上确实有一些手游开发商，以钻研人性弱点和增强玩家的沉迷感为目标，他们的问题不容忽视。但还有很多优秀的游戏作品，是配得上"第九艺术"[1]这个称号的。**对于孩子玩电子游戏，我**

---

1. 传统的八大艺术为文学、音乐、舞蹈、雕塑、绘画、建筑、戏剧、电影。此处认为电子游戏是第九艺术，可以和这些经典的艺术形式相提并论。

的观点一直是十六个字："堵不如疏，长期共存，互有攻守，共同进步。"

作为家长，你是否愿意稍微花点功夫，了解一些电子游戏的基础知识，调查一下孩子们喜欢玩的几类游戏？甚至像我前面提到的那位父亲一样，通过"参与式监督"引导孩子，从而帮助他们养成良好的电子游戏观念和习惯？

不仅是电子游戏，孩子的其他兴趣爱好也应当得到类似的关注与引导。我社群里的一位家长说，她家读初中的孩子喜欢研究枪支武器，对各种型号的枪了如指掌。那么，家长是否可以做点功课（尤其想请孩子的爸爸一起下场"参与"），先了解一些枪支的知识，再去请教孩子：为什么98K步枪装上四倍或六倍镜就可以做狙击步枪？为什么它会成为第二次世界大战时期纳粹德国配备的主力步枪？它的年产量为何高达800万支？苏德战争期间，苏联狙击手又使用了什么武器？

这并不需要很专业的知识，上网查一下百度百科，三分钟就能把问题清单整理出来。像这样的"破冰"活动，在拉近与孩子距离的同时，还能引导他去探索其他领域的问题：纳粹德国为什么会攻打苏联？最初又为何闪击波兰？为什么英美一开始迟迟不参战？……从第二次世界大战往前延伸到第一次世界大战的欧洲皇室关系，往后延伸到战后的雅尔塔体系和"铁幕"落下，其实很容易引起孩子对枪支武器以外的历史的兴趣。

"参与"到孩子的兴趣爱好中，当然需要家长付出一些精力，但请回想一下，你平时又是怎么向孩子灌输"天上不会掉馅饼"的道理，或者不劳而获的危害的呢？

每天坐在孩子旁边盯着他写作业，自己却在刷手机；或者给他报各种辅导班，周末比滴滴司机还辛苦地接送……千万不要以为这就是"参与"，这不是，这充其量只是"陪读"。

正如我一开始提到的，越来越多的家长正在意识到这一点。

毕竟，时代一直在发展。

▪ 不忘初心，做好当下，坦面未来

我一直觉得，"70后""80后""90后"这三代人在选择自己的未来这件事上，虽然一代比一代自由，但多少会受到一些束缚：家庭的情况、父母的意见，甚至整个家族的责任都在他们的考虑范围内。

但"00后"，尤其是"10后"的孩子情况很不一样。

"10后"的孩子，他们中的第一批人出生的那一年，中国正式超过日本，成为GDP排名世界第二的国家。对他们而言，未来的选择自由度前所未有地高。从一定程度上说，只要符合社会主义核心价值观，他们就完全可以按照自己的兴趣选择职业。

这种变化的背后，部分原因是他们家长的观念也在不断进步。

儒家文化圈的一代又一代家长们，总是希望自己的下一代至少要比自己强，但最终他们会发现，自己内心深处所谓的"要活得比我强"，其实是"要活得比我快乐"——只不过这些家长认为，他们为孩子规划的那些所谓的"好职业"能带来更多的"快乐"。

但我们都知道，很多时候，事情不是这样的。

我有一句话，一直想送给家长们："不忘初心，做好当下，坦面未来。"

所谓"不忘初心"，就是要想想当初孩子呱呱坠地，头几天做各种健康检查时，自己最大的心愿是什么。是不是"我不求其他，就求我的孩子能健康平安地长大"？

随着孩子的成长，开始有了圈层，开始有了比较，很多家长的那颗"佛心"被包裹上了一层焦虑的外壳。这个时候，请别忘了自己对孩子的那颗"初心"。

所谓"做好当下"，就是尽力而为，在自己力所能及的范围内为孩子创造一个能让他健康成长的环境，而不是做一些超出自己能力范围的事情——当然，比这更糟糕的是让孩子做超出孩子能力范围的事情。

所谓"坦面未来"，更不用多解释了，就是保持一种良好的心态。

我们这代家长，是赶上了一个大好时间窗口的一代；至于我们的下一代，我们没有必要要求，也没有能力保证他们肯定会强过我们。但有件事我们是可以深度参与的，那就是让他们比我们更快乐。

在这三点里，最重要的无疑是"做好当下"。

怎么"做"？就是这篇文章所说的，培养和建立自己的"参与感"并付诸实践。

越来越多的家长已经意识到这一点，因为道理很简单：至少现在孩子还愿意让你参与，等到他真正长大之后，你想参与也没机会了。

现在多参与，未来，就能等到更多好消息。

预测 NO.44

教育的天平会向个性化倾斜

预测人：池晓

好奇学习社区、钥匙玩校夏令营创始人

教育

池晓预测，我们的孩子会接受"让个体价值最大化"的个性化教育。他们将充分了解自己，用自己最擅长的方式做自己最喜欢的事情，甚至发明一个"只有我干才合理"的全新职业。

▪ 游戏改变教育

2024年暑期，Synthesis夏令营项目在一些中国家长中间广受欢迎。这个项目由曾与马斯克合伙办学的约什·达恩（Josh Dahn）发起，被中国家长们亲切地称为"马斯克夏令营"。它采用在线形式，面向全球8～14岁的孩子开放，主要内容是"玩游戏"。在夏令营中，全球范围内的学生需要通过游戏来沟通、合作、解决复杂问题，并在结束后进行讨论和复盘。老师的角色不是传统的讲授者，而是提醒者和顾问。

Synthesis夏令营的走红，让我们看到了游戏式教育的潜力，而它的潜力在很大程度上源于游戏的独特性质。格雷格·托波（Greg Toppo）在《游戏改变教育》中说，游戏是一种艰难的乐趣。**而哲学家伯纳德·苏茨（Bernard Suits）对游戏的定义更有趣：游戏是自愿克服不必要的障碍。**

以中国近期最成功的一款 3A 游戏[1]《黑神话：悟空》为例：这款游戏让不少玩家联想起以操作难度高著称的魂系游戏[2]，卡关的时候需要一遍又一遍地挑战，直到最后通过。然而，为什么在游戏中重复挑战令人乐在其中，而学习中的重复，例如刷题、背单词等，却让人倍感枯燥呢？

因为游戏是一种引导玩家主动行动的艺术，玩家不主动，游戏就无法推进。而工业化的教育恰恰相反——无论你走没走神，课程都会以统一的步调朝你迎面走来，而你只能被动接收。不可否认的是，这种教育方式在工业革命之后的世界大大促进了教育公平，让更多人有机会接受教育。然而，随着智能时代的到来，它的局限性也愈发凸显出来——不仅磨灭了学生的个性，还削弱了学生学习的动力。教育的使命是为未来社会培养人才，而未来社会并不需要那么多机械死板、老实听话的手脚，它需要更多有创意、有智慧的头脑。

我们都期待孩子在学习时能沉浸其中，这其实是游戏设计师早已实现的目标——游戏通过"自愿参与、目标、规则和即时反馈"这四大要素[3]，构建起让玩家沉浸其中的心流体验。游戏之所以吸引人，是因为它本质上是一种优秀的"学习产品"；游戏设计师的工

---

1. 指制作成本高、开发周期长、团队规模大，并且追求高品质画面和复杂游戏机制的大型商业游戏，类似于电影中的"大片"。
2. 受《黑暗之魂》（*Dark Souls*）系列影响而发展的一类游戏，以高难度、紧张刺激的战斗，复杂的地图设计，以及玩家反复试错的游戏体验为核心特征，挑战玩家的技巧与耐心。
3. 这四大要素由游戏学家简·麦戈尼格尔（Jane McGonigal）在《游戏改变世界》一书中提出。

作，本质上是运用教育心理学家维果茨基提出的"最近发展区"理论[1]，通过在玩家现有能力和潜在能力之间设计适当的挑战，逐步引导他们迈向更高水平。

许多教育者已经认识到了游戏在教育中的独特价值，并积极尝试将其融入孩子们的学习过程。早在 2015 年，我所在的钥匙玩校夏令营便开始探索游戏式教育，并提出了"游戏即学习"的理念。夏令营的学习活动围绕一个个游戏化的故事背景展开，例如：在人类文明毁灭后，如何重建世界？假如你不幸身陷奥斯维辛集中营，如何设法逃离？……相比于学习能力，"钥匙玩校"更关注学习意愿。"我愿意"比"我可以"更加珍贵。

近百年前，陶行知先生提出"生活即教育"的理念，他认为好的教育不只是为未来的生活做准备，好的教育就是好的生活本身。同样地，**好的学习也不应该只是借助游戏来实现，学习本身应该成为一场精彩的游戏。**

学校和教室是一个开放世界的沙盒[2]，老师作为游戏搭档或 NPC（非玩家角色），负责发布任务并提供适时的指导。作业不再只是枯燥的练习，而是变成了主线任务和支线任务，也许还隐藏着一些需要学生探索才能触发的"彩蛋"。考试则变成了挑战关卡的 Boss 或

---

1. 维果茨基认为，学生的发展有两种水平：一种是学生的现有水平，指独立活动时所能达到的解决问题的水平；另一种是学生可能的发展水平，也就是通过教学所获得的潜力。两者之间的差异就是最近发展区。
2. 一种游戏模式，玩家可以在一个自由度极高的虚拟世界按照自己的意愿探索、建造或完成任务。

者一道需要解锁的复杂谜题。

以我所在的好奇学习社区[1]的期末考试周为例，它被命名为"迪试尼乐园"，学生需要基于真实的"城市地图"（如城市里的公园），一边进行定向越野，找到对应科目的测试点，一边在露天的环境中完成笔试、口试或体能考试。他们与其说是在考试，不如说是在完成一次充满挑战的探索或冒险。

也许在未来，每所学校旁边都会有一所"玩校"。但我更希望，每一所学校都能成为"玩校"。

个性化教育将成为主流

前面提到，游戏的一个特点是能够引导玩家主动行动。另一个同样重要的特点是，它能为每位玩家创造独一无二的体验，而这正是教育所追求的重要目标之一。

我们知道，好的教育需要给予个体更多的关注，这往往意味着更高的师生比，甚至需要一对一辅导。例如，北京市十一学校通过灵活的选课机制，做到了"一人一课表"。再如，在"钥匙玩校"招牌的学院制夏令营里，每个营员都通过"分院竞技"和"绝活选修系统"拥有了专属于自己的学习路径。

此外，技术的进步也为个性化教育带来了更多可能性。多邻

---

1. 由钥匙玩校夏令营衍生出的创新型非应试小微学习机构。

国、可汗学院和梦想盒子等学习平台借助游戏机制和 AI 工具，为每个学习者定制个性化的学习体验，使他们能够按照自己的节奏高效学习。

然而，上述案例中的个性化学习路径，仍然是基于一个预设的顶层设计展开的。我认为，真正广义的个性化学习，应该是让学生能够自发生成学习内容，扩展顶层设计的边界，让学习走进真实世界。

这种模式的关键在于，尊重每个孩子的特点和注意力，引导他们基于好奇心构建未知的学习内容，就像拼乐高积木一样，逐步搭建起属于自己的学习大厦。例如，钥匙玩校夏令营的 Gap Day（自由日）提供了这样的实践机会：几十位营员和玩伴老师在一天内可以即兴发起超过 100 项活动。他们既可以开设选修课，分享已掌握的技能，吸引其他人来学；也可以提出自己想要学习的技能，吸引其他人来教。这就是一种自发生成式的学习。

钥匙玩校夏令营学生活动

随着时代的发展，越来越多闻所未闻的工作将不断涌现。个性化教育的核心命题,是如何让个体价值最大化。每个人都有义务充分了解自己,用自己最擅长的方式做自己最喜欢的事情,甚至发明一个"只有我干才合理"的全新职业。

正如管理学大师德鲁克所说,"好的管理就是激发善意和潜能"。对于身处教育管理一线的校长和教师来说,这句话同样适用。教育者要充分激发学生的善意和潜能,让每个学生展现出自己的特质。

如果说工业化教育的目标,是通过标准化教学,让每个孩子变得一样,以此来保障教育公平,那么智能时代的教育,应该是让每个孩子都顺应自己的热情和天赋,变得与众不同。好奇学习社区的"动力中心"正在践行这一理念:老师像侦探一样,通过观察、评估、设计最近发展区,分析孩子的潜能方向,与孩子一起探索成长路径。

教育的过程,本该是逐渐揭晓自己天命谜底的过程。有价值的行动探索,不会让人陷入虚无和怀疑主义,而应该带来"进一寸有一寸的欢喜"的愉悦。

未来,教育的天平一定会向个性化倾斜,各种个性化教育支持系统将不断涌现,而教育的评估方式也将发生深刻变化——从注重定量到更加注重定性,从依赖客观数据到兼顾主观感知。借助训练有素的 AI 工具,教师将成为"行走的潜能挖掘机""天赋识别器",帮助每个孩子找到自己独特的成长路径。

智能时代需要什么样的能力和教育

前面提到，在 AI 主导的智能时代，从教育者的角度看，实施个性化教育并激发学生的学习主动性至关重要。那么，对学生来说，哪些是能给他们加码的能力，他们又需要怎样的教育呢？

我先来说智能时代个体需要具备的核心能力。

第一，表达能力和提问能力会变得越来越重要。

"都坐在同一间教室里，凭什么别人能考高分，你就不行？"这是工业化教育时代常常被用来为难孩子的问题。随着智能时代的到来，这个问题可能会演变为："都用同一款 AI 工具，凭什么别人能用好，你却不行？"

AI 工具的强大离不开精准的指令，写出高质量提示词（prompt）和提出有效问题的能力变得尤为关键。这些能力的提升，离不开大量的刻意练习。可以预见，在 AI 工具的驱动下，教育将更加注重对表达能力和提问能力的训练。

第二，判断创意好坏的能力，比想出创意本身更有价值。

很长一段时间里，创意似乎总被认为是少数天才的特权。然而，AI 的出现完成了某种创意平权，因为我们每个人在头脑风暴的时候，都有了一名得力助手。

然而，当 AI 生成了大量创意后，我们依然需要去甄别哪些才是真正有价值的。看似拥有了无限灵感的我们，实际上依然面临一个事实——灵感仍然是稀缺资源。

这促使教育开始更加重视培养学生对新事物的判断力。这种能力部分依赖于批判性思维的培养，但不止于此。创造力的本质更像是一种信心，而不是单纯的能力。与其说创造力需要灵气，不如说它更需要勇气——敢于突破常规，敢于尝试未知。

第三，在真实中学习。

剧作家哈维尔（Václav Havel）提出的理念"活在真实中"有两重含义。首先，它意味着坦然接受客观现实，不自欺，不逃避，不装睡，不对房间里的大象视若无睹，也不拔高"温室"的价值。其次，它体现了一种理想主义的真实，即无论外部环境如何，都以理想的应然状态为行动准则。

比起模拟真实世界的教育，更好的教育是直接参与并改造真实世界，在真实的项目中让学生学会沟通与合作，同时掌握解决实际问题的能力。

好奇学习社区的"做事课"正是基于这一理念设计的。课程中，学生在真实的环境中，围绕真实的需求，解决真实的问题，并从多方获得真实的反馈。学生们曾为马云基金会设计乡村教师培训方案，为TED×Chengdu提供志愿服务，还曾化身婚庆策划团队，为老师策划并举办婚礼。

我们也会去积极创造条件，去做那些很困难，但是应该做，一想到就令人激动的教育项目。例如，为期4个月的"川越计划"，带领学生环游四川省21个地市。

第四，在失败中学习。

在真实中学习，失败是不可避免的一部分，好奇学习社区曾将"失败学"纳入课程内容，帮助学生以积极的心态面对失败。具体来说，是先学会变坏事为好事、变危机为转机，然后在不确定性中有尊严地获益。

长期以来，不少家长提倡挫折教育或吃苦教育，希望让孩子意识到生活的来之不易，从而学会感恩。然而，真正有效的挫折教育并不是人为制造困难，而是让孩子在面对真实挫折时学会正确应对和解决问题的方法。

第五，我们需要动态更新的通识教育。

从第五条开始，我想介绍智能时代所需要的教育，先从多年前我和学生们分享的一则创造力公式说起：创造力 = 通识教育 + 联系意识。

创意并非无中生有，通常是站在巨人的肩膀上，厚积薄发的灵光乍现。

基础教育不能仅仅着眼于语文、数学等基础学科，而应当用更广泛的通识眼光，把教育做宽，更应当打破学科之间的边界，敢于发明新的学科和新的架构。

好奇学习社区提倡有中心、无边界的通识教育观念，任何有学习价值的内容都可以作为切入点；而随着学习的深入，这些内容自然会链接到传统的基础学科上。

我们围绕我与自我、我与他人、我与社会、我与宇宙四种基本关系，设计了包含"吹牛课"(通过实现吹牛计划，让学生学习目标管理)、"塌房启示录"(结合《影响力》探讨榜样的价值)、"Citywork"(了解城市正常运转背后的必要工作)等在内的 16 种通识课。

钥匙玩校夏令营则从古希腊"七艺"中汲取灵感,将其重新定义为语言、逻辑、生活、常识、运动、创造和休息七个方面,为现代青少年提供兼具广度和深度的通识教育体验。

除了广义的通识教育,也需要根据实际情况开展更小范围、更具针对性的主题式通识教育。好奇学习社区就曾开展过"危机百科""废墟探险""国王的排名""记忆碎片"等不同主题的常识周项目,做到因地制宜、因时制宜地教育。

第六,接受非良构的教育形态。

看起来显得有系统性的教育往往能给我们更多的安全感。然而,技术发展的速度早已将这种系统性远远甩在身后。

试图构建一套如"宇宙真理"般完美的通识教育顶层设计是不现实的。我们正身处一个高速迭代、不确定性成为常态的时代。在摩尔定律的驱动下,世界只能是草台班子。

追求更高、更精准、更全面的教育设计固然重要,但妄求绝对的完美与面面俱到只会徒增负担。相反,我们需要在教育中留出灵活调整的空间,接受更多非良构,甚至看似混乱的教育形态。通过提供开放而丰富的体验,让学生在真实的学习情境中探索,再通过复盘总结经验,这或许才是应对不确定性的最佳策略。

教育是对真实世界的模拟,而现实本身就充满混乱。

第七，把教育作为一种方法。

把教育作为方法的意思是，我们需要一种关于"教育"的教育——家庭教育对个人影响深远，而几乎每个人都将在人生的某个阶段扮演父母，也就是教育者的角色。因此，教育应该成为人生的必修课。同时，对终身学习者来说，教学是最好的学习方式之一，这使得教育成为我们必须掌握的基本常识。

广受欢迎的费曼学习法，其核心理念正是"以教代学"，通过讲授来加深对知识的理解。在 AI 工具的加成下，向 AI "讲授"将成为个性化学习的效率利器。

关于"教育"的教育，其实也是要弄明白哪些是自己该学的东西，它包括但又不限于前面所说的提问能力、判断能力、在真实中学习和在失败中学习的能力、通识素养和建构能力。

教育终究是一项艰难的任务。但现实已经为我们做出了预言：教育将从工业化的"培训"走向真正意义上的"教育"，成为一项来自未来的艰难乐趣。

预测 NO.45

闯荡世界有助于你找到新机会

预测人：郭建龙

历史作家，著有"中央帝国密码三部曲"、《汴京之围》等

历史

郭建龙预测，不管是加入已有的商业机构驻扎海外，还是只身去闯荡，个人都能在与世界的接触中发现更多机会。同样，未来中国的经济发展也必然依赖于开放和与世界的沟通。

这两年，朋友们最常问我的一个问题是：随着经济发展高速期的过去，人们还能理想和口粮兼顾吗？

的确，2024年，中国高校毕业生规模达到1179万人，同比增加21万人，较2019年增长超200万人，竞争很激烈，年轻人工作越来越难找。同一年，国考报名人数首次突破300万大关，平均竞争比高达77∶1，个别热门岗位竞争比甚至接近2000∶1，公务员越来越吃香。有的年轻人搁置了几乎所有重大人生决策，连续几年备考，只为有朝一日能"上岸"。

对比二十年前，很多稍有想法的年轻人会迫不及待地拥抱市场，不愿在办公室喝茶水浪费生命，辞职东南飞。

正因为这个对比，许多人心里纳闷，越来越多的人选择考公是不是一个长期趋势，未来，人们是更想要稳定还是其他东西？

我的答案是：体制内固然是好的，但体制外也仍然有广阔的天地。恰好是到了这个时期，我们才更应该去追求个性。因为繁华过后，才是个性彰显的时代。

从历史上看，在每个朝代初期的高速增长期，反而是人们追求温饱和共性的时期；而高速增长期快结束时，由于物质财富的积累，人们不再担心温饱问题，才会进入追求个性、百花齐放的文化繁荣期。由于我的行业是写作，因此，不妨先从文化的角度考察这个规律，再进入更加广泛的经济和社会各领域。在这几个不同的领域，我们会发现，追求个性虽然也有代价，但回报依然丰厚，几乎没有人会后悔。

▪ 文化：阅尽人间始见金

我认为，中国文化一个很重要的特点是：每个朝代真正的大师往往不会出现在朝代的开局，也很少出现在经济高速发展的鼎盛时期，而是在经济发展速度已经过了高峰之时才涌现。

我们可以举唐代的例子。在政治最清明的贞观时期，唐代的文化依然是比较原始的。唐代文化的代表是唐诗，贞观时期太宗皇帝和他的大臣们已经开始写诗了，但当时的人们只把诗歌作为社交工具，因此诗歌中充满了套话，缺乏独立的灵魂，被称为"奉和诗"。

到了高宗和武后的时代，这是一个政治动荡、经济发展停滞的时代，诗歌界反而出现了第一批代表作家——"初唐四杰"[1]和陈子

---

1. 文学家王勃、杨炯、卢照邻、骆宾王的合称。

昂。这种现象并不矛盾，因为文化的发展是需要时间积累的。**每个朝代初期的成年人往往都经历过乱世，在他们受教育的年龄，社会缺乏安定的条件，所以他们的文化积累也相对薄弱。只有在经历了数十年的太平之后，那些在相对安定的环境中接受良好教育的青年才能成长起来。当他们步入成年，又恰逢一次动荡，于是这些有了学问的成年人在动荡中被迫观察和思考真实的世界。这时，文化的第一次高峰才得以形成。**

武后时代结束后，玄宗开元年间再次迎来了盛世。但李白和杜甫最活跃的时期对应着玄宗后期的停滞与动荡。李白在这个时期看尽了官场的丑态，从醉心到失望，再到出离，将之诉诸文字，成就了他的伟大。杜甫则更为特殊，他在最黄金的时代接受了教育，然后利用他细腻的文笔记录下了混乱时代的苦难，从而成了唐代诗歌的顶峰。

不仅是唐代，在历朝历代，文化的发展往往都依赖于那些独立于政治、拥有自由精神的人。他们有幸在和平时代接受了最好的教育，又经历过之后的衰落或者停滞，将一切诉诸笔端。这些条件缺一不可。比如，曹雪芹也是在康熙年间接受了最好的教育，之后的家道中落让他阅尽了人间沧桑，这才酝酿出了巨著《红楼梦》。

唯一的例外或许是宋代。当时，由于政治环境宽松，以苏轼为代表的文人集团的成员大多也是官员。其余朝代，特别是之后的明清时期，当官往往意味着与真正的学问绝缘，因为官场上运用的是最无聊的格式化公文。

我认为中国文化的另一个特点是，最初的文化发展往往是在京城，但到了高峰时期，则会过渡到地方文化的崛起和百花齐放。这一点，我们不需要观察古代，只说最近四十年来中国大陆文化一个重要的动向，恰好就是地方文化的崛起和京城主导作用的衰落。

在改革开放初期，大陆本土文化是由北京的一小部分人定义的，当时流行的是一种没有离开政治表达的波普文化，以摇滚歌曲、政治波普绘画和京味小说为特征。

后来几十年的趋势是地方的崛起。以音乐为例，现在的音乐人虽然很多会在北京学习一段时间，但他们大多来自全国各地；流行的歌曲也逐渐变成地域性的，从石家庄、大理到成都、漠河，以风水轮流转的形式冲击着乐坛。

这种从北京到地方主义的流变，不仅给了普通人更多机会，也可以减少地域性的歧视。**这就像唐代的长安，虽然每个诗人在一生中都要去长安游历一番，但李白依然是蜀人的性格，孟浩然依然带着襄阳的标签。**只有文化从长安主义向地方主义过渡，中国的文化才能达到高峰。

总结而言，古代中国历朝的文化高峰并不对应着盛世的顶峰，而是那些在盛世中接受了最好教育的年轻人，由于不再担心被饿死而开始追求个性，从而可以在盛世巅峰已过时冷静地观察时代弊病，写出伟大的作品。

经济：新的创新属于独立的人

中国文化一定是由那些追求个性表达的人创造的。现在让我们进入更加广泛的社会和经济各领域进行观察。

首先来看科技领域，中国历史上的许多重要发明同样来自民间。四大发明中，除了宦官出身的蔡伦（显然宦官也不是他的本业）改进了造纸术，其余的三项[1]即便没有明确记载，由朝廷主导的可能性也很低。

然后来看商业领域，几乎所有有利于人类进步的创新都出自民间系统。这是因为，一切商业创新都必须有实际的需求做后盾，而只有来自民间的商人才能感觉到社会上的真实需求，从而创新性地满足这些需求。

以 2024 年刚刚庆祝了千年诞辰的纸币为例，纸币最初的发明与政府的一项盘剥有关。宋代政府为了应付铜钱不足的问题，规定在四川只准发行用铁制作的钱币，禁止铜钱在当地流通。由于铁钱的价值太低，人们购买货物往往需要带上大量的铁钱，多到有时甚至会拿不动。

来自民间的商人敏锐地观察到人们的携带困难，于是摸索出了"交子"这种形式。具体做法是，让人们把铁钱存入商号，不用随身携带，只需开出被称为"交子"的存钱凭证，就可以靠凭证做交易。

除交子之外，唐代的汇票（称为"飞钱"）也是如此出现的。藩镇割据状态下，人们携带金钱穿越各个节度使辖区极为不便，于是商人们创造性地发明了汇票系统。

---

1. 即指南针、火药和活字印刷术。

不管是过去、现在还是将来，有价值的创新都会从民间源源不断地涌现出来。所以，在我看来，一个人找工作不应该过于关注挣多少钱，更不应该想着偷懒、图轻松、混日子，而应该看这份工作是否能让你每天接收到新的思想、接触新的人、学会新的技能。随着人工智能的普及，目前存在的大部分重复性工作的价值会逐渐消失。如果一个人在工作中只是在重复同样的机械动作，那么他应该在第二天就辞职不干，去寻找一份充满新鲜感的工作。

但有人会质疑：现在许多人工作都很难找，还谈什么创新？

工作难找除了经济下滑的原因，最根本的恐怕还是结构性的原因。简单说，随着科技的发展，淘汰的是按照以前的岗位培养的人，而社会需要的是以前没有的人才。

大部分工作岗位都是按照以前的经验设置的，而真正的创新往往是前人无法定义的，它一定不是现在已有的工作岗位，而属于正在演化的某种新型工作。

比如，在短短几年之内，现代社会已经催生了直播操盘手、带货主播等前人无法想象的工作，这些弄潮儿大多是那些不甘于现状，甚至是无法见容于传统职业体系的人。

平台的崛起也不是计划来的。滴滴打车和美团创造了大量的工作岗位，但这些平台的颠覆性同样是很多人无法想象的。

只有那些不肯屈服于现有工种，不安分，愿意去闯荡的人，当然也包括一部分被迫闯荡的人，才会发现这些机会，成为弄潮儿。

关于职业的变迁，我是一个亲历者。与大多数人都有固定的职业不同，我很早就辞职开始了闯荡。因此，我身边几乎都是不安于现状、游离于传统职业体系之外的人。他们中有些也曾拥有过"正规"的职业生涯，但在人生的不同阶段选择辞职闯荡。我发现，这些人几乎没有后悔的。他们当前的生活在物质上也大多不比辞职之前差，在精神上更是拥有着自由。

一般一个人离开了熟悉的岗位，会有一个挣扎期，这段时间可能持续三到五年，也正是在这个挣扎与摸索的阶段，大部分人会逐渐发掘一条适合自己的道路，寻找到新的职业机会。

▪ 闯荡世界去寻找多元机会

那么，一个人应该怎么去寻找机会呢？机会要靠自己摸索，但我认为，闯荡世界或许是一个不错的起点。

从经济发展的角度来看，当国内的经济发展已经达到一定的高度，那么就到资本出海和闯荡世界的时候了。

以唐代为例，贞观和开元时期已经有了非常多去往海外的游客，但这些人大多是僧人。至于商人，当时更多的是来自西域和东南亚的商人进入中国，中国本土商人出海的反而较少。这其中的原因在于，当时的造船业依然掌握在印度人、波斯人和高棉人手中。到了唐代后期，世界的造船中心慢慢转移到中国的广州、泉州等地，中国的商人才坐上了自己的船前往海外。中国的资本往往是随着中国的船一同前往世界的。

安史之乱后，随着地方主义的抬头，各地的节度使开始更加关注辖区内的经济发展，沿海地区的对外商业这才逐渐走上了繁荣的轨道。而这时，已经是中央王朝衰落的时候了。

宋代也是如此。北宋时期朝廷更关注北方的领土，对海外贸易没有特别重视，到了南宋失去半壁江山之时，海外贸易反而越来越发达了。

现在，如果你认为中国经济发展速度最快的时期已经过去，国内的机会不如从前，那么向海外发展就是一条必由之路。

在海外旅行时，我见到最多的亚洲面孔是日本人。他们告诉我，每天至少有 2 万个日本背包客行走在世界各地，用脚步丈量世界的宽度，并将世界各地的知识带回日本。背包客在二十年前的中国尚属罕见，但到十年前，其增长速度和数量都已经超过了日本、韩国，展现出良性增加的趋势。令人遗憾的是，2020 年之后，中国背包客的数量大幅减少，与中国的经济体量已经不相称了。而值得注意的是，之前印度背包客的身影非常罕见，但最近几年却迅速增加，大有超过中国的势头。

不要小看背包客，因为任何一个文明繁荣时，都会有大量的人才走向世界、观察世界，并以拥有世界居民的视野为荣。

与背包客现象同步的必然是这个文明的企业大规模向海外扩张。在海外，我最频繁遇到的国内企业是华为，我甚至总喜欢用"海外扩张的黄埔军校"来形容这家公司，因为华为几乎在每个国家都设立了分支机构，拥有大量熟悉国际市场的海外人才。这些人辞职后，就成了中国商业进军海外的主力军。

我认为，不管是加入已有的商业机构驻扎海外，还是只身去闯荡，个人都能在与世界的接触中发现更多机会。同样，未来中国的经济发展也必然依赖于开放和与世界的沟通。在这一过程中，政府是否支持年轻人开眼看世界，将是决定中国能否全面融入世界的关键因素。

预测
NO.46

游戏素养让我们有更强的适应力

预测人：严锋

复旦大学中文系教授，资深游戏玩家

游戏

严锋预测，新时代的人利用游戏进行学习、创造、自我表达和情感交流，这将使他们在数字化社会中更具竞争力和适应性。

- **《黑神话：悟空》和一个新时代**

　　2024 年 8 月 20 日，《黑神话：悟空》正式登录 PC 和 PS5[1] 平台。在发售三天后，该游戏的全平台销量超过 1000 万套，打破中国游戏历史纪录。那几天我正在大连参加中国比较文学协会的年会。会议期间，我接到了无数个电话和微信，都是来自不同媒体的采访请求，他们的目标都是同一个——《黑神话：悟空》。

　　我从 20 世纪 80 年代开始玩游戏，90 年代开始发表研究游戏的文章，第一次遇到这么多的报纸、电视台以如此巨大的热情扑向一个游戏。随后的几天里，我遇到的几乎每一个人都向我发出了一个"世纪之问"：你玩《黑神话：悟空》了吗？那一刻，我有一种无比真切的感觉，那就是时代变了，人们对游戏的态度已经变了，一个

---

1. 即 PlayStation 5，是索尼互动娱乐于 2020 年 11 月推出的一款家用电子游戏机。

新的时代已经来临。

仿佛是天意一般，就在《黑神话：悟空》发售的前一天，全球最具声望的科学杂志之一《自然》发表了一项研究报告，题为《2020—2022 年日本电子游戏对精神健康的因果效应》。在那三年间，新冠疫情导致半导体短缺，PS5 和 Switch 等游戏机供不应求，商家通过抽签决定谁有资格购买。研究人员调查了 8192 名参与抽签的 10～69 岁的日本居民，收集了他们的游戏习惯和心理健康状况等数据。结果显示，拥有游戏机的人在心理健康和生活满意度方面有明显的提升。具体而言，适度的游戏时间（每天不超过 3 个小时）与心理困扰减少和生活满意度提高相关。然而，游戏时间超过 3 个小时，这些积极影响则趋于平稳。此外，研究发现，不同人群从不同类型的游戏机中获益的程度存在差异：年轻人更容易从 Switch 中受益，而成年人则更倾向于从 PS5 中受益。[1]

▪ 《节奏光剑》与心流

对于这个报告，我个人可谓感同身受。也是在这个研究展开的同一时期，我每天困于斗室，生活被摁下了暂停键，仿佛从动物变成了植物，也和很多人一样遭遇了心理困扰。是游戏救了我，对此我将永远心怀感激。

---

1. Switch 的便携性和适合多人互动的设计，满足了年轻人碎片化时间和休闲娱乐的需求；PS5 注重高画质和复杂游戏体验，更适合追求沉浸式娱乐的成年人玩家。

那段时间，我玩得最多的是《节奏光剑》，一个音乐游戏。玩家手持两把光剑，根据音乐的旋律和节奏砍向一些飞来的方块。砍的位置和时间越准，力道越猛，分数就越高，发出的声音也越好听。官方的音乐包涵盖了从 Lady Gaga 到林肯公园等多种风格的曲目。我最喜欢的是打倒男孩乐队的《我不在意》(I Don't Care)。

Said I don't care what you think（我说了我不在乎你怎么想）
As long as it's about me（只因那些想法关于我）
The best of us can find happiness in misery（最好的我们能在悲惨中找到幸福）
……

更对我胃口的是，《节奏光剑》是一款 VR 游戏，运行于 Meta Quest VR 一体机上。就是说，我手里的那两把光剑不是用键盘和鼠标控制的，而是需要我用双手像真的手持双剑一样在空中挥舞。我的身体也需要站立、下蹲和倾斜，以躲避迎面而来的各种障碍。这个游戏考验的不光是手眼，还有身心。当我挥汗如雨，手舞足蹈，手持光剑奋力砍向那些方块之时，我既是游戏中的英雄，又是音乐创造者，还是舞蹈者（尽管在别人眼里可能很滑稽），被我劈碎的是心中的块垒。半个小时下来，我瘫软如泥，整个身心都真正感受到亚里士多德对于艺术的"净化"（catharsis）的定义。

2022 年 4 月，我的体重是 78 千克，到了年底降到了 76 千克。鉴于这段时间我很少做其他运动，我要将我身体和精神的健康归功于这个游戏。也正是在几乎同一时期，我接触到了积极心理学的奠基人之一米哈里·契克森米哈赖（Mihaly Csikszentmihalyi）的心流理论。心流是一种高度集中、完全沉浸于所从事的活动中的心理状态，能够给人带来深度的满足感，并对心理健康产生积极影响。

这看起来有点鸡汤，但心流的积极作用已经被大量实验验证，而游戏正是心流的重要载体之一。心流不是你坐在那里，就会从天上掉下来的，它需要积极的行动，也需要特定的技术和方法，其中包括清晰的目标与即时反馈。在《节奏光剑》中，玩家的目标是跟随节拍击中飞来的方块。每次击打成功，都会变成好听的音乐节奏及不断上涨的分数，失败则会制造噪声。这些可见可闻的反馈都会提示和激励玩家随时调整节奏和动作，让他们更沉浸于游戏之中，乃至于忘了剧烈运动带来的劳累。

心流同样需要挑战与技能的平衡，这在各种游戏中体现得淋漓尽致。《节奏光剑》为玩家提供了从"简单"到"专家"的不同难度级别，确保游戏难度与玩家技能相匹配，并根据玩家技能的提升来提高挑战难度。当玩家在不断挑战更高的难度时，既不会感到无聊，也不会因过度困难而产生挫败感，从而很容易进入心流状态。这一原则不仅对游戏意义重大，对我们的生活、学习和工作也非常有启发。在《节奏光剑》中，我从新手起步，几个月内将购买的所有专辑都通关到了专家级别，全球排名一度跻身前 5000 名。根据 Meta 的数据，早在 2021 年 2 月，《节奏光剑》的全球销量就已超过 400 万份，累计销售额更是高达 2.55 亿美元。嗯，那我这个世界排名也能给我带来不错的成就感啦。

心流状态下的个体更容易完成具有挑战性的任务，且对自身表现有更高的满意度。这种成就感增强了一个人的自我效能感和自信心，同时还会延续到其他生活领域。步入中年，我一直痛感健身的必要，但从来没有动力踏进健身房。一个重要的原因是觉得健身没有乐趣可言，看到那些钢筋铁骨的器械，更是有一种上刑场的感觉。当然，在那段日子里，我就是想进健身房也不可能。而我在《节奏光剑》中获得的心流体验，突破了所有阻挡我进入健身房的障碍，也保护了我的身体和心灵，这就是游戏的力量。

▪ 《微软模拟飞行》与真实世界

游戏还让我走得更远。我是《微软模拟飞行》的老玩家，最早是在 1991 年接触到这个游戏的第四代，整个游戏一张 1.44MB 的软盘就可以装下，画面非常简陋。我还记得在游戏里飞行到美国旧金山，金门大桥就是几根线横在那里，给你一个大致的意思。但即便如此，那个时候的游戏就已经可以真实模拟塞斯纳 172 型飞机的主要部件和操作了，空速表、姿态仪、高度表、转弯侧滑仪、航向仪和升降速度表等一应俱全。模拟飞行的乐趣，就在于慢慢搞清这些仪表和按钮的用途。在这个过程中，你会学习到飞行的原理、历史和现状，享受一种掌握高级知识，并且将其融汇到操控中，去驾驭高科技机械巨兽的满足感。

比如，在飞行中，飞行员怎么确定自己的位置和目的地的位置，以及怎么选择航线？方法有很多，从传统的目视到 ADF/NDB（自动方位搜寻器/无指向性无线电信标）、VOR（甚高频全向无线电信标），再到现在的 GPS（全球定位系统），它们的原理不同，各有乐趣。

以 VOR 为例，你需要调节频率，输入航向，通过听"滴滴嗒嗒"的莫尔斯电报码来改变飞机航向，让 CDI（航道偏差指示器）指针垂直重合。最终成功到达目的地的时候，你会很快乐。还有 ILS（仪表着陆系统），它能让驾驶员在黑夜和浓雾中仅仅依靠仪器的指示，一步步对准跑道。最后安全降落的时候真是太有成就感了。

《微软模拟飞行》是游戏史上生命周期最长的系列游戏之一，每一代的更新都让游戏中的飞机和外面的世界变得更加真实，也展现了同一时期民用计算机最前沿的技术水平。最新版本已于 2024 年 11 月 19 日问世，这个版本不但可以真实模拟各种飞机的座舱、飞行特性和操作方式，还把整个世界都做成了拟真的 3D 模型。如果你在模拟飞行里飞到伦敦上空，在那里看到的每一座建筑，甚至每一棵树木，几乎都和现实世界里的一模一样。这个版本的容量达到了惊人的 2PB。1PB 相当于 1024TB，1TB 相当于 1024GB，1GB 相当于 1024MB，你只要算一下新版本比我最早玩的 1.44MB 的第四代的信息量暴涨了多少倍，就明白电子游戏经历了多么翻天覆地的变化。当然，这种庞大的数据肯定无法储存在本地，只能依托于微软的 Azure 云端。

这已经超越一般意义上的游戏了，从中可以看出微软隐藏的野心：打造一个数字孪生（digital twin）的世界，或者说是要复制一个地球的数字副本。这种虚拟复制体不仅与真实对象在形态上相同，还可以实时接收来自真实对象的数据，准确反映其运行状态、环境条件和变化过程。最新版的《微软模拟飞行》使用了全球航班和天气的实时数据，这意味着你可以在飞行过程中看到真实的航班，经历真实的风雨。

我在全球最大的模拟飞行爱好者社区 AVSIM 上看到一位名叫

鲍勃的飞友分享了一次有趣的飞行经历：他的女儿要去外地探访朋友，从美国康涅狄格州的布拉德利国际机场乘坐西南航空航班出发，飞往马里兰州的巴尔的摩。而鲍勃选择在《微软模拟飞行》中驾驶道格拉斯 DC-6，试图"伴飞"女儿的航班。

鲍勃在女儿的航班起飞前约 10 分钟从布拉德利机场起飞。游戏中显示天空阴霾密布、能见度极差，他一直飞行到距离目的地约 40 英里时，才终于穿出乌云，看到女儿真实乘坐的 340 航班正在按指令进近 10 号跑道，而他自己也计划降落在同一条跑道。

鲍勃随后给女儿发短信说看到她的飞机正在接近跑道。女儿回复表示自己已经安全着陆。也就是说，《微软模拟飞行》与现实之间有约 10 分钟的延迟，但其他条件，包括天气，都几乎完全同步。10 分钟后，鲍勃也在游戏中成功降落，完成了一次"虚实结合"的陪伴飞行。

通过这个鲜活的例子，你能看到现实与虚拟越来越无缝连接，朝向元宇宙演化。那么，这个数字孪生的地球副本有什么用呢？我认为它在游戏之外的教育、商业、卫生、旅游、生产和军事等领域也有重要意义。可以说，现实与虚拟的关系越密切，数字孪生的重要性就越凸显。对我个人而言，在那两年里，《微软模拟飞行》是我探索世界的唯一途径。

我还有一个梦，它也许是很多飞行模拟迷的共同梦想。有一天，我坐在某个航班上，突然听到广播里说："现在播报一个紧急情况，本机飞行员突发疾病，无法继续驾驶，请会驾驶飞机的旅客速到驾驶舱协助！"

我慢慢地站起身，在惊恐万状的旅客们寄托着无限希望的目光中朝驾驶舱镇定地走去。

哦，这样的场景大概是不可能发生的，但是我们人生最大的快乐，不就是期待着某种可望而不可即的可能性吗？即使没有这种做拯救世界的英雄的机会，翱翔天际，放飞心情，看看风景，治疗一下被世界伤害的心灵不也很好吗？就说看风景吧，哪怕你有钱又有闲，可以游遍世界各地，但自己驾驶飞机欣赏风景的体验却是完全不同的。有些风景，唯有手持操纵杆飞上高空才能领略。

▪ 拟真的游戏和游戏化的现实

当我们说物理世界与虚拟世界的边界在不断被打破时，游戏化（Gamification）这一概念也在逐步走进我们的现实。这说的是将游戏元素和游戏机制应用于非游戏情境，以提升人们的参与感、动机和积极性。瑞典斯德哥尔摩的维克多·瑞德伯格学校曾把风靡世界的沙盒游戏《我的世界》引入课堂，作为教学工具。学生可以在游戏里动手建造古罗马竞技场，创建生态系统，比较雨林环境和沙漠环境的生态差异，甚至构建数字电路和学习编程。在这个过程中，学生能够实时看到自己设计的效果并进行调整，像这样的即时反馈鼓励他们不断优化思路，逐步提升技能，而这正是心流的奥义。

与此同时，游戏也正在变得越来越"严肃"。2008 年，美国华盛顿大学的计算机科学与工程系和生物化学系联合开发了一款名为 *Foldit* 的游戏，利用人类的空间思维和解谜能力，解决计算机难以处理的蛋白质折叠问题。玩家通过拖动、旋转和调整蛋白质链，尝试将其折叠成能量最低、最稳定的三维结构。游戏会基于折叠的稳定性和合理性给玩家打分，激励他们不断优化设计。2011 年，*Foldit* 玩家参与破译了一种逆转录病毒蛋白酶的马森 - 辉瑞猴病毒（M-PMV）晶体结构，这种猴病毒会引起类似于艾滋病的症状，同时也是一个 15 年来一直悬而未决的科学难题。

游戏正在变得越来拟真，而现实又越来越游戏化。那游戏的意义会发生什么样的改变，我们又该如何面对这样的变化呢？

詹姆斯·保罗·吉（James Paul Gee）在《游戏改变学习》一书中把游戏提升到新时代人类的文化素养的高度。在传统意义上，人们将素养视作读写能力。那么，游戏能为文化素养带来什么样的新内涵呢？

在今天，语言已不再是唯一重要的交流系统，不同形式的词语、图像、声音和身体运动以多种方式并置在一起，相互融合，而游戏作为这种"多模态"的代表性载体，已成为重要的文化和社交媒介。新时代的人利用游戏进行学习、创造、自我表达和情感交流，这将使他们在数字化社会中更具竞争力和适应性。

早在 18 世纪末，德国戏剧家和哲学家席勒就在《美育书简》中提出，人的理性和感性存在着永恒的冲突，而游戏可以将两者调和起来，"**一言以蔽之，人只有在他是十足意义上的人时才进行游戏，只有在他游戏时，他才完全是人**"。

席勒所说的游戏是一种美学的理想，与我们今天的电子游戏不尽相同，但两者在骨子里还是有相通之处的——它们都指向一种自由而又自律的状态。我们也完全可以把席勒的期许作为游戏未来发展的理想。

所以也可以这么说：谁掌握了游戏，谁就掌握了人的想象；谁掌握了想象，谁就掌握了未来。

预测
NO.47

我们可以从历史中寻找未来的影子

预测人：单伟建

香港太盟投资集团执行董事长，著有畅销书《走出戈壁：我的中美故事》《金钱博弈：重振韩国第一银行内幕》和《金钱风云：一个绝地逢生的故事》

历史

单伟建预测，人们对博物馆的热情将持续高涨。博物馆馆藏承载着历史的记忆与文化的印迹，为我们提供了一个独特的窗口，借以观察过去、启迪未来。

近些年来，参观博物馆的人越来越多，形成了一股"博物馆热"。

若干年前，我去位于人民广场的上海博物馆（以下简称"上博"）参观，让我印象最深的是它的自动恒温和感应照明系统。众所周知，诸如丝绢、布帛和字画等文物比较脆弱，温度、湿度和光线都可能对其造成逐渐累积的损害。而上博的字画展柜中都有恒温恒湿系统，照明适度，既足够又不强烈。有意思的是，展柜的灯光采用了感应式设计：当参观者走近时，灯光会自动亮起；参观者离去后则会自动熄灭，最大限度地减少文物"曝光"的时间。那时参观的人寥寥无几，所以我才能观察到忽明忽暗的感应式设计。而当我在2023年重游上博时，我发现这个感应照明系统几乎失效了。为何呢？因为参观的人太多，几乎每个展柜前每时每刻都挤满了人，灯光根本没有机会暗下来。而这也让我真切地感受到，民众对博物馆的热情已今非昔比。

到了 2024 年就更了不得了。2024 年初，新落成的上博东馆部分展厅开放，展出的是以青铜器为主的文物。我提前几天想预约门票，结果发现票早已发罄。由于我的行程紧张，没法等，最后和一个同事各花 300 元买了黄牛票才得以一睹为快。

新馆的面积是旧馆的三倍。馆长在其网站上说，等全部展厅开放后，每天的参观人次将被控制在 2 万人次。那么，如果每年开馆 300 天，它一年就可以接纳 600 万人次的访客。伦敦的大英博物馆据称是世界上第一家博物馆，于 1759 年正式对公众开放，它在 2023 年的访客量为 580 万人次。看来，上博东馆 2025 年的访客量有望超过距今已有 260 多年历史的大英博物馆。

上博馆藏之丰富，大概仅次于北京的国家博物馆（以下简称"国博"）。令人惊讶的是，上博在 2023 年的访客量在中国连前 20 名都排不上。

根据《2023 全球主题公园和博物馆报告》，中国博物馆的客流量增长强劲，共有 7 家博物馆跻身全球前 20 名，分别是国博、中国科学技术馆、南京博物院、苏州博物馆、湖南博物院、湖北省博物馆和广东省博物馆。国博排名全球第三，其全年超过 675 万人次的访客量仅次于巴黎的卢浮宫（880 万人次）和罗马的梵蒂冈博物馆（676 万人次）。其余 6 家中国博物馆在 2023 年的访客量也都超过了 400 万人次。但国博的访客量还不是全国之最。故宫博物院接待参观者数量在 2019 年就已突破 1900 万人次，而秦始皇帝陵博物院在 2023 年的访客量也有 1100 万人次，都远超国博。

中国的博物馆到底火到了什么程度呢？据统计，截至 2018 年年底，全国博物馆的年访客量已经突破 10 亿人次。国家文物局的数据显示，2023年，我国博物馆接待访客12.9亿人次，创历史新高；全国备案博物馆达到6833家，其中新增268家。仅在2024年春节期间，全国博物馆接待访客超过7358万人次，同比增长98.6%，到了夏季，博物馆预订量比前一年增长超过90%，可谓越来越火。

上博东馆书画馆中的参观者

不仅是在国内的博物馆，全世界各大著名博物馆中也随处可见中国访客的身影。本人是大英博物馆的董事，那里的一位高管告诉我，中国人如今已成为大英博物馆外国访客中的主力军，同时也是纪念品商店消费最多的群体。

这股博物馆热是怎么兴起的呢？

我想主要有两个原因。一是人们的生活水平提高了，包括博物馆在内的文旅已成为人们业余生活的重要组成部分。二是中国人普遍对历史有兴趣，而作为历史的载体和证据，博物馆展出的文物为历史爱好者提供了一个直面过去、感受历史的辉煌与古人的智慧的宝贵机会。

试想，在湖北省博物馆看过越王勾践自用的宝剑后，你是否会

立刻想到卧薪尝胆的故事和吴越争霸的春秋时代？站在秦始皇陵的兵马俑前，你是否会被秦军铁马金戈、铠甲鲜明、横扫六国的磅礴气势所震撼？在台北故宫博物院目睹苏东坡《寒食帖》的真迹后，你是否会感慨"文如其人"？……

我在宝鸡青铜器博物馆看到2003年出土的逨盘时，更是深感震撼。盘底铭刻着21行372字的铭文，记载了单氏家族8代人辅佐西周12位天子的历史，其不仅印证了史籍中关于周王世系的记载，也让我知道了单姓老祖宗很有些来历。

中国人对历史的兴趣究竟有多大呢？从历史书籍的销量就可见一斑。在国外，图书畅销榜的常客大多是小说，几乎看不到历史书的身影。而在中国，历史相关的图书和有声内容却屡创销售和播放佳绩。过去几年，我长跑时常听的一部有声书是主播"游学中华"主讲精读版吕思勉《中国通史》。主播旁征博引，细致入微，从史前史开篇，截至2024年11月，他已经更新了760多讲，才讲到汉代，播放次数就已经突破3600万。另一部有声书《精读中国历史》的播放量更是超过2亿次。这些数据充分说明，历史书籍和相关内容在中国的受欢迎程度，在其他国家是很难想象的。

· 从历史中寻找未来的影子

读历史，除了发思古之幽情，有没有现实意义呢？太有了。唐太宗李世民有一句名言："以史为鉴，可以知兴替。"要想预知未来世界的格局，也可以从历史中寻找影子。

哈佛大学肯尼迪政府学院的创始院长格雷厄姆·艾利森（Graham Allison）在 2017 年出版了《注定一战：中美能避免修昔底德陷阱吗？》(*Destined for War: Can America and China Escape Thucydides' Trap?*)。此书使他名声大噪。艾利森在书里以古希腊历史学家修昔底德的记述为基础，探讨了崛起中的雅典与霸权城邦斯巴达之间因争夺主导地位而爆发战争的历史，并结合其他权力转移的历史案例，得出一个警示性的结论：当一个崛起的强国与一个现存的大国相遇时，二者很难避免因权力争夺而产生冲突。这就是艾利森所说的修昔底德陷阱，他借此指出，中国在崛起的过程中，可能很难避免与当前的世界霸主美国发生冲突。

西方很多人相信修昔底德陷阱是历史的必然，因为西方历史的经验就是如此。例如，古希腊的亚历山大大帝和古罗马的恺撒都曾征服他们已知的世界，近代的拿破仑几乎吞并了整个欧洲大陆。而帝国主义时期的西方列强则将殖民扩张的触角伸向了全球，把亚洲、非洲、美洲和大洋洲的大部分甚至全部地区置于其统治之下。小小的大不列颠岛国甚至一度成为"日不落帝国"，其影响力一直持续至第二次世界大战结束。

美国作为后起之秀，虽然以民主、自由立国，但其征服和扩张的冲动与欧洲列强一脉相承。1776 年，美国宣布独立；1812 入侵加拿大，战败；1846 年，入侵墨西哥，吞并了大片土地，包括现在的加利福尼亚州、得克萨斯州、新墨西哥州和亚利桑那州等地；1898 年，通过发动美西战争，美国从西班牙手中夺取了波多黎各、古巴、关岛和菲律宾；夺取夏威夷更是易如反掌，不战而屈之，几乎是顺手牵羊。

从建国至今，美国为维护自身利益，多次干涉他国内政，甚至颠覆他国政权。2006 年出版的《颠覆：从夏威夷到伊拉克》(Overthrow, America's Century of Regime Change from HawAli to Iraq) 一书详细记录了这段历史。还有一本 2019 年出版的书——《被隐藏的帝国：一部发生于"美国"之外，被忽略的美国史》(How to Hide an Empire: A History of the Greater United States)，不但记载了美国扩张和殖民的历史，还着重描述了美国自欺欺人的手段：与老牌帝国主义国家不同，美国为了掩人耳目，从来不把自己抢夺的土地称为殖民地，而是扭扭捏捏地把它们称为"领地"（territories）。独立前的菲律宾、今天的波多黎各和关岛，都是美国的"领地"，处在既非其 50 个州的国土的一部分，也无主权地位的尴尬境地。

以己度人，难怪美国对任何崛起中的大国都感到警惕，担心其会效仿自己的做法，挑战自己世界霸主的地位。

什么是帝国主义？帝国主义的本质就是征服和奴役其他民族。从古希腊、古罗马开始，欧洲有悠久的帝国主义历史。但是帝国主义不是欧洲的专利，古代有伊斯兰帝国、奥斯曼帝国和成吉思汗建立的覆盖欧亚的庞大蒙古帝国，近代更有不可一世却昙花一现的德意志帝国和大日本帝国。强大了就扩张，就征服四方，就奴役外族，这好像是强国逃脱不了的宿命。当然，这些帝国都已灰飞烟灭，当今唯一的超级大国只有美国，而放眼全球，唯一可能挑战其霸主地位的就是崛起中的中国。这使得美国坐卧不安。

那么，中国的崛起是否必然导致与美国的冲突？

中国是世界历史上唯一一个未曾试图征服和称霸世界的超级强

国。过去两千多年里，中华民族大部分时间都处于强盛的地位，但是并没有对其周边国家构成重大威胁。山高路远不是原因，毕竟成吉思汗的大军也曾横扫亚欧大陆，征服包括今天俄罗斯和印度在内的广阔土地；郑和的船队也曾数下西洋，远抵非洲，但其目的并非征服，也非殖民。

从秦始皇在公元前221年统一中国之后，历代由汉人统治的大一统王朝都未将对外扩张作为主要国策。中原王朝与北方游牧民族的冲突最为频繁，先有匈奴，后有契丹，几度被这些草原民族攻破甚至灭国——辽、金、元相继克宋，清则灭明。因此，中原王朝的战略重点始终是防御，从秦始皇开始筑长城，绵延万里，就是见证。

历史上，中国的版图在两个朝代最大，一个是元朝，另一个是清朝，其疆域远远超过秦皇、汉武、唐宗、宋祖时期的范围。何以如此？因为元朝的蒙古人和清朝的满族人把他们征服的广袤领土纳入了中国的版图之中。

汉文化的优势在于其同化能力，没有一个外族入主中原之后能够免于被汉文化同化，而中国版图的扩展，最终是在外族入侵的过程中逐渐形成的。这一历史现象充满了反差与矛盾。当然，这些曾经的外族如今都成了中华民族大家庭的一员，使中国成为一个多民族的国家。

2024年9月，正值秦始皇陵兵马俑发掘50周年，我专程前往参观了秦始皇帝陵博物院、陕西历史博物馆和宝鸡青铜器博物馆，还走访了一些已发掘的大墓。同行的是牛津大学考古研究所的克里斯·戈斯登（Chris Gosden）教授。他与我同为大英博物馆的董事。

在一次闲谈中，他问我："为什么中国没有殖民主义的历史？"他能提出这个问题，足见他对中国历史的了解，也足见中国历史的独特性。

中西历史之不同，从博物馆的馆藏就可以看出来。

无论是大英博物馆、卢浮宫，还是美国的大都会博物馆，这些西方博物馆馆藏的文物绝大一部分都来自世界各地古老而灿烂的文明——古埃及、中东两河流域、古希腊、古罗马、古代中国，几乎囊括了人类文明的精华。不可否认的是，没有侵略史，又怎会有这么多好东西？

而中国博物馆的馆藏清一色是中华民族的历史遗存。中国有的，只有老祖宗留下来的宝贝。

中国的崛起是历史的必然。按照购买力平价[1]计算，中国的GDP在2017年已经超过美国；即使按照名义美元计算，虽然中国和美国还有一定的差距，但中国的人口是美国的四倍，人均GDP目前不到美国的五分之一，缩小差距只是时间问题。

自1979年中美建交以来，两国关系有过蜜月期。当中国经济实力尚不足以威胁美国的地位时，美国很乐意与中国发展互惠的经济关系。但时至今日，中国的经济体量将要赶上但尚未赶上美国，它就大为紧张了。为了维护其全球霸主地位，美国频繁采取遏制政

---

1. 购买力平价是一种根据各国物价水平调整货币购买力的方法，用于比较不同国家的经济规模和实际生活成本。它以各国购买相同商品和服务所需的货币量为基础，排除了汇率波动的影响。

策,表现为贸易战、科技战和其他一些制裁手段。中国最佳的战略选择应该是全力发展经济,以最快的速度赶超美国。一旦中国的经济规模超过美国,它就无可奈何了,遏制就失去了意义,中美关系也就可能迎来缓和与改善。

美国建国不足 250 年,却几乎从未远离战争——根据统计,其历史上只有 16 年未卷入战争。美国在全球的军事基地有 800 多个。布朗大学的一项研究显示,自 2001 年"反恐战争"以来,美国在伊拉克、阿富汗、叙利亚、利比亚等国家造成的死亡人数接近 100 万。近年来,美国的外交政策导致并加剧了俄乌冲突和中东局势动荡。很多人会有这样的担忧:美国要维持其世界霸主的地位,中国要崛起,双方是否必有一战呢?

在我看来,也未必。因为历史证明,美国人对其认为打不赢的战争,还是相当克制的。

美国与苏联冷战期间,双方都有能毁灭对方的核武器,于是避免了直接的军事冲突。即便在今日,美国倾全力向乌克兰提供先进武器,不惜战到乌克兰人只剩最后一个人,但它自己并未打算出兵,而是避免与俄罗斯产生直接冲突。这在某种程度上还是源于俄罗斯的核威慑力。

中美之间的直接军事对抗,迄今为止仅发生在朝鲜战争期间。1950 年,中国在出兵之前,周恩来总理曾经通过印度驻华大使向美国传递信息,说如果美军越过"三八线"(即北纬 38 度线),中国就不会坐视不理。美国未将此警告放在心上,甚至将战火烧至鸭绿江边,结果被中国军队击退至"三八线"。因为有了这个教训,对越自卫反击战之时,周恩来总理再次警告美国地面部队不要越过北纬 17 度线，否则中国会出兵，结果美国自始至终都未越雷池一步。所以，美国虽然相信武力，但在强敌之前还是有分寸的。

两千多年前，中国先贤便告诫："国虽大，好战必亡；天下虽安，忘战必危。"我们学习中国历史就知道，中国的崛起对世界和平而言不是威胁。但是西方的历史也提醒我们，在中国崛起的过程中，"忘战必危"。中国和世界安全的最大保证是中国不顾一切地发展经济，迅速壮大自身实力。只有当中国的经济规模超越美国，世界才能真正迎来和平与稳定。

预 测
NO.48

闲下来，将成为对社会做贡献的一种形式

预测人：孙立平

清华大学社会学系教授

社会学

孙立平预测，就现在的生产力来说，勤劳不是主要的，创造力才是。而未来人只有在无忧无虑的状态下，才有可能真正发挥出自己的创造力。

▪ 干活挣钱就是我们生活的意义？

若干年前，我参加过一个讨论中国在非洲项目管理的会议。参会的人说，他们在非洲遇到了一些在中国根本想象不到的问题。例如，非洲很多地方都是一个星期或者半个月发一次工资。今天你把工资发了，明天相当一部分非洲员工就不见了。他们干什么去了？花钱、娱乐、消费、享受去了。过几天，他们陆陆续续又回来了，因为钱花没了，得干活了。

所以，在非洲做项目管理必须考虑到这个问题：今天混凝土刚刚浇铸了一半，把工资发了，明天可能没有人干活了。怎么办？

会议上还举了一个例子，有个非洲工人经常这样，中方管理人员很生气，问他这些天干什么去了。他说老爸死了，我总要回去看看吧！管理人员反问，你老爸今年都死多少回了？一发工资就死。他说，以前都是最后活过来了，这次是真的死了，不信你核实去。

谁去核实啊。我们都知道，其实这是他们的一种生活态度；我们也知道，这样经济肯定好不了。我们也很难理解他们。

但反过来说，他们也很难理解我们。会上有人说，有些非洲员工经常问中方管理人员：你们派到我们这儿来的都是什么人啊？是不是都是犯人啊？中方管理人员说，这都是精挑细选的优秀员工！非洲人很不理解，他们光会干活挣钱，也不会花钱、娱乐、消费、享受，不是犯人怎么会这样呢？！

在这样的反衬中，无疑更可以彰显我们中华民族一直引以为傲的一大优点：吃苦耐劳。可能也不止我们，东亚人，更确切地说是黄种人，好像都有这个特点。而这也恰恰是我们今天需要认真反思的。

有人说，这不是很好吗？正好符合马克斯·韦伯（Max Weber）所说的那种工作伦理。我们的吃苦耐劳与韦伯所说的工作伦理在本源上是不是一回事？在学术的意义上，这当然可以争论，但就其表象而言，两者确实有很强的相似性。

在人类为生存而挣扎的年代，吃苦耐劳的确是一种宝贵的美德。在传统农业社会中，我们依靠吃苦耐劳努力争取一种温饱的生活；在经济起飞的阶段，我们依靠吃苦耐劳实现了经济的超高速发展；甚至在经济发展到一定水平、国际竞争日趋激烈的情况下，我们仍然靠吃苦耐劳保持着价格优势，实现了内卷式的发展。

但今天的情况有点不一样了。

- **生产更多东西已经越来越不是问题**

我们先看两则消息。

一则消息是，特斯拉 CEO 埃隆·马斯克在全球股东大会上正式宣布，计划从 2025 年开始"限量生产"Optimus 机器人，以供特斯拉工厂使用。不仅如此，马斯克进一步指出，未来人形机器人的数量有可能会超过人类的数量，且人形机器人会取代全球的低端劳动力。

另一则消息是，美国一家超级服装工厂利用 AI 与自动化技术，将加工一件衣服的时间压缩到了 22 秒，并且成本只要 2 块钱。德国人也开始把服装制造带回欧洲本土。机器人纺织品制造商确信，依靠这种技术，欧洲纺织品生产商与来自低成本国家的竞争对手相比也有一定的胜算。

这两则消息告诉我们，在今天，生产更多东西已经越来越不是问题。

自人类诞生以来，劳动始终是我们生活的核心主题。各种各样的文献不厌其烦地告诉我们，劳动创造价值，人与动物的一个重要区别就是人类能够劳动，人类能够通过劳动创造财富，而不是简单地获取大自然赐予我们的现成的可用物。这甚至成为我们形塑社会结构与价值观的一个基础依据。依靠劳动，人类形成了劳动者与非劳动者的结构性分野，劳动创造价值成了主导性的观念，"劳动光荣，不劳动可耻"的朴素道德伦理更是妇孺皆知。

但今天，情况显然在发生变化。举个最简单的例子：人类要活动就得走路，走路就得穿鞋。所以，在过去漫长的历史中，鞋子的制作成为我们劳动的重要组成部分。在传统社会中，从纳鞋底到缝制鞋面，许多妇女将一生中相当一部分精力都用在了这件事情上。到了工业化时代，生产效率得到了显著提升。以中国为例，前些年全国年产鞋子的能力高达 140 亿双。140 亿双是个什么概念？理论上说，假设一个人一年要穿 2.5 双鞋，按照当时的世界人口总量计算，全球一年大约需要 200 亿双鞋。也就说，中国生产鞋的能力足以满足世界上 70% 的人口的需求。其实，我们再加把油，把全世界需要的 200 亿双鞋的生产任务全包下来也完全有可能。而且，即使是那样，做鞋的工人也只占我们劳动力很小的一部分。

那么，在机器人更广泛利用的未来呢？

这不禁让我想到凯恩斯在大约 100 年前讲到的一个问题。早在 20 世纪 30 年代的大萧条时期，他就提到，在过去漫长的历史上，人类一直在为生存而挣扎，那时，经济问题似乎是人类面临的核心问题。但凯恩斯表示，假定不发生大规模的战争，没有大规模的人口增长，那么，经济问题将可能在 100 年内获得解决，或者至少是有望获得解决。**这意味着，如果我们展望未来，经济问题并不是"人类的永恒问题"。到了那个时候，经济问题应该成为由专家来处理的事务，就像牙病应当由牙医来处理一样。**

100 年前那种前景所蕴含的逻辑，已经开始在我们的生活中展现。

- **难道要用失业承接技术进步的成果吗？**

是的，前景正在展现。但比前景更实在的是现实。

科技进步对人类的意义可以从两个方面来看。一是创造更多财富已经越来越不是问题，二是人类可以用更少的劳动时间、更低的劳动强度过上自己期待的生活。对此，先哲们有很多美好的想象。马克思的设想是，上午打猎，下午捕鱼，傍晚从事畜牧，晚饭后从事批判。人不再局限于单一的角色，就不至于异化。当然，马克思说的是共产主义的事情。凯恩斯作为一名经济学家，想得更现实一些：每周工作 5 天，每天工作 3 个小时。

或者换一个说法。假如在半个世纪之前，有人设想未来的生活，他可能会描绘出这样一个场景：人们住在高楼大厦里，家里有彩电、冰箱、洗衣机，出门开着自己的汽车，驶上宽敞的马路，经过繁华的街区，在豪华的写字楼里打开计算机，用手机联系别人。而在郊区的工厂里，还有机器人在做着人类不愿做的体力劳动。那将是一种多么惬意、多么幸福的生活！

可以说，技术的进步确实使我们越来越接近甚至已经超越了这种生活可能性。但现实中发生的是什么呢？

是人们比以往更忙，比以往更累，也比以往更焦虑。2024 年有一个概念很流行，叫"60 万定律"。意思是，在北京、上海，无论你在哪个单位，从事何种工作，只要年薪高于 60 万元，基本上就要完全放弃自己的个人生活。

这说的当然是所谓的社会精英。但普通人的状况也好不到哪里去。几年前，我曾经写过一篇文章——《一种屁滚尿流的生活方式》。

"屁滚尿流"这四个字可以用来形容很多人的生活状态。我还写过一篇文章是《穷就算了，为什么我们还越穷越忙》。其实，还真的不见得完全是穷的问题。

以上所说的这些人还都是幸运者，毕竟他们有工作可做，有事情可忙。更悲催的是那些被排斥在这种忙碌之外的失业者。

一位网友在我的文章底下留言："我先生被裁员时35岁，我被裁员时36岁，我们的儿子马上要2岁了。"这是一个刚刚被通知自己被辞退的公司女职员说的话，令人惊讶的是她说那句话的平静口气。但说完这句话后，她不知道自己未来可能还有三分之二的人生的路会怎么走。另一位网友留言："身边不少40~50岁被'优化'的中年人，他们受过高等教育，甚至有名校背景，现处于失业状态，后面也基本不会再就业了，自己交着社保，在政策上被称为'自由职业者'。"

一边是"996"，是忙得屁滚尿流，甚至还有偶尔的过劳死；另一边则是想工作而不得。这呈现的是一种技术进步背景下无奈的现实：**我们是在用"把所有人中有劳动能力的人划分为就业者和失业者"的办法，承接人类技术和文明进步的成果。在这种背景下，就业者承受紧张工作的压力，失业者则承受没有工作机会的经济和心理上的负担。结果是，不管是就业者还是失业者，都无法以符合人性的方式享受人类进步所带来的成果。**

这显得很荒谬。我们必须在一个更高的立意上来思考今天人类面对的问题。这里的实质性问题是工作分配。顺便说一句，我们经常谈论收入的分配、财富的分配，但很少讲工作的分配。工作分配是机会分配的重要组成部分。同时，因为工作分配不仅直接决定着收入分配，还间接决定着财富分配，所以它的重要性甚至要高于后两者。

• 生活在成为经济循环的重要一环

而更现实的问题是，当创造更多财富已经越来越不是问题时，一味的勤劳使得经济本身也难以循环。

现在人们都在说消费的低迷、内需的不足。这当然涉及多方面的因素，但其中一个不可否认的原因，就是我们缺少生活。夸张点说，有的人根本就没有生活。消费是与生活联系在一起的，没有生活，没有正常的生活，何来消费？

有一次晚上 10 点左右，我太太在小区里遛弯，遇到一个小伙子坐在空地的椅子上抽烟。闲聊时得知，他在附近的一家大厂上班，每月工资三四万元，这在当时是非常不错的收入了。但小伙子说，这个点儿才刚刚下班，几乎每天如此。下了班，在外面抽根烟，然后回家倒头就睡。说话时，他满脸疲惫。没时间消费这件事不仅存在于生活窘迫的贫困者身上，也发生在衣着光鲜的白领、腰缠万贯的创业者或老板，甚至是还说不上贫富的中小学生身上。

我在北京居住的地方，是所谓码农的聚集地。码农的收入并不低，但他们连最基本的消费的时间都没有。无论贫富，他们都有一个共同特征：马不停蹄，身心疲惫。而驱使他们不断奔波的"鞭子"，就是紧张与焦虑。

经济学中有一个持久而深刻的分歧，即决定经济增长的，是供给还是需求？这就是所谓供给决定和需求决定的争论。我的看法是，也许可能并不存在一成不变的供给决定与需求决定，关键是看具体的经济发展阶段及所面对的具体情形。

以中国的情况来说，改革开放初期，中国面对几乎全面的短缺，供给是最主要的瓶颈。在这样的情况下，增加供给无疑是经济增长的关键。于是，增加投资，给国有企业放权松绑，鼓励发展个体和民营经济，通过物价改革使市场能发出正确的信号，甚至鼓励一部分人先富起来，就成为当时必然的政策选择。而这个过程也恰恰可以验证萨伊命题[1]。

但到了 20 世纪 90 年代中期，情况不一样了。从那时起，中国逐步进入一个过剩时代，供给与需求的关系变了。原来是一物难求，落后的产能无法生产出人们所需要的东西，供给显然是矛盾的主要方面。而到了过剩时代，逻辑完全反了过来：发现市场、找到消费者才是经济增长的关键因素。

当下的现实是，人们的心思越来越不在生活上，甚至人们已经越来越顾不上生活了，"生活"成了"疲于奔命"的同义语。试问，没有正常的生活，哪里会有正常的消费？对于忙碌的那部分人来说，不但因缺乏生活而减少了消费，甚至连生育也成了一种奢侈。

现在，生育率下降和人口老龄化已经成为整个社会焦虑的问题。2021 年，我国人口达到峰值，此后就一路下行。这几年，政府

---

1. 萨伊命题认为"供给创造需求"，生产本身会创造足够的收入，从而为商品和服务提供市场需求。也就是说，经济中的供给总量必然能找到相应的需求支持。

为了鼓励生育，已经在出台一系列的鼓励和刺激措施。但从目前的情况看，这些措施的效果仍有待观察。原因很简单，没有正常且轻松一点的生活，人们哪有精力生养下一代？而没有下一代，我们人类又将如何延续？

• 一种似是而非的担忧：温饱之后的创造性

有一次，我们在微信群里讨论关于"物质丰富之后人的创造性"的问题。话题是从高晓松去北欧旅行的感受开始的。他说："在丹麦和瑞典待久了，我越来越觉得，这两个国家真的很有意思。这里的人不聊金钱，不聊地位，也不聊你读过什么名校。我到北欧没几天，居然都不太敢跟人说话了，因为我觉得自己的内心很丑陋、很粗鄙，我每天琢磨的都是如何在一个竞争激烈的社会里和人钩心斗角，跟北欧人的境界实在是差太远了。在丹麦，人们出行就是骑一辆自行车；在瑞典，人们出行就是开一条小船。北欧国家没有高楼大厦，人们穿着朴素，开着旧车，吃着简单的食物，每天晚上7点以后街上就静悄悄的，没有灯红酒绿的夜生活，也没有超级奢华的消费刺激着人的神经……"

在有些人的心目中，这种悠闲的社会氛围会让人变得慵懒，仿佛只有"面朝黄土背朝天""汗流浃背不休息"才是勤劳。这时，一位网友提出了一个很好的问题：瑞典和其他北欧国家非常了不起的一点，是在以高昂的税收保证高福利的情况下，依然拥有像爱立信、沃尔沃、宜家这样享誉世界的企业，人们的创造力依然很强。

那么，人类是否可能在更高层次上被激发出新的创造力呢？

这让我特别受启发。在生活的重压之下，人们当然会有一种驱动力，或者说是有一种社会激励的机制。生活条件好了，用不着那么拼了，有些人可能就会懒散下来，甚至伴随着空虚和无聊。而现在提出的是第三种可能，即在更高的层次上形成新的激励机制，特别是对创新的激励机制。可能说激励机制也不准确，更恰当的是自身的创新动力。

当然，这是有条件的，就是受教育的程度，人的素质、信仰等。如果真是这样的话，这种创造冲动显然不是为了维持生存，而是为了自我实现。

有一本小说讲了这样一个故事：为了创作出一款游戏，公司把主创团队带到一个岛上，让他们天天好吃好喝，就是不让工作。大家无聊得要死，就想出了一种全新的游戏方式。结果这款游戏成了爆款。

就现在的生产力来说，勤劳不是主要的，创造力才是。而人只有在无忧无虑的状态下，才有可能真正发挥出自己的创造力。

预测 NO.49

面对时代变化，调优自己的选择

预测人：梁宁

商业思考者，著有畅销书《真需求》

决策

梁宁预测，在所有的小场景都被 AI 接管之后，AI 时代终将到来。她用一个模型（价值 - 共识 - 模式）、两张图（终局的三种形态、AI 填平世界的历史过程）、四个关键词（效率、信息量、决策质量、场景成熟度），帮助我们理解时代的变化，从而调优自己的选择。

我最经常被问到的问题之一是：为什么人和人会拉开差距？

比如大学同班同学，曾经在做同一套卷子时拿了相近的分数，才会进入同一所大学，但是毕业五年之后，人和人的差距就显现了，十年之后差异巨大，二十年之后判若云泥。

我常用挑马来比喻选了不同事的不同人的境遇：

有人是因为认知，也有人是因为运气好，直接挑到了一匹千里马，人马相得，一骑长奔；有人挑了一匹马，跑了几步马死了，只能重新挑，再跑一段路，马又出了状况，又得重新挑；还有人的马死活就是不走，十年过去，还在原地兜圈……

然后，那个乘着千里马遥遥领先之人，视野之内看不到对手，正自鸣得意，忽听头上风响，举头观望，只见有人御龙而行。那是完全不同级别的速度。自己要面对的崎岖山路和交通规则这些障碍，对在天空乘龙而过那位来说完全不存在——那是一个新空间。

为什么会有新空间出现？是什么人御龙而行？而马和马、事与事的大分别是什么？

这就是本文想探讨的内容——时代与时代性。

在我的作品《真需求》一书中谈过：时代是由基础设施划分的。

新的基础设施划定新的时代。

新基础设施会带来什么？万物生。

于是就有了那句回荡在创业者天空中的老梗："所有生意都值得重做一遍。"

机器时代来了，"所有生意都值得重做一遍"；

电来了，"所有生意都值得重做一遍"；

互联网来了，"所有生意都值得重做一遍"；

AI 来了，"所有生意都值得重做一遍"

……

于是有了蒸汽机时代、电气时代，以及过去二十年我们共同经历并受益于此的互联网时代。然后是今天正徐徐升起的 AI 革命。这些都是基础设施的变革——都是时代的变革。

于是，就有了今天的悬念：AI 距离成为人类的基础设施还有多远？

我在《真需求》这本书中提出了**一个极简的商业闭环模型：**

价值—共识—模式。

简单来说：价值源自需求，因为被需求，所以有价值。

在商业世界，人们用成交来表达共识。达成商业成交的能力，本质是领导共识的领导力：领导客户共识、市场共识，敬畏社会共识。

模式是指自己如何生存与发展。企业也有自己的生命，而所有生命的第一性，都是为了自己的生存、自己生命能量的绽放。人如此，企业也如此。

商业闭环模型

每当一个企业问我问题时，我都会先问：你是什么行业？三十年后，你的行业还在不在？

一个行业之所以能够存在，是因为社会有对这一行的根本需求。天下其实没有不赚钱的行业，只有不赚钱的商业模式。

如果三十年后，你的行业还在，而你的企业却消失了，那么一定是在价值—共识—模式这个闭环里，你的某个环节出了错。

对一件事、一个产品的观察如此，对一个时代的观察也如此。

时代价值

有一句话大家很熟悉：我们用四十年的时间，走完了西方四百年的路。

意思是说，西方用几百年完成了工业化、城镇化的社会变革，中国只用几十年就完成了。几十年间，中国的城镇人口从 2 亿变成了 2022 年的 9 亿；其间还叠加了互联网化——截至 2024 年 6 月，中国网民规模接近 11 亿人，互联网普及率达到了 78%。

回顾这个过程，你会发现，在中国的整个工业时代与互联网时代，"价值—共识—模式"这个闭环都是快速形成然后自行生长的。

这是因为，在拥抱工业与互联网这件事上，中国人几乎没有遇到过共识问题。

走向现代化，是几代中国人的百年共识与百年梦想。

1979 年，矗立在深圳蛇口工业区的标语"时间就是金钱，效率就是生命"，如同闪电照亮了国人的观念，那是走向工业化的一声呐喊。

"**效率**"是工业时代的新物种内核。农业时代没有效率，那时的物产遵循的是"自然律"。而工业物种的生存竞争，本质是效率的竞争。

如果你要挑一匹"工业时代的马"，那你一定要明了"**效率**"这个关键词的意义。因为这个词可以让你识别出一家工业企业的价值。

如果一个上规模的工业企业和一个初创小厂的 offer 一起摆在

你面前，二者给出的待遇一样，你该加入哪个？

你该先观察它们的效率。

我们很容易崇拜已经成型的大企业，而少有人能辨认出刚出壳的巨兽。

不要被当下的体量迷惑。幼年恐龙有很大的概率夭折，但它如果能成年，就必然是巨兽，这是物种基因写就的优势。

而效率低的大企业，面对效率高于自己数倍的新竞争者，其实只有死路一条，区别只是用多长的时间死去而已。

如果说工业革命的攻城略地，解决的是一个又一个领域的效率问题，那互联网革命解决的是什么问题呢？

作为亲历者，我的答案是，互联网革命解决的是一个又一个领域的信息不对称问题。

如果说识别出"效率"，你就可以判断一个工业物种的未来优势，那么怎样才能判断一个互联网企业的优势呢？

依然是用一个关键词——"信息量"。

具体来说，就是观察一家企业如何构筑自己的信息生态，然后聚集多少信息量。

比如，我们来看世人皆知的互联网三巨头"BAT"（百度、阿里巴巴、腾讯）。

在中国PC（个人电脑）互联网时代，百度作为搜索引擎，天然占据了收割整个互联网所有信息的生态位，所以当然是BAT之首。百度是当时市值最高的互联网公司，百度创始人李彦宏也是当时的中国首富。

那么腾讯汇聚的是什么信息？是人。

人是什么？马克思说，人是社会关系的总和。所以腾讯的核心是人，是ID（账号）和关系链。

而阿里是电子商务企业，它架构了一个社会工作网络，让一个个商家把一件件商品的信息传到网络上。我们在电商平台上看到的一件件商品，其实是一件件商品的信息。

我们会注意到一件事，百度当时收割了整个互联网，唯独不能收割腾讯与阿里。为什么？因为使用腾讯的ID和关系链的人，遵循的是社交逻辑而不是搜索逻辑；而阿里则是主动做出了战略选择——屏蔽了百度搜索，因为信息量是自己的核心资源，应该在自己的体系内变现，怎能交由他人收割？

这就是BAT之所以诞生的大逻辑：现实世界映射到互联网，人的信息、商品与交易的信息、其余所有的信息——这三个最大的信息品类产生了最大的信息量规模，从而堆砌出三个巨无霸：腾讯、阿里、百度。

然后移动互联网时代来了。11亿人有了可以拍照、可以看视频的手机。信息的生态、信息量的汇集都在发生变化。

腾讯继续维系着它强大的内核：人、ID和关系链。

阿里仍旧是一个不可或缺的社会工作网络。

而百度却失去了收割一切信息的生态位。小红书、抖音这些移动互联网时代的新物种，培育了新的信息生态，孕育了自己的信息量规模。

讲完了工业时代的关键词和互联网时代的关键词，来看看什么是 AI 时代的关键词。

我认为是"**决策质量**"。

从 2022 年到 2024 年，两年多的时间里，我持续在和人讨论，该用哪个词做尺度来判断 AI 时代企业的优势。截至目前，"决策质量"是我看到的最好的一个词。

为什么 AI 可以打败所有人类棋手？

每一次落子，都是一个决策。

AI 能赢，是因为在学习棋盘上的规则之后，它的决策质量优于人类棋手。

我们来看今天万众瞩目的 AI 应用——自动驾驶。

自动驾驶的核心是什么？

是**感知系统和决策系统的一致性**。

这是我非常佩服埃隆·马斯克的地方，他为我们这个时代示范了很多简洁而本质的思考。

"感知系统和决策系统的一致性"，岂止是自动驾驶的问题？人类所有的问题，不论是自我管理还是组织管理，都是这两个系统的一致性出了问题：

或者是感知系统能力不足，比如，对市场需求的变化感知不敏锐、信息受到遮蔽、感受存在偏差、要点抓取不对；

或者是决策系统能力不足，比如，面对多元、复杂、冲突的局面，不知道该如何做全局性的概括，然后下出"神之一手"，以一着落子，调动整个盘面的活力；

或者是感知系统和决策系统出现了割裂，信息无法传递，抑或信息在传递的过程中被扭曲、变形……

所以，我们能清楚地看到，在某些范畴的"决策质量"上，AI一定会超越人类。

人类这个物种的感知范围是有限的，我们的眼睛只能看到特定波段的光，耳朵只能听到特定频率的声音。

我们的学习能力更是有限的，我们能够记住的东西，能够有条不紊地计算的复杂局面，都是有限的；而且人有情绪，人会疲劳。

所以，我那些开上了自动驾驶汽车的朋友，再也不愿意换回传统汽车。因为他们已经产生了依赖。他们无须盯紧前方，时刻思考是该并线、加速还是刹车，AI可以更快速地做出这些决策。截至2024年，特斯拉已经售出了超过700万辆汽车，700万个AI在持续学习世界各地路况的处理经验，它们的决策质量会越来越高。

能够提供更优决策质量的AI产品，当然是更强的AI物种。

所以，我们需要工业体系，因为我们需要**效率**；我们需要互联网，因为我们需要**信息量**；我们需要 AI，因为我们需要在某些领域提升**决策质量**。

所以，工业、互联网和 AI，对我们人类来说都有价值。

▪ 时代模式

传统工业企业和互联网企业的模式有什么区别？

你可以说每一家企业都有自己生存的独特模式。

而万法归宗，删繁就简到根本，所有的工业传统企业模式其实都是：

营业额 = 单价 × 销售量

而互联网的根本模式则都是：

营业额 = 用户数 × ARPU 值[1]

二者的本质区别是：

一个以货为核心。生产更多的货，把货卖得更贵、卖得更多，就是一家传统企业的成功。

---

1. Average Revenue Per User，平均每用户收益。

一个以人为核心。拥有更多用户，拥有更多活跃用户，一个用户能为企业创造更高的价值，就是一家互联网企业的成功。不论是百度、抖音这类以广告收入为主的企业，还是腾讯、网易这类以游戏收入为主的企业，还是阿里、拼多多这类电商企业，大家最根本的模型，都是用户数 ×ARPU 值。

星巴克是传统的咖啡工业 + 服务业，所以它的模型依然是单价 × 销售量。

而瑞幸是互联网咖啡企业，它的模型就变成了用户数 ×ARPU 值。你会看到，瑞幸运营咖啡，就好像一家网游公司在运营游戏。瑞幸玩命地发券、促销、裂变、拉新，因为这样可以拉升用户数。瑞幸一年上新七八十种新口味，不停地上各种联名款、新包装、新概念、新玩法，就好像游戏一直在上新道具、新皮肤、新装备，因为这样可以拉升 ARPU 值——为了新鲜感，一个用户会不停地尝试不同的新口味。不论用户数涨，还是 ARPU 值涨，都是瑞幸追求的增长。

2018 年，小米上市路演的时候，雷军再三解释说小米是一家互联网企业。而券商却反复质疑：你明明是靠单价 × 销售量来呈现财报的，当然是一家制造业企业。

事实上，小米真的是一家拥有用户关系，并且认真运营用户关系的企业，小米的营业额在某些情况下也真的可以用"用户数 × ARPU 值"来计算，因为一个小米用户会持续为小米贡献广告价值，并且除了小米手机，还会购买小米插线板、小米充电宝等产品。

2024年的新时尚是"创始人IP",它不仅是指某些企业的创始人在社交网络上展示自己,为企业节省广告费,更蕴藏着这些企业的转变——企业开始从简单地生产商品,然后压货到渠道上,变为与自己的用户建立关系、直接连接。这可能将带来模式的转换。

不论是以货为中心,还是以人为中心,这些商业模式都是生发于时代能力的原生模式。

在工业时代以前,小农经济几乎全都是易物贸易。就在我小时候,有的农村还会把一切都换成鸡蛋或粮食,然后再用鸡蛋或粮食换其他东西。

直到工业时代,开始了标准化、效率化、规模化的生产,才让世界形成了新习惯,把一切都换成钱,再用钱去交换其他东西。

到了互联网时代,我们发现,"流量"成了一种新的货币、一种硬通货。

2024年,抖音每天新增几千万条新的视频内容,它们都是由创作者生产出来的产品。它们首先追求的是钱吗?不是,是流量,是抖音后台给创作者展现的一组数字。这组数字的波动,让创作者如痴如狂。为了这组数字,有些人可以吹牛说谎,可以对一个自己根本不认识的人破口大骂。这组数字被冠以一个名字——"流量"。

在这里,我要问个问题:AI有属于自己的原生商业模式吗?如果有,它以什么为硬通货呢?

好像还没有看到。

目前我们看到的 AI 应用，或者是将 AI 集成在硬件里，比如机器人，依然是"营业额 = 单价 × 销售量"的模式，那它就是工业 +AI。

或者是将 AI 集成在网络服务里，模式类似于"营业额 = 用户数 × ARPU 值"，那它就是互联网 +AI。

属于 AI 的原生商业模式还没有出现，你就说 AI 时代到来了，我不信。

- **时代共识**

前面说过，在拥抱工业与互联网这件事上，中国人几乎没有遇到过共识问题。

因为走向现代化，是几代中国人的百年共识和百年梦想。

而要不要进入 AI 社会，则将是一个复杂的共识过程。

前面说过，AI 时代的关键词是"决策质量"，当我们开始在一些领域使用 AI，便意味着在这些领域，我们人类要开始让渡决策权。

所有的决策都有可能失误，所以才有个词叫"容错率"，用来描述对决策失误的容忍度，以及设计对决策失误的担责系统。

关于容错率，我做了一个简单的四象限。

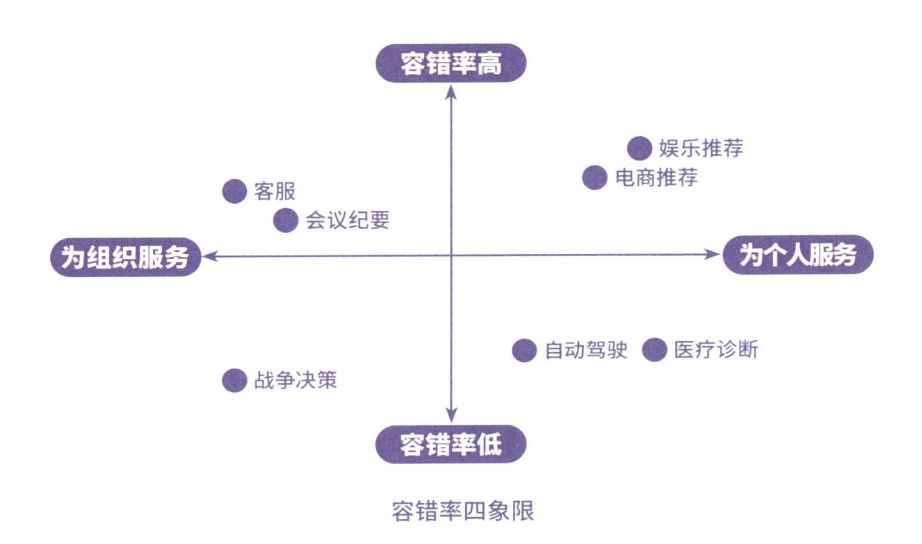

```
                    容错率高
                       ↑
                       |
                       |         ● 娱乐推荐
                       |       ● 电商推荐
           ● 客服        |
              ● 会议纪要  |
为组织服务 ←——————————————+——————————————→ 为个人服务
                       |
                       |    ● 自动驾驶  ● 医疗诊断
                       |
           ● 战争决策    |
                       |
                       ↓
                    容错率低
```

容错率四象限

这张图中，在为个人服务、容错率高的象限，社会容易接受 AI 的服务。比如已经得到广泛使用的抖音，就是 AI 在帮人做娱乐推荐。推荐 10 个短视频，其中 8 个你没那么感兴趣，2 个感兴趣，你就挺满意的。也就是说，即使有 80% 不准确都没关系，在这个象限，大家容错率极高。

而在自动驾驶、AI 医疗这些领域，社会对 AI 服务的接受，就需要一个共识的过程。因为一旦司机和医生决策失误，代价可能就是不可逆的生命损失，容错率极低。

人类的社会系统，对这种容错率极低的领域，是用担责系统来管理的。

比如，一个人类司机如果肇事，就要被处罚；一个人类医生如果误诊或者出了医疗事故，就要被相关部门问责。但是如果一个 AI 司机、一个 AI 医生犯了类似的错，又该如何担责呢？

是给 AI 断电三个月或者三年吗？

这是一个短期责任的承担问题，让我们再思考得长远一点。

如果国家在 2024 年决策，将全国所有汽车改为自动驾驶，那么三十年后会是什么局面？我认为，到时候不会有几个好司机了，因为所有人的开车能力都一定会退化。

所以，我们拥抱工业和互联网，是因为在其时代能力的加持下，人类的整体能力可以得到进步、得到提高，人类将拥有更大的力量、更快的速度、更多的信息。

而拥抱 AI，则可能会让人类的一些关键能力集体退化。

这将是人类对自己历史做出的一个重要选择。所以它将是一个复杂的共识过程。

回到价值—共识—模式这个模型，我们可以看到，AI 的价值已经显现，但是它的原生模式和社会共识，还需要时间来培育。所以，AI 距离成为整个人类的基础设施，还需要一个过程。

那么，AI 最终会成为整个人类的基础设施吗？我觉得会。

原因其实我们也都清楚：因为人类贪婪。

终局的样子

其实，所有的终局只有三种形态，这是由数学决定的。

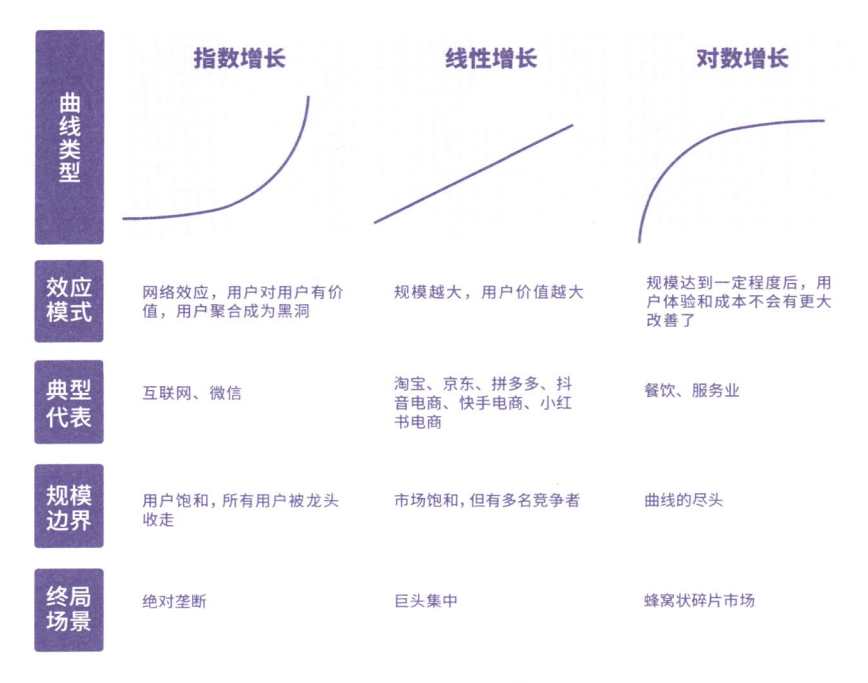

曲线类型	指数增长	线性增长	对数增长
效应模式	网络效应，用户对用户有价值，用户聚合成为黑洞	规模越大，用户价值越大	规模达到一定程度后，用户体验和成本不会有更大改善了
典型代表	互联网、微信	淘宝、京东、拼多多、抖音电商、快手电商、小红书电商	餐饮、服务业
规模边界	用户饱和，所有用户被龙头收走	市场饱和，但有多名竞争者	曲线的尽头
终局场景	绝对垄断	巨头集中	蜂窝状碎片市场

终局的三种形态

第一种是指数增长。所有的基础设施之路都是如此：网络效应—指数增长—绝对垄断。

微信就是这种局面的典型代表。

如果选择做基础设施，那么你就要清楚，你参加的是一场王者之战，你的思考核心是如何达成垄断。

第二种是线性增长。规模越大，用户价值就越大，最后几个寡头共存。

电商就是这种局面。阿里、京东、拼多多，大家都会在。抖音也可以做电商，小红书也可以做电商，因为商品越丰富，对用户就越有利。

第三种是对数增长。规模达到一定程度，用户的体验和成本就不会再有很大的改善。

餐饮业就是经典的对数增长形态。比如，海底捞是中国最大的餐饮企业之一。根据2022年的数据，在中国餐饮业中，火锅企业占比24.3%，而海底捞占火锅市场大约8%。也就是说，即使是海底捞这么大的企业，放在整个中国餐饮市场里，占比也不到2%。餐饮业这样的市场里，不会出现一统天下的巨无霸，最终的局面就是蜂窝状的碎片市场。

而我预测，AI一统天下的路径，将如下图所示：

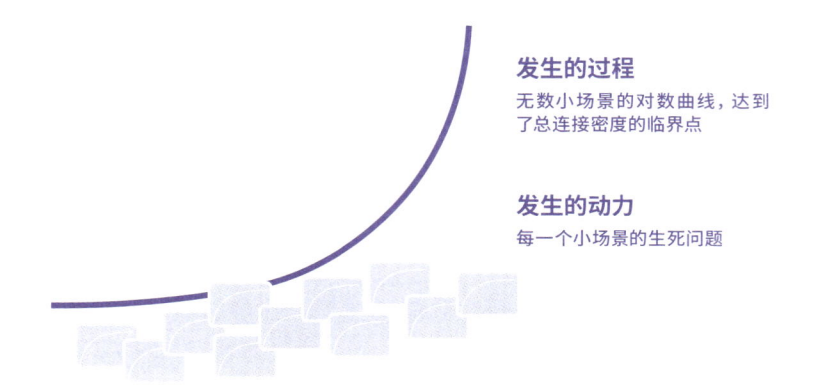

发生的过程
无数小场景的对数曲线，达到了总连接密度的临界点

发生的动力
每一个小场景的生死问题

AI 填平世界的历史过程

开始的时候，会涌现很多 AI 企业，就好像一个个小餐馆，在一个个小场景里具体运营。每一个小场景，都有无尽的数据深度和经验深度，这会形成它的壁垒，从而让一个个应用生存。

随着越来越多的小场景被 AI 接管，数据市场、Token[1] 市场也将逐步成熟，数据和经验将在不同的 AI 之间流动，于是更多的 AI 开始涌现。然后，终有一天，奇点临近。

因此，AI 领域的从业者分成了两个阵营：

一个阵营是 AI 的王者之争，只有少数人参与，做新的大基础设施，领导 AI 的大革命，探索属于整个 AI 时代的价值—共识—模式；

另外一个阵营，是无数团队在无数的小场景里，做小餐馆这样的业务，具体求生。

领导者的阵营，需要遵循的或许是 Scaling Law[2]。

而对于探索小场景的这个阵营来说，其实数据的价值大于算力。

---

1. 一般译为通证，指通过加密技术、共识规则、智能合约、应用目标等建立起来的集货币属性、价值属性、荣誉属性、安保属性、确权属性等多种属性于一体的区块链凭证。
2. 规模化法则。在人工智能和机器学习领域，主要用来描述模型性能如何随着模型大小、数据集大小和计算资源的增加而变化。

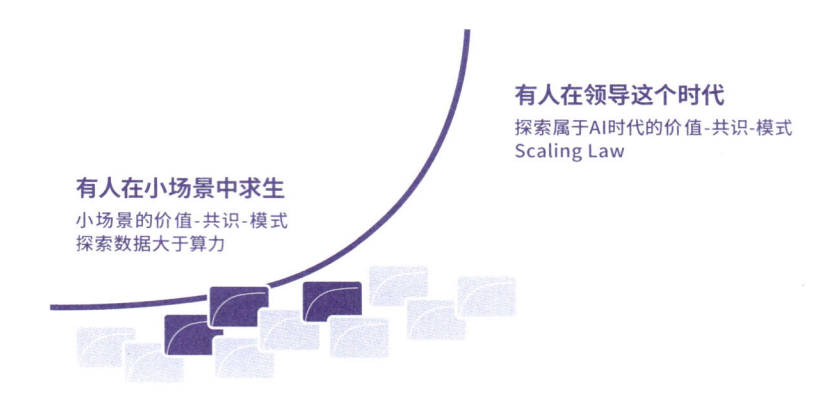

```
                                    有人在领导这个时代
                                    探索属于AI时代的价值-共识-模式
                                    Scaling Law

        有人在小场景中求生
        小场景的价值-共识-模式
        探索数据大于算力
```

AI 领域从业者的两个阵营

如果此刻正在阅读的你是一个 AI 领域的创业者，让我给你一个关键词，用来识别上图左边那一堆场景里，该选哪个坑跳进去。

这个关键词是**"场景成熟度"**。

任何创新的成功，都需要依赖一个外部性因素，就是具体的"场景成熟"，不论在工业时代、互联网时代，还是未来的 AI 时代。

互联网革命的亲历者应该还记得很多早期的故事。

比如，有家公司叫 E 国网，在 2000 年推出过一个服务——E 国 1 小时。一个北京用户在网上下单，一个小时送货上门。我至今依然记得当时我的惊讶和不可思议，果然，很快这家公司就崩溃了。

十几年后，这个服务重生了，这次提供这个服务的公司叫美团。

比如，曾经的中国首富陈天桥，他的一个重要挫败是推出盛大"盒子"。那是 2005 年，中国还没有高速宽带网络，我们看电影还需要买光盘。盛大"盒子"实际的名字叫宽带娱乐电脑，陈天桥希望通过这个盒子让电视连上网，让用户通过电视享受互动娱乐，不用再买光盘。

今天的用户听到这个故事会哑然失笑：今天的电视不都是网络电视吗？今天的视频甚至不用点播，算法自己就会推给你。

今天被最高频使用的外卖服务和网络视频，曾经是当年最惨痛的失败。

需求是真的，为什么服务失败了？

抛开各种对人的评价与评判，我认为最大的原因是场景不成熟。

因为需求如此强烈，一旦场景成熟，一定会有创新涌现，然后有人在竞争里应运而出，从千军万马里杀出来，摸索到那个微妙的平衡点，控制住这条大龙。不是王某某也会是其他某某。

场景成熟度这个词，是华为的 AI 应用专家郑岩和我谈到的。

他从三个维度来判断场景是否成熟：业务成熟度、数据成熟度和技术成熟度。

所以，每当有做 AI 应用的朋友来找我聊天时，我总爱跟对方讨论什么是黄金场景。黄金场景就是那些场景成熟度高，且有清晰的商业价值的场景。

非常可惜，大量朋友的处境，大都是业务不成熟，没有清晰稳定的付费方；数据不成熟，自身拥有的数据不足以支撑冷启动，且后续数据供应链难以搭建；技术不成熟，还有很多待推敲、待突破的难点。

业务不成熟、数据不成熟、技术不成熟，就是盐碱地场景。

看着一个昔日的天才在盐碱地上挥洒青春，我该说什么呢？

坦言说，我不知道。

因为当所有的小场景一个个被 AI 填平的时候，或许就是奇点临近的时刻。

图书在版编目（CIP）数据

预测之书 / 罗振宇编著 . -- 北京：新星出版社，
2025. 1. -- ISBN 978-7-5133-5821-7

Ⅰ . Z228
中国国家版本馆 CIP 数据核字第 2024KS6178 号

预测之书

罗振宇　编著

责任编辑	汪　欣
总 策 划	脱不花　白丽丽
策划编辑	翁慕涵
营销编辑	陈宵晗　许　晶　张羽彤　丛　靓
装帧设计	别境 lab
插图绘制	周　跃
内文制作	吴　九

出 版 人	马汝军
出版发行	新星出版社
	（北京市西城区车公庄大街丙 3 号楼 8001　100044）
网　　址	www.newstarpress.com
法律顾问	北京市岳成律师事务所
印　　刷	北京盛通印刷股份有限公司
开　　本	710mm×1000mm　1/16
印　　张	38
字　　数	394 千字
版　　次	2025 年 1 月第 1 版　2025 年 1 月第 1 次印刷
书　　号	ISBN 978-7-5133-5821-7
定　　价	118.00 元

版权专有，侵权必究；如有质量问题，请与发行公司联系。
发行公司：400-0526000　总机：010-88310888　传真：010-65270449